BOOK IN BOOK

P

NEW YORK
COMPLETE
MAP

附英語&美食導覽

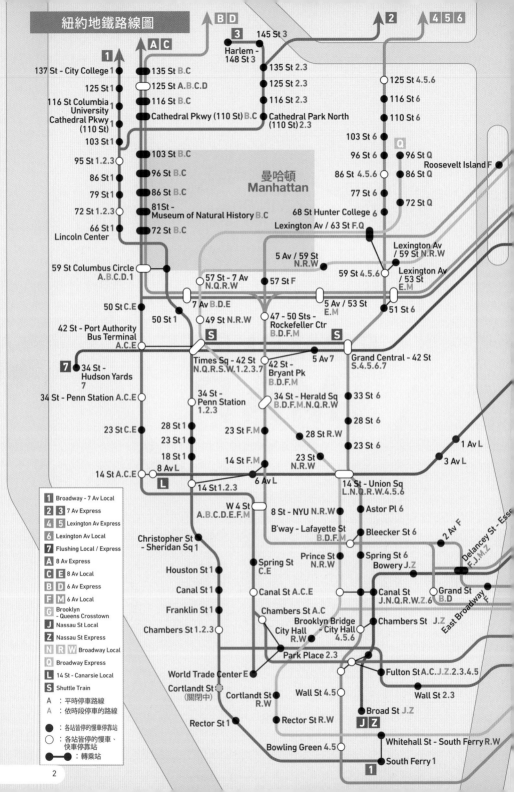

紐約地鐵路線圖

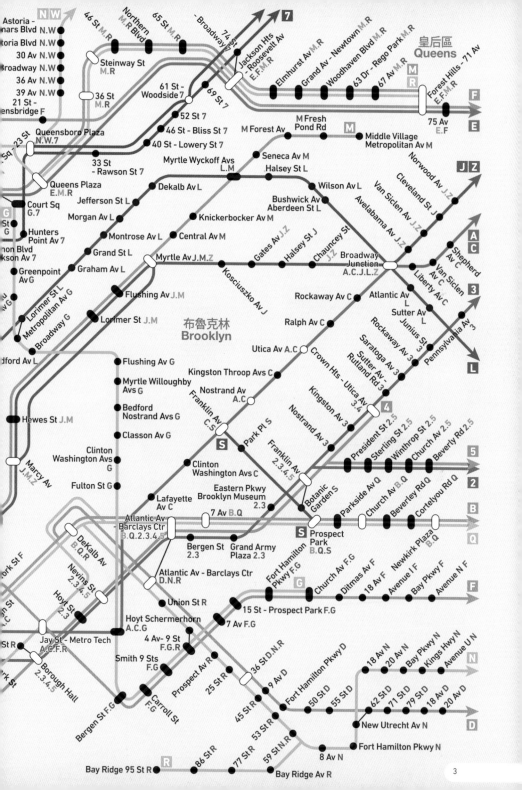

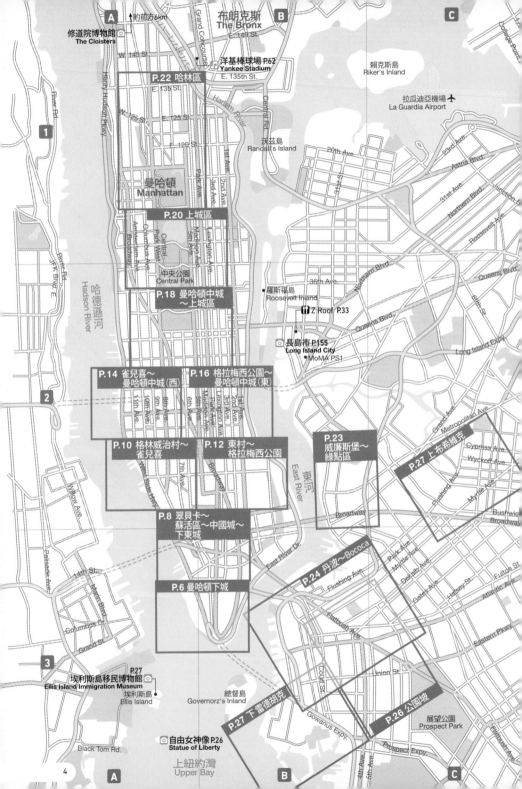

約前方6km

A | B | C

希朗克斯
The Bronx

修道院博物館
The Cloisters

Grand Concourse

E. 149 St.

W. 149 St.

洋基棒球場 P.62
Yankee Stadium

E. 135th St.

P.22 哈林區

E. 135 St.

W. 125 St.

E. 125 St.

Harlem River

Central Ave.

賴克斯島
Riker's Inland

拉瓜迪亞機場 ✈
La Guardia Airport

1

E. 120 St.

曼哈頓
Manhattan

沃茲島
Randall's Island

20th Ave.

P.20 上城區

中央公園
Central Park

Amsterdam Ave.
Columbus Ave.
Broadway
Central Park West
9th Ave.
Madison Ave.
Lexington Ave.
Park Ave.
5th Ave.
3rd Ave.
2nd Ave.
1st Ave.

羅斯福島
Roosevelt Inland

36th Ave.

Northern Blvd.
Queens Blvd.
Astria Blvd.
31st Ave.
Northern Blvd.
69th St.
Junction Ave.
Roosevelt Ave.

**P.18 曼哈頓中城
~上城區**

🍴 Z Roof P.33

Queens Blvd.
Long Island Expy.

長島市 P.155
Long Island City
MoMA PS1

Hudson River
哈德遜河

Henry Hudson Pkwy.

River Rd.

JFK Blvd. E.

2

**P.14 雀兒喜~
曼哈頓中城(西)**

**P.16 格拉梅西公園~
曼哈頓中城(東)**

11th Ave.
10th Ave.
9th Ave.
8th Ave.
7th Ave.
6th Ave.
5th Ave.
Madison Ave.
Park Ave.
3rd Ave.
2nd Ave.
1st Ave.

East River
東河

**P.10 格林威治村~
雀兒喜**

**P.12 東村~
格拉梅西公園**

West Street River

Broadway

**P.23
威廉斯堡~
綠點區**

P.27 上布希維克

Grand Ave.
Metropolitan Ave.
Cypress Ave.
Wyckoff Ave.
Flushing Ave.
Myrtle Ave.
Bushwick Broadway

**P.8 翠貝卡~
蘇活區~中國城~
下東城**

East River Dr.

Broadway

P.24 丹波~Bococa

Flushing Ave.
Park Ave.
Myrtle Ave.
Dekalb Ave.
Gates Ave.
Halsey St.
Fulton St.
Atlantic Ave.
Broadway

P.6 曼哈頓下城

14th St.

Mercer Blvd.

Palisade Ave.
Willow Ave.

3

Columbus Dr.
Grand St.

埃利斯島移民博物館
Ellis Island Immigration Museum

P.27

埃利斯島
Ellis Island

Flatbush Ave.
Court St.

P.27 下雷德胡克

Gowanus Expy.

Union St.
4th Ave.
5th St.

P.26 公園坡

展望公園
Prospect Park

Eastern Pkwy.
Prospect Expy.
Flatbush Ave.

總督島
Governorz's Inland

Black Tom Rd.

自由女神像 P.26
Statue of Liberty

上紐約灣
Upper Bay

4

A | B | C

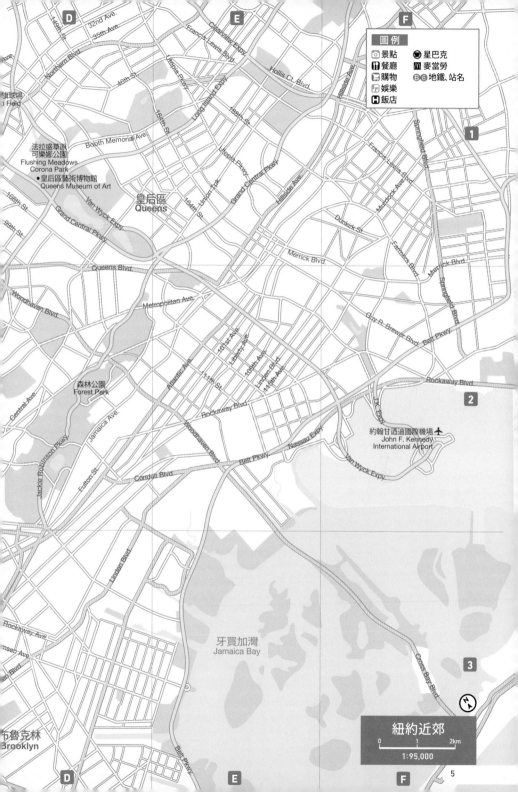

紐約近郊

0　　　　　　　　　　2km
1:95,000

5

A　B　C

Chambers St. 　 Chambers St站

Cosmopolitan

1

Chambers St站

West St

格林威治街
Greenwich St.

Church St

Broadway

市政廳
City Hall

R W
City Hall站

Park Place站

P.95
North End Grill

世貿中心站
World Trade Center

Barclay St.

伍爾沃斯大樓
The Woolworth
Building

市政廳公園
City Hall Park

Vesey Street

Vesey St.

保健省

渡輪上船處
NY Waterway

P.31 世貿一號觀景台
One World Observatory

聖保羅禮拜堂
St. Paul's Chapel

Fulton St站

P.67,81 布魯克菲爾德廣場
Brookfield Place

P.67 Oculus

千禧希爾頓飯店
Millenium Hilton

Fulton St站

9/11
Memorial Park

R W
Fulton St站

Fulton St站

West St.

911國家紀念博物館
The National 9/11 Memorial & Museum

P.127 21世紀百貨公司
Century 21

Cortlandt St站 Cortlandt St站
（關閉中）

4
5

2

世貿中心
World Trade Center

Church St.

紅方塊
Red Cube

水上庭
Sunken Gard

Liberty街
Liberty St.

世貿911事件紀念中心
Tribute WTC Visitor Center

911國家紀念博物館入口
National 9/11 Memorial

New York Marriott Downtown

Albany St.

South End Ave.

P.66 聯邦國家紀念堂
Federal Hall National Memorial

P.126 T.J. Maxx

三一教堂
Trinity Church

P.66 紐約證券交易所
New York Stock Exchange (NYSE)

Rector St站

R W
Wall St站

愛馬仕
Hermes

Rector St站

Broad St站

West Thames St.

P.66 華爾街
Wall Street

蒂芙尼
Tiffany

Battery Pl.

Little West St.

2nd Pl.

哈德遜河
Hudson River

華爾街銅牛
Charging Bull

Bowling Green站

4
5

National Museum of the American Indian

R W

Whitehall St - South Ferry

摩天大樓博物館
Skyscraper Museum

猶太遺址博物館
Museum of Jewish Heritage

3

P.67 無題（雙舞人偶）
Untitled (Two dancing Figures)

曼哈頓下城
Lower Manhattan

柯林頓城堡
Castle Clinton

砲台公園
Battery Park

P.27 Statue Cruises上船處
（自由女神像、埃利斯島）
Statue Cruises

凱瑞隧道
Hugh L. Carey Tunnel

A　B　C

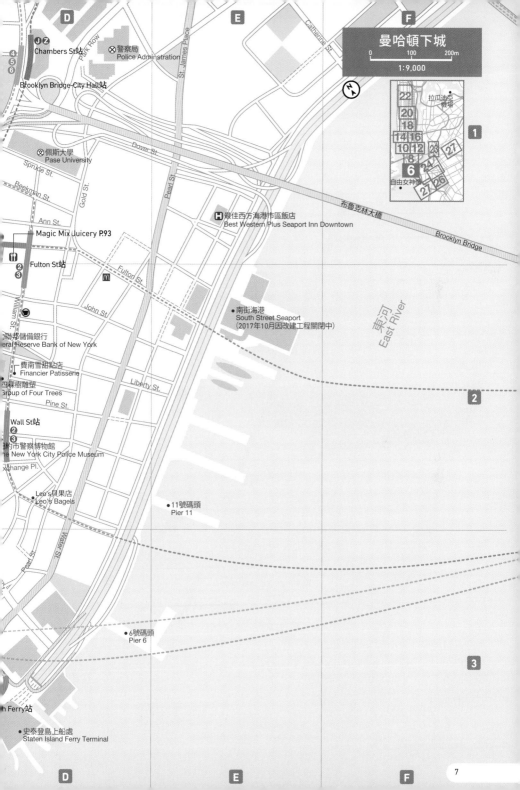

曼哈頓下城

0   100   200m

1:9,000

D

J Z
Chambers St站

⊗ 警察局
Police Adminstration

Brooklyn Bridge-City Hall站

E

Park Row

St. James Place

Catherine St

F

1

拉瓜迪亞
機場

22
20
18
14 16
10 12 23 27
6 24
自由女神像
27 26

⊗ 佩斯大學
Pase University

Dover St.

布魯克林大橋

East River 東河

Brooklyn Bridge

2

Sprude St.

Beekman St.

Gold St.

Pearl St.

Ann St.

H 最佳西方海港市區飯店
Best Western Plus Seaport Inn Downtown

Magic Mix Juicery P.93

Fulton St站
②
③

William St.

John St.

Fulton St.

M

● 南街海港
South Street Seaport
(2017年10月因改建工程關閉中)

聯邦儲備銀行
eral Reserve Bank of New York

● 費南雪甜點店
Financier Patisserie

四棵樹雕塑
roup of Four Trees

Pine St.

Liberty St.

Wall St站
②

紐約市警察博物館
he New York City Police Museum

xchange Pl.

Leo's貝果店
Leo's Bagels

Water St.

● 11號碼頭
Pier 11

Pearl St.

● 6號碼頭
Pier 6

3

h Ferry站

● 史泰登島上船處
Staten Island Ferry Terminal

D

E

F

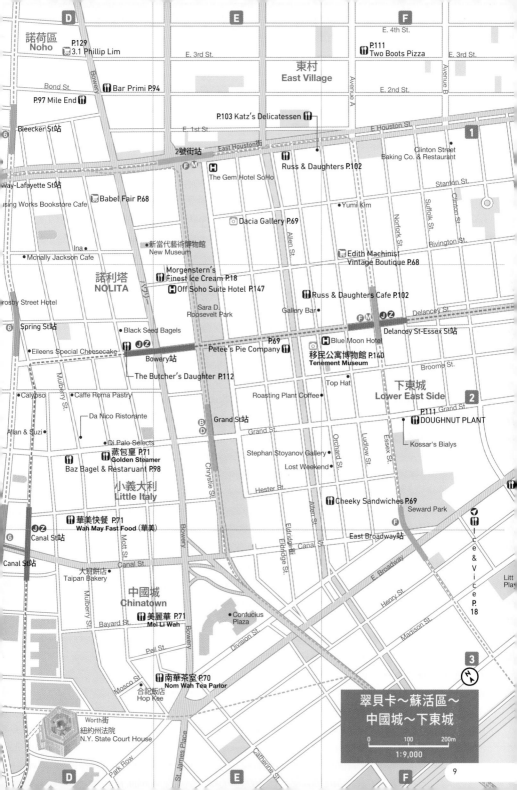

諾荷區
Noho
P.129
3.1 Phillip Lim

E. 4th St.

E. 3rd St.

東村
East Village

P.111
Two Boots Pizza

E. 3rd St.

Bond St.

Bar Primi P.94

E. 2nd St.

P.97 Mile End

Avenue A

Avenue B

Bleecker St站

E. 1st St.

P.103 Katz's Delicatessen

East Houston街

E. Houston St.

Clinton Street
Baking Co. & Restaurant

2號街站

Russ & Daughters P.102

Stanton St.

Suffolk St.

Clinton St.

way-Lafayette St站

F M

The Gem Hotel SoHo

Norfolk St.

Rivington St.

sing Works Bookstore Cafe

Babel Fair P.68

Yumi Kim

Dacia Gallery P.69

Allen St.

Ina

新當代藝術博物館
New Museum

Edith Machinist
Vintage Boutique P.68

Mcnally Jackson Cafe

諾利塔
NOLITA

Morgenstern's
Finest Ice Cream P.18

Off Soho Suite Hotel P.147

Russ & Daughters Cafe P.102

rosby Street Hotel

Sara D.
Roosevelt Park

Gallery Bar

F M J Z

Delancey St.

Spring St站

P.69

Blue Moon Hotel

Delancey St-Essex St站

Black Seed Bagels

Petee's Pie Company

移民公寓博物館 P.140
Tenement Museum

Broome St.

Eileens Special Cheesecake

J Z

Bowery站

The Butcher's Daughter P.112

Top Hat

下東城
Lower East Side

Calypso

Mulberry St.

Caffe Roma Pastry

Roasting Plant Coffee

Orchard St.

Ludlow St.

Essex St.

P.111

Grand St

DOUGHNUT PLANT

Da Nico Ristorante

Grand St站

Kossar's Bialys

Allan & Suzi

Chrystie St.

Grand St.

Di Palo Selects

Stephan Stoyanov Gallery

蒸包皇 P.71
Golden Steamer

Lost Weekend

Baz Bagel & Restaruant P.98

Hester St.

小義大利
Little Italy

Eldridge St.

Cheeky Sandwiches P.69

Seward Park

華美快餐 P.71
Wah May Fast Food（華美）

Allen St.

East Broadway站

Canal St站

Canal街

East Broadway

Ice
&
Vice
P.
18

Litt
Pla

Canal St站

Canal St.

大班餅店
Taipan Bakery

Henry St.

中國城
Chinatown

Mulberry St.

Mott St.

Bayard St.

美麗華 P.71
Mei Li Wah

Confucius
Plaza

Madison St.

Division St.

Pell St.

南華茶室 P.70
Nom Wah Tea Parlor

Mosco St.

合記飯店
Hop Kee

Worth街

紐約州法院
N.Y. State Court House

Park Row

St. James Place

Catherine St.

翠貝卡～蘇活區～
中國城～下東城

0   100   200m

1:9,000

D   E   F

9

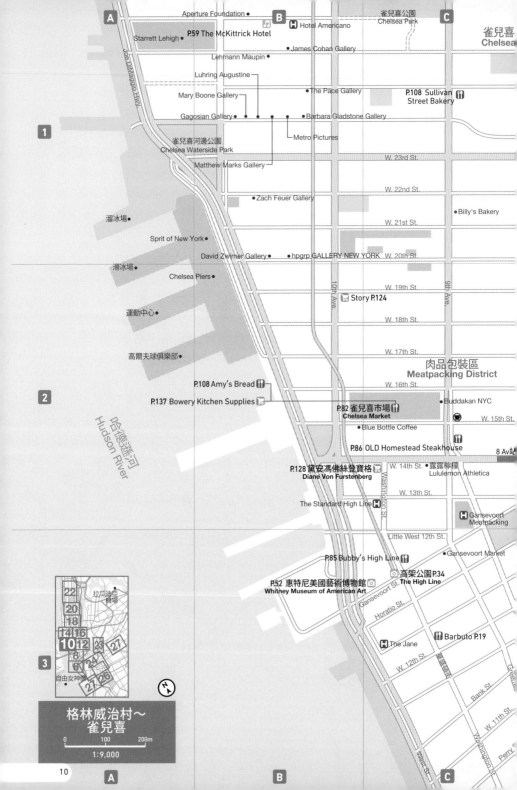

A　B　C

Aperture Foundation ●

雀兒喜公園
Chelsea Park

雀兒喜
Chelsea

Hotel Americano

Starrett Lehigh ●

P.59 The McKittrick Hotel

Lehmann Maupin

● James Cohan Gallery

Luhring Augustine

Mary Boone Gallery

● The Pace Gallery

P.108 Sullivan
Street Bakery

Gagosian Gallery ●

● Barbara Gladstone Gallery

Metro Pictures

雀兒喜河邊公園
Chelsea Waterside Park

Matthew Marks Gallery

W. 23rd St.

W. 22nd St.

● Zach Feuer Gallery

溜冰場

W. 21st St.

● Billy's Bakery

Sprit of New York ●

David Zwirner Gallery ●

● hpgrp GALLERY NEW YORK W. 20th St.

滑冰場

Chelsea Piers ●

W. 19th St.

Story P.124

運動中心

W. 18th St.

W. 17th St.

高爾夫球俱樂部 ●

肉品包裝區
Meatpacking District

P.108 Amy's Bread

W. 16th St.

P.137 Bowery Kitchen Supplies

P.82 雀兒喜市場
Chelsea Market

● Buddakan NYC

W. 15th St.

● Blue Bottle Coffee

哈德遜河
Hudson River

P.86 OLD Homestead Steakhouse

8 Av地

P.128 黛安馮佛絲登寶格
Diane Von Furstenberg

W. 14th St.

● 露露檸檬
Lululemon Athletica

W. 13th St.

The Standard High Line

Gansevoort
Meatpacking

Little West 12th St.

P.85 Bubby's High Line

● Gansevoort Market

高架公園 P.34
The High Line

P.52 惠特尼美國藝術博物館
Whitney Museum of American Art

The Jane

Barbuto P.19

Horatio St.

22

拉瓜迪亞
機場

20
18

W. 12th St.

14 16

Bank St.

10 12 23 27

8

6 24

自由女神像

27 26

W. 11th St.

N

Perry St.

格林威治村〜
雀兒喜

0   100   200m

1:9,000

10

A　B　C

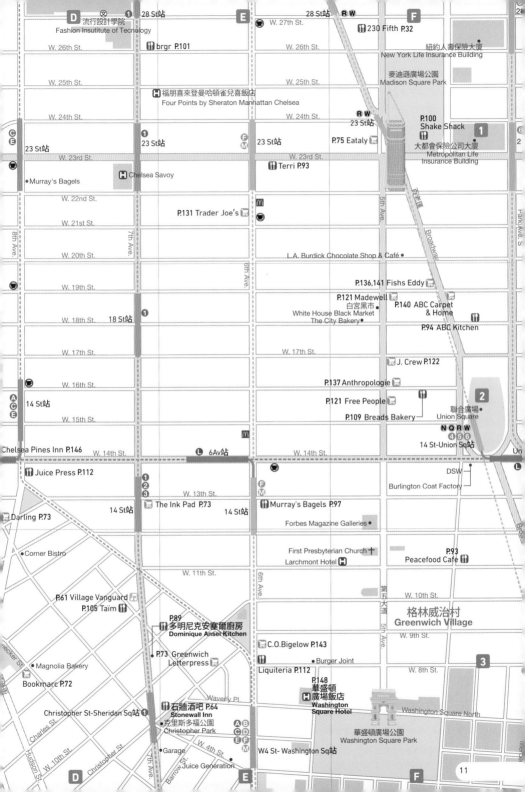

東村～格拉梅西

0   100   200m
1:9,000

拉瓜迪亞機場
自由女神像

Franklin D. Roosevelt Dr.

史岱文森鎮
Stuyvesant Town

東河
East River

E. 14th St.
E. 13rd St.
E. 12nd St.
E. 11th St.
E. 10th St.
E. 9th St.

Ninth Street Espresso

E. 8th St.
E. 7th St.

The Standard - East Village

E. 6th St.

東河公園
East River Park

E. 5th St.

Avenue B
Avenue C
Avenue D

湯普金斯
公園廣場公園
ompkins
quare Park

Avenue B
Avenue C
Avenue D

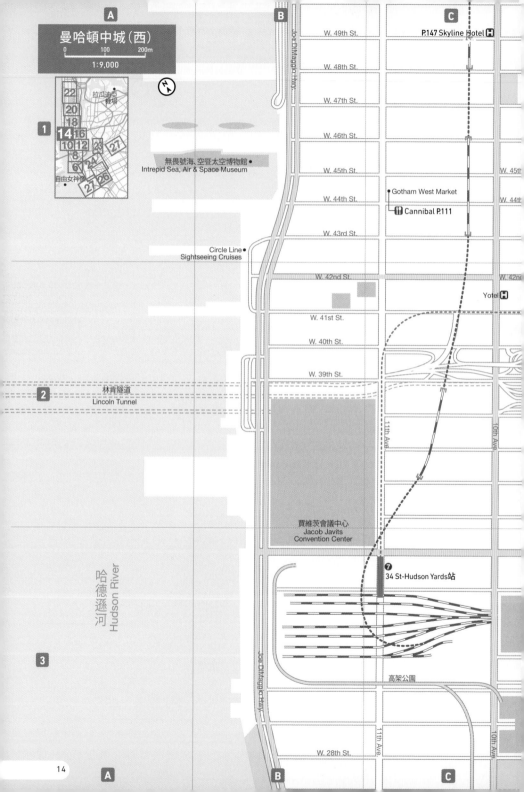

A

曼哈頓中城（西）

0   100   200m
1 : 9,000

1

22
20
18
14 16
10 12 23 27
8 2 24
6 4
27 26

拉瓜迪亞機場

自由女神像

B

Joe DiMaggio Hwy.

W. 49th St.

W. 48th St.

W. 47th St.

W. 46th St.

W. 45th St.

無畏號海、空暨太空博物館 ●
Intrepid Sea, Air & Space Museum

W. 44th St.

W. 43rd St.

Circle Line ●
Sightseeing Cruises

W. 42nd St.

W. 41st St.

W. 40th St.

W. 39th St.

2 林肯隧道
Lincoln Tunnel

哈德遜河
Hudson River

賈維茨會議中心
Jacob Javits
Convention Center

11th Ave.

3

Joe DiMaggio Hwy.

高架公園

W. 28th St.

11th Ave.

C

P.147 Skyline Hotel 🏨

W. 45th

W. 44th

Gotham West Market ●
🍴 Cannibal P.111

W. 42nd

Yotel 🏨

10th Ave.

❼
34 St-Hudson Yards站

10th Ave.

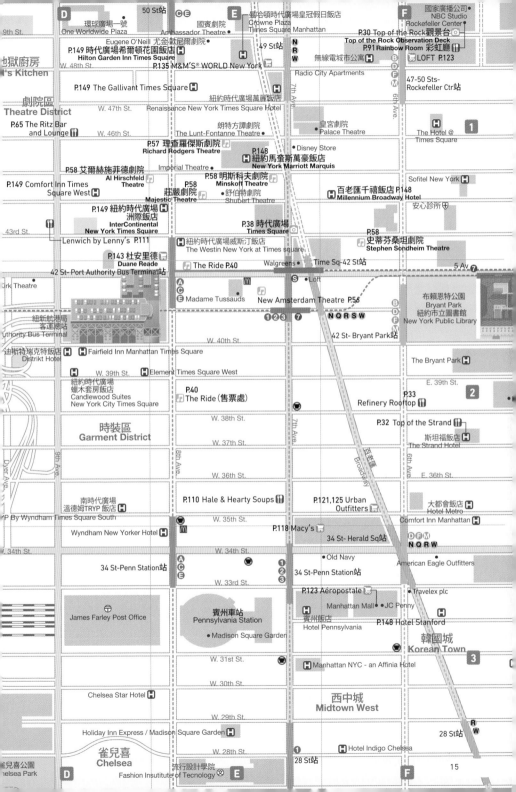

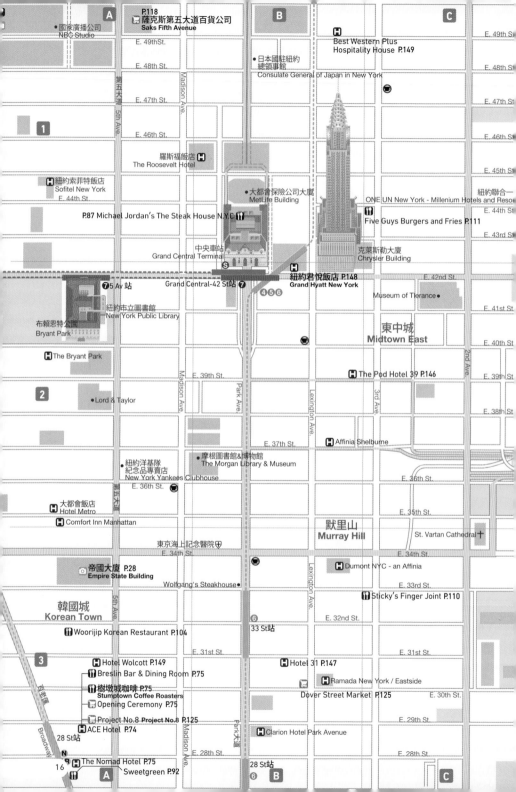

P.118
薩克斯第五大道百貨公司
Saks Fifth Avenue

國家廣播公司
NBC Studio

E. 49th St.

Best Western Plus
Hospitality House P.149

E. 48th St.

日本國駐紐約
總領事館
Consulate General of Japan in New York

E. 47th St.

E. 46th St.

羅斯福飯店
The Roosevelt Hotel

紐約索菲特飯店
Sofitel New York

E. 44th St.

大都會保險公司大廈
MetLife Building

ONE UN New York - Millenium Hotels and Reso

紐約聯合一

P.87 Michael Jordan's The Steak House N.Y.C.

Five Guys Burgers and Fries P.111

中央車站
Grand Central Terminal

克萊斯勒大廈
Chrysler Building

紐約君悅飯店 P.148
Grand Hyatt New York

Grand Central-42 St站

5 Av 站

Museum of Tlerance

紐約市立圖書館
New York Public Library

布報恩特公園
Bryant Park

東中城
Midtown East

E. 41st St

E. 40th St

The Bryant Park

E. 39th St.

The Pod Hotel 39 P.146

E. 39th St

Lord & Taylor

E. 38th St

Affinia Shelburne

E. 37th St.

摩根圖書館&博物館
The Morgan Library & Museum

紐約洋基隊
紀念品專賣店
New York Yankees Clubhouse

E. 36th St.

E. 36th St.

E. 35th St.

大都會飯店
Hotel Metro

Comfort Inn Manhattan

默里山
Murray Hill

St. Vartan Cathedral

東京海上記念醫院

E. 34th St.

E. 34th St.

帝國大廈 P.28
Empire State Building

Dumont NYC - an Affinia

Wolfgang's Steakhouse

E. 33rd St.

韓國城
Korean Town

Sticky's Finger Joint P.110

E. 32nd St.

33 St站

Woorijip Korean Restaurant P.104

E. 31st St.

Hotel Wolcott P.149

Hotel 31 P.147

Breslin Bar & Dining Room P.75

樹墩城咖啡 P.75
Stumptown Coffee Roasters

Ramada New York / Eastside

Opening Ceremony P.75

Dover Street Market P.125

E. 30th St.

Project No.8 Project No.8 P.125

E. 29th St.

ACE Hotel P.74

Clarion Hotel Park Avenue

28 St站

E. 28th St.

16 The Nomad Hotel P.75

E. 28th St.

Sweetgreen P.92

28 St站

1

apan Society

聯合國總部大樓
United Nations Headquarters

皇后區中城隧道
Queens-Midtown Tunnel

2

Franklin D. Roosevelt Dr.

1st Ave.

• 東河渡輪
East River Ferry

東河
East River

🏥 紐約大學醫療中心
New York University Medical Center

Franklin D. Roosevelt Dr.

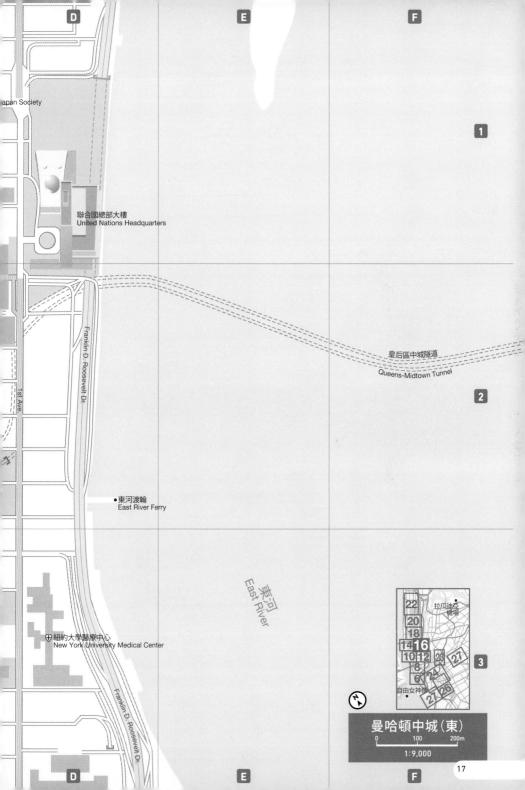

22
20
18
14 **16**
10 12
8
6
24
2 26

拉瓜迪亞
機場

23 27

自由女神像

3

曼哈頓中城（東）

0   100   200m
1 : 9,000

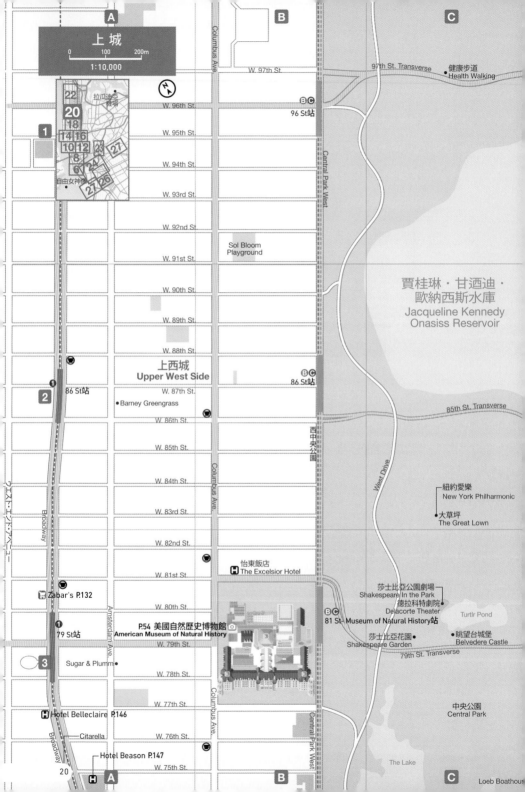

0   100   200m
1:10,000

A

B

C

W. 97th St.
97th St. Transverse

健康步道
Health Walking

W. 96th St.
BC
96 St站

22
20
18
14 16
10 12
8
6 24
27 26
23 27

拉瓜迪亞機場

W. 95th St.

W. 94th St.

自由女神像

W. 93rd St.

1

Central Park West

W. 92nd St.

W. 91st St.

Sol Bloom
Playground

賈桂琳・甘迺迪・
歐納西斯水庫
Jacqueline Kennedy
Onasiss Reservoir

W. 90th St.

W. 89th St.

W. 88th St.

上西城
Upper West Side

W. 87th St.

86 St站

2

86 St站
BC
85th St. Transverse

Barney Greengrass

W. 86th St.

西中央公園

W. 85th St.

W. 84th St.

West Drive

紐約愛樂
New York Philharmonic

Columbus Ave.

Broadway

W. 83rd St.

W. 82nd St.

大草坪
The Great Lown

W. 81st St.

怡東飯店
The Excelsior Hotel

莎士比亞公園劇場
Shakespeare In the Park
德拉科特劇院
Delacorte Theater

BC
81 St-Museum of Natural History站

Turtlr Pond

Zabar's P.132

W. 80th St.

79 St站

1

P.54 美國自然歷史博物館
American Museum of Natural History

莎士比亞花園
Shakespeare Garden

眺望台城堡
Belvedere Castle

W. 79th St.
79th St. Transverse

Amsterdam Ave.

3

Sugar & Plumm

W. 78th St.

W. 77th St.

Hotel Belleclaire P.146

Citarella

W. 76th St.

中央公園
Central Park

Hotel Beason P.147

W. 75th St.

The Lake

Broadway

20

A

B

C

Loeb Boathous

D
西奈山醫療中心
Mt. Sinai Medical Center

E

F
E. 99th St.

大都會醫學中心
Metropolitan Hospital Center

E. 97th St.
E. 97th St.

5th Ave.

Madison大道

公園大道

E. 96th St.

96 St站

96 St站 **Q**

1
E. 95th St.

E. 94th St.

約克維爾
Yorkville

2nd Ave.
E. 93rd St.

E. 93rd St.

E. 92nd St.

Lexington大道

E. 91st St.

猶太博物館
The Jewish Museum

庫珀-休伊特國立設計博物館
Cooper-Hewitt, National Design Museum

E. 90th St.

E. 90th St.

第五大道
5th Ave.

國家設計學院
National Academy Museum

E. 89th St.

3rd Ave.

E. 89th St.

古根漢美術館
Solomon R. Guggenheim Museum

E. 88th St.

E. 88th St.

Madison Ave.

Park Ave.

E. 87th St.

2nd Ave.
E. 87th St.

E. 87th St.

86 St站
4
5
6

86 St站 **Q**

2
E. 86th St.

E. 86th St.

新畫廊
Neue Galerie
Cafe Sabarsky

E. 85th St.

E. 85th St.

E. 84th St.

E. 84th St.

E. 83rd St.

E. 83rd St.

P.103 Lexington Candy Shop

大都會博物館 (Met) P.48
The Metropolitan Museum of Art (Met)

E. 82nd St.

上東城
Upper East Side

E. 81st St.

尖碑
belisk

E. 81st St.

P.133
Eli's Zabar

E. 80th St.

E. 80th St.

E. 79th St.

E. 79th St.

第五大道
5th Ave.

Madison Ave.

Park Ave.

E. 78th St.

E. 78th St.

Lexington Ave.

Sant Ambroeus
Intermix

77 St站
6

3
E. 77th St.

E. 76th St.

3rd Ave.

2nd Ave.
E. 76th St.

The Surrey **H**

愛麗絲夢遊仙境
Alice in Wonderland

E. 75th St.

21

D

E

F

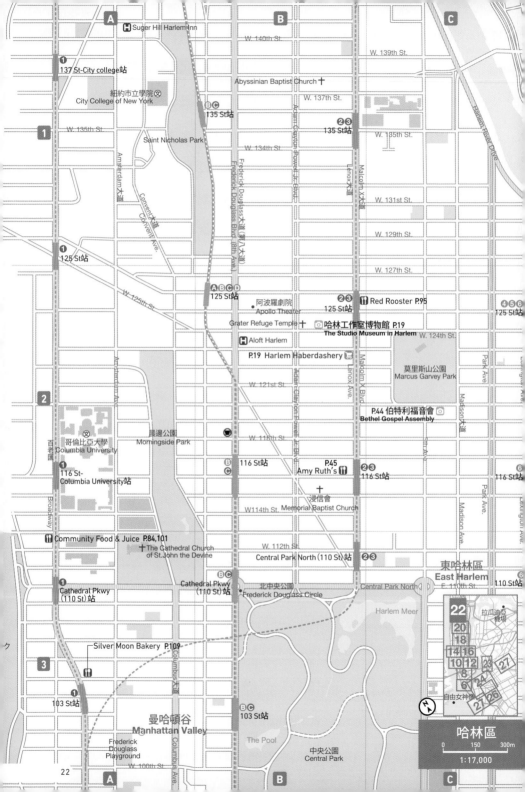

A **B** **C**

W. 140th St.

W. 139th St.

H Suger Hill Harlem Inn

❶ 137 St-City college站

紐約市立學院 ⊗
City College of New York

Abyssinian Baptist Church ✝

W. 137th St.

B C
135 St站

②③
135 St站

W. 135th St.

1 W. 135th St.

Saint Nicholas Park

W. 134th St.

W. 131st St.

W. 129th St.

❶ 125 St站

W. 127th St.

W. 125th St.

A B C D
125 St站

阿波羅劇院
Apollo Theater

②③
125 St站

H Red Rooster P.95

④⑤⑥
125 St站

Grater Refuge Temple ✝

📷 哈林工作室博物館 P.19
The Studio Museum in Harlem

W. 124th St.

H Aloft Harlem

P.19 Harlem Haberdashery

莫里斯山公園
Marcus Garvey Park

2

百
老
匯

哥倫比亞大學 ⊗
Columbia University

晨邊公園
Morningside Park

W. 121st St.

P.44 伯特利福音會 📷
Bethel Gospel Assembly

W. 118th St.

❶ 116 St-
Columbia University站

B
116 St站
C

P.45
Amy Ruth's 🍴

②③
116 St站

⑥
116 St站

Broadway

✝
浸信會
Memorial Baptist Church
W 114th St.

🍴 Community Food & Juice P.84,101

W. 112th St.

✝ The Cathedral Church
of St.John the Devine

Central Park North (110 St)站

②③

東哈林區
East Harlem
E. 110th St.

B C
Cathedral Pkwy
(110 St)站

❶ Cathedral Pkwy
(110 St)站

北中央公園
Frederick Douglass Circle

Central Park North

110 St站

Harlem Meer

🍴 Silver Moon Bakery P.109

3

❶ 103 St站

B C
103 St站

曼哈頓谷
Manhattan Valley

Frederick
Douglass
Playground

W. 100th St.

The Pool

中央公園
Central Park

自由女神像

哈林區

0   150   300m

1:17,000

A **B** **C**

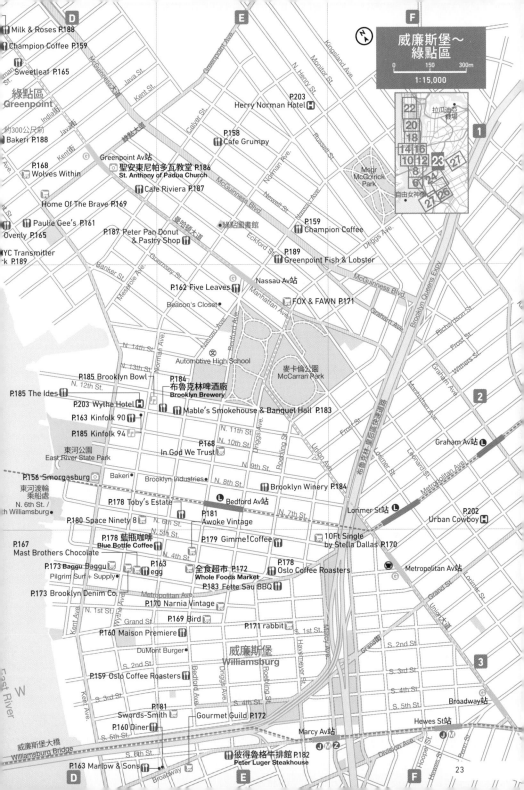

D
- Milk & Roses P.188
- Champion Coffee P.159
- Sweetleaf P.165

綠點區
Greenpoint
約300公尺前
- Bakeri P.188

P.168
- Wolves Within

Home Of The Brave P.169
- Paulie Gee's P.161
- Ovenly P.165
YC Transmitter
k P.189

E
P.203
Herry Norman Hotel

P.158
Cafe Grumpy

聖安東尼帕多瓦教堂 P.186
St. Anthony of Padua Church

Cafe Riviera P.187

P.187 Peter Pan Donut
& Pastry Shop

綠點圖書館

P.159
Champion Coffee

P.189
Greenpoint Fish & Lobster

P.162 Five Leaves

Nassau Av站

Beacon's Closet

FOX & FAWN P.171

Automotive High School

麥卡倫公園
McCarran Park

P.185 Brooklyn Bowl
N. 12th St.
P.185 The Ides
P.203 Wythe Hotel
P.163 Kinfolk 90
P.185 Kinfolk 94

P.184
布魯克林啤酒廠
Brooklyn Brewery

Mable's Smokehouse & Banquet Hall P.183

N. 11th St.
N. 10th St.
P.168
In God We Trust

東河公園
East River State Park

P.156 Smorgasburg
東河渡輪
乘船處
N. 6th St. /
h Williamsburg

Bakeri

Brooklyn Industries

N. 8th St.

Brooklyn Winery P.184

P.178 Toby's Estate

Bedford Av站

Graham Av站

Lorimer St站

P.202
Urban Cowboy

P.180 Space Ninety 8
P.181
Awoke Vintage
P.178 藍瓶咖啡
Blue Bottle Coffee
P.167
Mast Brothers Chocolate
P.173 Baggu Baggu
Pilgrim Surf + Supply
egg
P.163
P.173 Brooklyn Denim Co.

P.179 Gimme!Coffee

10Ft Single
by Stella Dallas P.170

Metropolitan Av站

全食超市 P.172
Whole Foods Market

P.178
Oslo Coffee Roasters

P.183 Fette Sau BBQ

Metropolitan Ave.
P.170 Narnia Vintage

P.169 Bird

P.171 rabbit

P.160 Maison Premiere

S. 1st St.

DuMont Burger

威廉斯堡
Williamsburg

P.159 Oslo Coffee Roasters

S. 2nd St.

Broadway站

P.181
Swords-Smith
P.160 Diner

Gourmet Guild P.172

S. 4th St.

S. 5th St.

Hewes St站

威廉斯堡大橋
Williamsburg Bridge

S. 6th St.

Marcy Av站

P.163 Marlow & Sons

彼得魯格牛排館 P.182
Peter Luger Steakhouse

Broadway

East
River
W

23

D   E   F

F
威廉斯堡〜
綠點區

0   150   300m

1:15,000

22
20
18
14 16
10 12 23 27
8
6 7 24
27 26

拉瓜迪亞
機場

Msgr
McGolrick
Park

自由女神像

N

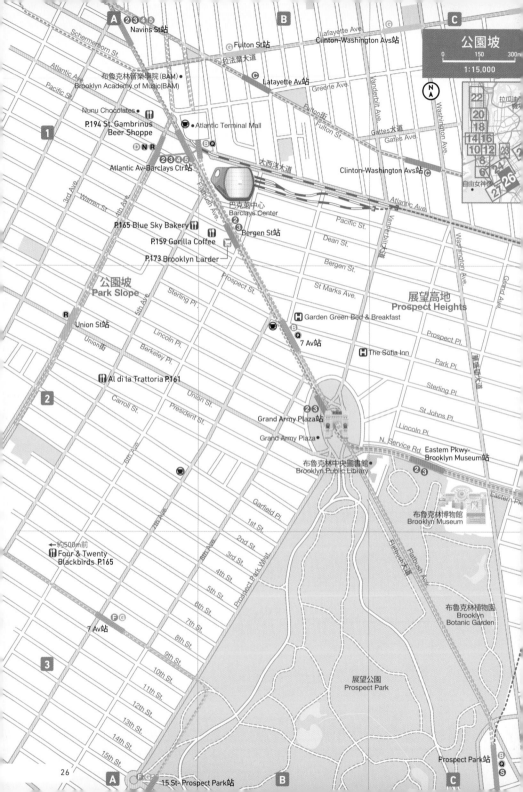

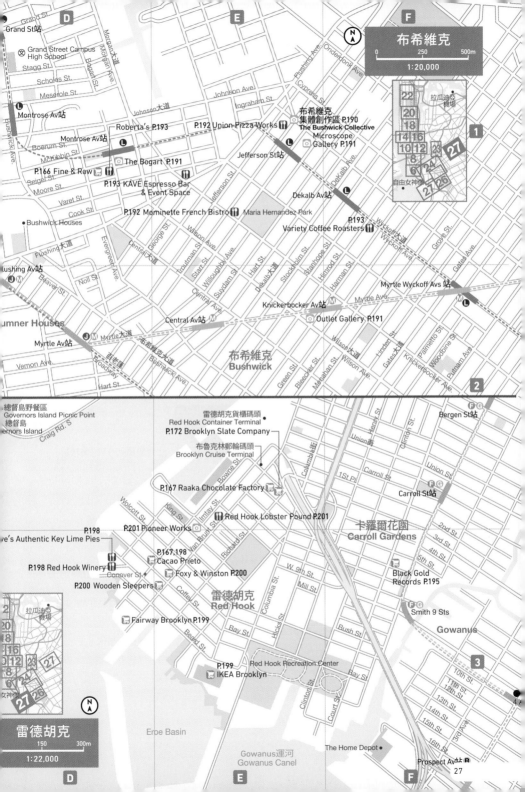

旅行更盡興！

旅遊英語會話指南

學會下列對話，讓紐約之旅更充實！
介紹購物或用餐等市區常用片語。
記住簡單的英文會話，來段美好旅程。

購物篇

請問可以試穿嗎？
Can I try it on?

請問洋裝放在哪裡？
Where can I find a dress?

什麼顏色最受歡迎？
Which color is the most popular?

還有其他款式嗎？
Do you have any other models?

請問有更小（大）的尺寸嗎？
Do you have this in a smaller (larger) size?

這件多少錢？
How much is this?

我要這件。
I'll take this.

可以刷這張卡嗎？
Do you accept this credit card?

請問哪家店賣的商品最好？
Which shop has the best range of goods?

請問營業到幾點？
How late are you open?

謝謝，我看看而已。
Just looking, thank you.

請幫忙包裝成禮物。
Can you wrap this as a gift, please?

美食篇

我沒有訂位，請問還有空位嗎？
We don't have a reservation. Do you have a table for us?

請給我水（付費瓶裝水／付費氣泡水）
Tap water (Bottled water / Sparkling water), please.

請問可以再等一下嗎？
Can I have a few more minutes?

麻煩幫我點餐。
May I order?

我點的餐還沒送來。
My order hasn't come yet.

有推薦的餐點嗎？
What do you recommend?

這道菜是什麼？
What kind of dish is this?

我們要共享這道餐點。
We are going to share the dish.

我想預定今晚7點2位。
Can I make a reservation for 2 at 7 o'clock tonigt?

請問可以訂位嗎？
Can I reserve a table?

請問有能看到夜景的座位嗎？
Do you have a table where we can enjoy the night view?

麻煩幫我結帳。
May I have the check, please?

請問可以給我打包袋嗎？
Can I have a doggy bag, please?

交通篇

請問計程車招呼站在哪裡？
Where is the taxi stand?

請送我到百老匯和55街的交叉口。
Broadway and 55th St., please.

請問在哪裡買票？
Where can I buy a ticket?

請問帝國大廈在哪一站下車？
Which station do I get off at for The Empire State Building？

需要轉乘嗎？
Do I need to change trains?

從這裡走路到得了嗎？
Can I walk there from here?

從這裡到時代廣場需要多久時間？
How long does it take from here to Times Square?

飯店篇

我是之前訂房的鈴木。
I have a reservation.
My name is Suzuki.

我被鎖在房門外了。
I locked myself out.

蓮蓬頭有點問題。
There's something wrong with my shower.

空調沒有運轉。
The air conditioner doesn't work

可以上網嗎。
Can I use an internet connection with my mobile PC?

請問Wi-Fi密碼是什麼？
Could you tell me the Wi-fi password?

請幫忙叫計程車。
Please call a taxi for me.

麻煩幫我退房。
I would like to check out.

緊急處理篇

我身體不舒服。
請帶我去醫院。
I feel sick. Please take me to the hospital.

請開給我保險用的診斷證明和收據。
May I have a medical certificate and receipt for my insurance?

這附近最近的藥局在哪裡？
Where is the nearest pharmacy?

我的護照不見了。
I lost my passport.

我迷路了。
請問我在這張地圖上的哪裡？
I'm lost. Where am I on this map?

常用片語篇

可以拍照嗎？
Can I take pictures?

以那棟建築物為背景幫我照相好嗎？
Could you take a picture of us with that building in the background?

請問洗手間在哪裡？
Where is the bathroom?

有人會說中文嗎？
Is there anyone who can speak Chinese?

請問哪裡可以換錢？
Where can I exchange money?

請問有當天的票嗎？
Do you have tickets for today?

Hi!

吃遍美食大挑戰！

美食集錦

從可愛甜點到美式巨無霸餐，
紐約「飲食」種類豐富！盡情享用移民國家才有的招牌美食。

`Food` 扭結餅
Pretzel

擁有特殊扭結造型的鹹味小點。源自德國，目前是紐約路邊攤必備的點心。

貝果
Bagel

> 紐約人的基本早餐！

外皮口感脆硬，內部軟彈的圈狀麵包。不放雞蛋或奶油，熱量低。

靈魂食物
Soul Food

源自美國南部，是非裔美國人的傳統料理。餐廳主要聚集於哈林區。

曼哈頓蛤蜊巧達湯
Manhattan Clam Chowder

蛤蜊、蔬菜或培根等加番茄湯底熬煮成的湯品。做成冷湯也很好喝。

班尼迪克蛋
Egg Benedict

水波蛋放在英式馬芬上的人氣早餐。

漢堡
Hamburger

> 說到美國就是這個！

Photo : William Brinson

壓倒性的大份量魅力十足。最近也推出健康漢堡，可以嘗試看看！

牛排
Steak

有多家提供乾式熟成牛肉的餐廳。豪爽地大快朵頤一番吧！

熱狗堡
Hotdog

熱狗堡裡的臘腸都很大條。依喜好放上醃黃瓜或起司！

披薩
Pizza

紐約披薩的特色是餅皮Q軟。布魯克林有多家嚴選披薩店。

煙燻牛肉三明治
Pastrami Sandwich

> 肉質厚且柔軟多汁

用麵包夾起用香辛料醃製的燻肉片。是猶太移民帶來的食物。

牡蠣
Oyster

Photo : Maison Premier

在紐約吃得到各式牡蠣。有多家餐廳提供生蠔。

起司通心麵
Mac & Cheese

美國家常菜。類似日本的焗烤通心麵，不過放了更多起司。

紐約用餐須知

美食是旅行樂事之一。事先記下基本常識和優惠訊息，享受更滿足的用餐體驗。

訂位方式

方便的訂位網站Open Table（www.opentable.com）。可用地區、日期、人數查詢餐廳，也可以訂位。

刷卡簽帳

在餐費總額下方的TIP（GRATUITY）欄位內，填入18%～20%的金額，寫好加了小費的總金額再簽名。

餐廳週

在夏季和冬季共舉行2次，以午餐$25、晚餐$38左右的價格就能吃到高級餐廳的菜色。飲料、稅金、小費另計。www.nycgo.com/restaurant-week

---

杯子蛋糕
Cupcake

鬆軟的海綿蛋糕加上甜蜜奶油的組合令人上癮。外觀也很可愛！

甜甜圈
Doughnut

挑戰季節性口味

配料或奶油等的種類相當豐富。老店和話題店家都可以試吃看看。

可頌甜甜圈
Cronut™

Photo : Thormas Schauer

外觀是甜甜圈，口感如可頌般酥脆。就是想在當地吃看看。

紐約起司蛋糕
New York Cheesecake

使用大量濃郁奶油起司做成的烘焙起司蛋糕。

蘋果派
Apple Pie

餅皮酥鬆，裡面的蘋果餡是甜度低的成人口味。是頗具代表性的美國甜點。

冰淇淋和冰棒
Ice Cream & Ice Candy

種類豐富，擁有多款道地口味。還有用有機食材製成的冰品。

鬆餅
Pancake

Photo : Five Leaves

紐約經典早午餐。添加大量水果。

Drink 冷壓果汁
Cold Press Juice

以新鮮食材補充營養

蔬菜或水果透過非加熱的搾壓方式搾取成汁。數年前起即為風潮。

蘋果西打
Apple Cider

雖然名為西打，卻不是碳酸飲料

沒有過濾的100%濃醇蘋果汁。標準喝法是秋冬當熱飲喝。

熱巧克力
Hot Chocolate

巧克力加牛奶攪拌溶解的香濃飲品。請加了棉花糖後享用！

檸檬汁
Lemonade

紐約的夏季必喝飲品！

酸酸甜甜的檸檬水。粉紅檸檬汁也很常見。不加氣泡水飲用。

コーヒー
Coffee

最近以嚴選產地或莊園，講究沖煮方式的第三波咖啡為主流。

在紐約必做的102件事！

從基本玩法到私房景點，提供在紐約盡情遊玩的方案。

5W1H來解惑

詳細說明What、When、How to等基本問題。看完不再迷惑。

分類整理介紹

依主題分類。從「必做的事」翻頁查詢。

- 📷 SIGHTSEEING
- 🎬 ART
- 🎵 ENTERTAINMENT
- 🍴 EAT
- 🛒 SHOPPING
- 🏢 STAY

旅遊情報

用一行文字介紹對旅途有幫助的訊息或是讓旅遊更開心的小常識！

【圖例說明】

- 🏠 地址
- ☎ 電話號碼
- 🕐 營業時間（寫出開始到結束的時間。最後點餐或入館截止時間會有所更動。有時會因設施或店家情況延遲開門或提早關門）
- ㉁ 公休日（寫上假日以外的公休日。全年無休時，不寫上㉁。不過，無公休日的店家經常有假日以外的不定期休假，尚請見諒）
- ⑤ 成人票價、設施使用費、飯店每晚最低房價等
- ⊗ 從最近的車站出發的所需時間
- ▶MAP　表示在書前地圖上的位置

👐 本書登場人物！
Hare 和 Tabi

為了找到真命天女，在世界各地旅行！

Hare

Tabi

特別收錄

別冊地圖

地圖圖例
- 📷 觀光景點
- 🎵 娛樂活動
- 🍴 餐廳、咖啡館
- 🛒 購物
- 🏨 飯店

紐約便利帳

手指給對方看！

可以用

關於本書　書中記載的資料是截至2018年6月的情況。內容時有變動，請事先做好確認。遇到假日和年底年初時，營業時間及公休日等會和書中介紹的不同。書中記載的營業時間是開門到關門的時間，最後點餐時間依店家而異。關於費用，都標示不含稅金、小費的價格。地鐵、巴士、計程車、步行的所需時間，依交通狀況時有變動。敝出版社恕不賠償因本書記載內容所造成的損害等，尚請見諒。

最新・最前線・旅遊全攻略

紐約

NEW YORK

CONTENTS
在紐約必做的102件事

☑ 做過的請打勾！

BEST PLAN

MANHATTAN

BROOKLYN

歡迎參加紐約的非凡之旅！

在全世界最令人興奮的城市，滿足觀光、購物和美食需求！
從紐約眺望天空，處處晴朗快意。

Manhattan
曼哈頓

紐約的精華區！先從這裡開始參觀

曼哈頓境內聚集了多處必看景點。觀光客不停湧向這座充滿活力、魅力十足的城市。前往紐約汲取豐沛的能量吧！

Statue of Liberty

Highline

自由女神像　　→P.26

紐約最著名的國家地標

不僅是紐約，也是美國的象徵。位於紐約港自由島上，移民者進入港口時，看見這座雕像，心中充滿對新大陸的希望和夢想，可謂精神食糧。

高架公園　　→P.34

貨物列車的高架橋改建成的空中花園

利用廢棄的高架鐵路蓋成全長2.3km的公園。連接肉品包裝區和曼哈頓中城。輕鬆漫步在工業與自然融合的環境裡吧。

▶ 如何觀看影片

先下載免費APP
從智慧型手機或平板電腦的「Google Play」或「App Store」搜尋「朝日connect」。下載免費APP。
※雖然APP免費，但需自行負擔通訊費用。

→

選擇日期，用手機鏡頭對準！
開啟APP，選擇朝日新聞出版。在日期選擇上設定為2017年11月1日，對準每個記號。
※請水平對準記號直向移動。對準後須等待數秒。

朝日connect

世貿一號觀景台　→P.31

從西半球最高處眺望摩天大樓

從世貿一號觀景台飽覽曼哈頓中城區和下城區的街景。觀光期間，一定要來這座能感受到建築人員滿腔熱情的場所，從上方俯瞰曼哈頓。

Photo:NYOnAir

One World Observatory

5th Avenue

第五大道　→P.116

從精品店到休閒用品應有盡有

以高級名牌為首，百貨公司和流行名店櫛比鱗次，是紐約最熱鬧的街道。黃色計程車、影音巴士、馬車、遊客和上班族等車潮人群穿梭來往。

Brooklyn
布魯克林

紐約目前最受矚目的區域

布魯克林境內高樓少見，擁有大片寬廣綠地。近年來藝術家移居於此，時髦小店、餐廳或咖啡館分布其間。是新文化的孕育場所。

Brooklyn Bridge

布魯克林大橋　→P.174

曼哈頓最古老的橋

跨越東河，連接布魯克林和曼哈頓。充滿歷史痕跡的厚實結構頗具魅力，美麗的外觀是紐約最受歡迎的地標橋。

在哪裡要玩什麼？
調查實現夢想的區域

觀光景點眾多的曼哈頓。近來人氣急遽上升的布魯克林。
將曼哈頓和布魯克林細分成幾區。
掌握各區特色，盡情玩樂吧。

Hello♪

各區特色標示圖

🎵 娛樂
🛒 購物
🍴 美食
🎬 藝術
📷 觀光

116th St.～125th St.
教會林立。

哈林區

🚇 125 St～美國自然
歷史博物館約10分鐘

🚌 125 St～大都會博
物館

公園內有池塘、動物園
等景點。

上西城　　　**中央公園**　　　**上東城**

🚇 美國自然歷史博
物館～時代廣場
約15～30分鐘

🚇 大都會博物
館～時代廣場
約30分鐘

美術館散布在麥迪
遜大道（Madison
Ave.）兩旁。

超市集中在百老
匯（Broadway）
附近。

東邊多為辦公大樓，西
邊則是飯店。

①曼哈頓中城

🚇 時代廣場～23 St約10分鐘　　　🚇 23 St～Christopher St-Sheridan Sq約10分鐘

畫廊集中在第10大道
一帶。

雀兒喜　　　**格拉梅西公園**

聯合廣場附近聚集多家
商店。

MANHATTAN

紐約州紐約市的5個行政區之一。

🚇 時代廣場～14 St-Union
Sq約10分鐘

🚶 14 St-Union Sq～
Astor Pl約10分鐘

Bleecker St.兩
旁有一整排名牌
店。

格林威治村　　　**東村**

有多家異國料理
和日式餐廳。

觀光景點匯集區
① 曼哈頓中城
>>> P.38

此區聚集了知名
景點、飯店、餐
廳、商店和商業
街。能切實感受
到紐約的繁華面
貌。

🚇 Christopher St - Sheridan
Sq～Prince St約10分鐘

🚇 Astor Pl～Delancey
St - Essex St約10分鐘

鑄鐵建築必看。

② 蘇活區

大吃貝果或燻
牛肉等猶太食
物！

下東城

🚶 Prince St～
Franklin St約15分鐘

🚶 Prince St～
Canal St約10分鐘

🚇 Delancey St - Essex St
～Canal St約5～10分鐘

翠貝卡　　　**中國城**

中文此起彼落。晚上很
早打烊。

要找餐廳的話就到
Greenwich St.。

🚇 Canal St～Wall
St約10分鐘

🚢 Pier 11～Old
Fulton St約10分鐘

時尚愛好者群聚區
② 蘇活區

名牌店密集度高，顏負盛名。
購物途中可在風格咖啡館或餐
廳等處歇息片刻。

原則上算是商業
區，因此週末很
安靜。

③曼哈頓下城

觀光景點和商圈並存
③ 曼哈頓下城　　　>>> P.66

移民人士由此區進
入美國，是曼哈頓
境內歷史最悠久的
區域。目前為高樓
林立的商辦區。

紐約
行前須知

✈ 從台灣出發　15小時
🕐 時差　13小時
📷 簽證　90天以內的觀光免簽證
💬 語言／文字　英語

🚗 主要交通工具　地鐵、公車、計程車→P.208
🍷 法定飲酒抽菸年齡　21歲以上
🚻 公廁　沖水式廁所

今後的發展備受矚目
❶ 綠點區
>>> P.186

目前仍有多數波蘭人居住於此。有數家時髦商店從威廉斯堡搬來這裡，形成新舊交織的趣味街景。

紐約時尚的發源地！
❷ 威廉斯堡
>>> P.178

近年來掀起布魯克林熱潮的區域。很多藝術家或年輕創業者移居於此，醞釀出新潮流與新文化。

河濱公園最受歡迎
❸ 丹波
>>> P.174

位於布魯克林大橋旁的寬廣區域。在東河沿岸眺望曼哈頓的高樓大廈，景致迷人。

Here we go!!

青年藝術家入駐
❹ 布希維克
>>> P.190

此區街上隨處可見壁畫藝術。並有多家特色咖啡館。今後的發展指日可待。

Nice day!!

BROOKLYN
紐約市的5個行政區之一，位於曼哈頓的東邊。

zzz....

🚇 14 St - Union Sq ～Bedford Av約10分鐘

❶ 綠點區

餐飲店分布在曼哈頓大道（Manhattan Ave.）兩旁

🚶 Bedford Av～Nassau Av約10～15分鐘

主要街道是Bedford Ave.！

不經雕飾的平靜住宅區
❺ Bococa 和公園坡 >>> P.194

布朗斯通住宅區（Brownstone）整體散發出優閒氛圍。有多家當地居民喜愛的商店，休閒餐廳的選項也不少。

隨處可見街頭藝術。

❷ 威廉斯堡

🚢 N 6th St / North Williamsburg～Old Fulton St約15分鐘

❹ 布希維克

🚇 Bedford Av～Morgan Av約15分鐘

❸ 丹波

🚇 York St.～Front St.店面增加中。

到Atlantic Ave.和Smith St.散步吧。

❺ Bococa

🚇 York St～Carroll St約10分鐘

第5大道和第7大道上有很多高質感商店。

❺ 公園坡

🚶 Carroll St～7 Av約10分鐘

🚢 Pier 11～IKEA約15分鐘

❻ 雷德胡克

週末到IKEA的船票免費。

倉庫街變身美麗區域
❻ 雷德胡克
>>> P.198

之前給人港口倉庫的印象，但現在增加不少特色小店和餐廳。因為是沿海城市，還能吃到新鮮海產。

在最佳時間點做最棒的事
24小時玩樂計畫

既然到了紐約，就要玩夠24小時。
以下依觀光、藝術、娛樂、美食和購物類別，介紹遊覽各景點的最佳時機。
擬定從早到晚的玩樂計畫吧。

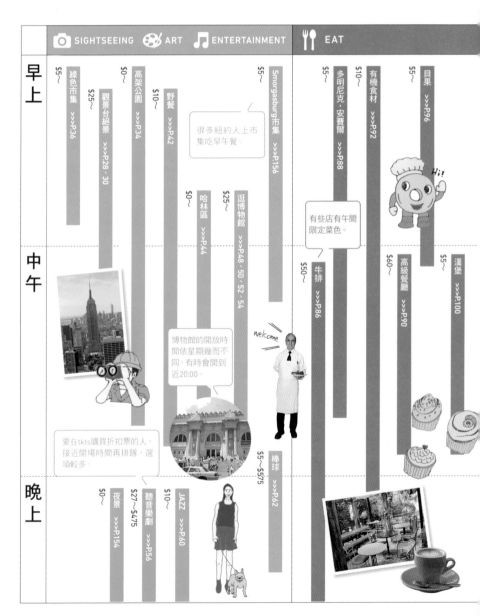

	SIGHTSEEING	ART	ENTERTAINMENT	EAT

早上

- 綠色市集 >>>P.36 $5〜
- 觀景台絕景 >>>P.28、30 $25〜
- 高架公園 >>>P.34 $0〜
- 野餐 >>>P.42 $10〜
- Smorgasburg市集 >>>P.156 $5〜
- 多明尼克·安賽爾 >>>P.88 $5〜
- 有機食材 >>>P.92 $10〜
- 貝果 >>>P.96 $5〜

很多紐約人上市集吃早午餐。

中午

- 哈林區 >>>P.44 $0〜
- 逛博物館 >>>P.48、50、52、54 $25〜
- 牛排 >>>P.86 $50〜
- 高級餐廳 >>>P.90 $60〜
- 漢堡 >>>P.100 $5〜

有些店有午間限定菜色。

welcome

博物館的開放時間依星期幾而不同，有時會開到近20:00。

Hi!

要在tkts購買折扣票的人，接近開場時間再排隊，選項較多。

- 棒球 >>>P.62 $5〜$575

晚上

- 夜景 >>>P.154 $0〜
- 聽音樂劇 >>>P.56 $27〜$475
- JAZZ >>>P.60 $10〜

節假日有美國全州的共同節日和各州自定的紀念日。紐約很多商店在節假日照常營業，但小型店家會放假，或是更改營業時間。

※節假日每年而異。

※在美國，夏令時間稱為日光節約時間（Daylight Saving Time）。從4月的第1天到10月最後一週的週日為止。2016年則是3月13日～11月6日。

※有很多商店在復活節、感恩節、聖誕節時休息或縮短營業時間。

1月1日	新年	7月4日	國慶日
1月21日	馬丁路德金恩紀念日（1月的第3週週一）	9月2日	勞動節（9月的第1週週一）
		10月14日	哥倫布日（10月的第2週週一）
2月12日	林肯誕辰紀念日	11月11日	退伍軍人節
2月18日	總統節（2月的第3週週一）	11月28日	感恩節（11月的第4週週四）
3月17日	聖派翠克節		
5月27日	陣亡將士紀念日（最後1週的週一）	12月25日	聖誕節

🛒 SHOPPING

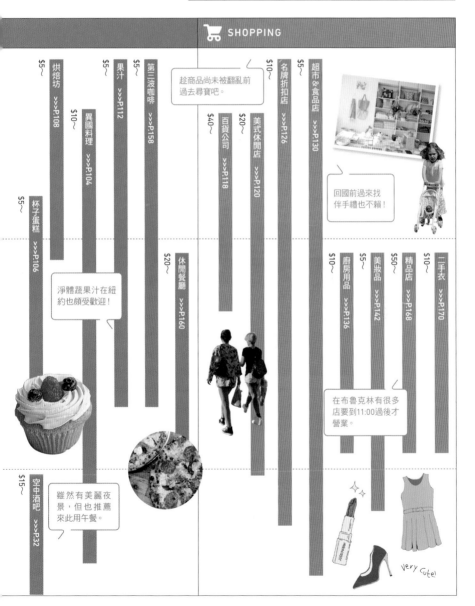

超市＆食品店 >>>P.130　$5~

名牌折扣店 >>>P.126　$10~

美式休閒店 >>>P.120　$20~

百貨公司 >>>P.118　$40~

第三波咖啡 >>>P.158　$5~

果汁 >>>P.112　$5~

異國料理 >>>P.104　$10~

烘焙坊 >>>P.108　$5~

杯子蛋糕 >>>P.106　$5~

休閒餐廳 >>>P.160　$20~

空中酒吧 >>>P.32　$15~

廚房用品 >>>P.136　$10~

美妝品 >>>P.142　$5~

精品店 >>>P.168　$50~

二手衣 >>>P.170　$10~

趁商品尚未被翻亂前過去尋寶吧。

回國前過來找伴手禮也不賴！

淨體蔬果汁在紐約也頗受歡迎！

在布魯克林有很多店要到11:00過後才營業。

雖然有美麗夜景，但也推薦來此用午餐。

very cute!

BEST PLAN 03

6天4夜的終極經典路線
享受200%的紐約

第 1 天

終於到了～♪
迫不及待地想貼近紐約！

有好多地方想去玩！第一天就到當地精采的娛樂設施，實際感受紐約風采吧。

AM

11:00 約翰甘迺迪
國際機場

搭機場巴士
約45～120分鐘

PM

13:00 格拉梅西公園
＜需時60分鐘＞

❶ Shake Shack
→P.100

搭地鐵約10分鐘

14:00 曼哈頓中城
＜需時半天以上＞

— ❷ The Ride
→P.40

— ❸ 波道夫古德曼
百貨公司
→P.116

— ❹ Refinery Rooftop
→P.33

LUNCH Hungry!!

❶ 先到漢堡店
大吃一頓！

POINT

在Shake Shack，點餐後店員會給呼叫器。餐點準備好時呼叫器會通知取餐。

Photo：William Brinson

I'm glad to see you!!

抵達紐約後，先來頓必吃美食飽餐一頓。特級牛肉做成的漢堡讓人讚不絕口。

ENTERTAINMENT

❷ 新奇有趣的
曼哈頓觀光

搭乘新穎娛樂設施，The Ride影音巴士遊覽曼哈頓。沿路觀賞精采的現場表演。

hello ♪

Photo：The Ride

Fantastic!!

SHOPPING so cool!!

❸ 到高級百貨公司
盛裝打扮

一進去店內就能明顯感受到有別於他店的隆重氣氛。在這裡購買旅途中需要的正式服飾。

Photo：Bergdorf Goodman

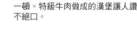

Don't think feel!

BAR

❹ 伴著曼哈頓的
夜景乾杯～♪

cheers!!

Beautiful!!

一邊欣賞曼哈頓夜景，一邊想著明天的歡樂行程。用酒精撫慰一天的疲憊。

Photo：Refinery Rooftop

POINT

買完精品後，不要帶著走，先搭計程車回飯店放好。

Fashionable!!

紐約擁有許多商店、餐廳及觀光景點。除了非去不可的必遊勝地外，還有不容錯過的私房景點。以下介紹能滿足這些需求的6天4夜經典路線。

利用城市通行證享觀光折扣！

打算將旅程重點擺在觀光名勝的遊客，建議購買城市通行證（P.22）。可在各景點、網路上買到。

NEW YORK CityPASS
ADULT $122

門票最低可便宜42%，使用期限是9天。

走遍必看景點！

第2天除了新景點外，也排滿必遊勝地。城市通行證在此派上用場！還到話題餐廳用餐。

第 2 天

AM

9:00 肉品包裝區
＜需時180分鐘＞

❺ Bubby's
高架公園店
→P.85

高架公園
→P.34

❻ 雀兒喜市場
→P.82

搭地鐵10分鐘

PM

13:00 上西城
＜需時160分鐘＞

❼ 美國
自然歷史博物館
→P.54

❽ 中央公園

→P.42

搭地鐵10分鐘

16:00 上東城
＜需時180分鐘＞

大都會博物館
→P.48

❾ 丹尼爾
→P.91

搭地鐵10分鐘

20:00 曼哈頓中城
＜需時240分鐘＞

音樂劇
→P.56

❿ 帝國大廈
→P.28

MORNING

Let's eat!!

❺ 享用美式早餐
獲得100倍元氣！

以店家自製的樸實早餐拉開一天序幕。推薦用有機蛋做成的雞蛋料理。享用奢侈早餐是旅行的特權！

WALKING

❻ 不容錯過的雀兒喜市場！

若想盡早了解紐約的飲食趨勢，就要來這裡。也是買伴手禮的好地方。

Buy a souvenir

POINT

雀兒喜市場位於前往高架公園的路上。散步途中可以順道參觀一下。

LUNCH

❽ 中午就在中央公園野餐

It's a lovely day!!

到附近商店買熟食或甜點坐下來野餐。在戶外享用午餐，美味倍增。

SIGHTSEEING

❼ 帶著探險家精神前往美國自然歷史博物館！

Let's adventure

利用免費重點導覽有效率地參觀。各樓層也有禮品店，可以買到伴手禮。

DINNER

❾ 盛裝打扮上超豪華餐廳用餐♥

Fancy Restaurant

Photo：Schauer. E. Laignet

要前往高級餐廳必須盛裝打扮一番。不僅是餐點，典雅的裝潢也很賞心悅目。

POINT

每天變色的燈光組合交織出超過1600種色彩。

SIGHTSEEING

❿ 上帝國大廈一覽高樓景致

How beautiful it is

從紐約的地標帝國大廈眺望動人的曼哈頓夜景。令人開心的是營業到深夜2點。

今天一整天都在布魯克林度過！

終於要邁入後半段行程！今天走遠一點，飽覽布魯克林風光。品嘗當季美食及盡情購物。

AM

10:00 曼哈頓下城
→ P.66
＜需時30～40分鐘＞

└ ⑪ 布魯克林大橋
　　→ P.174

🚶 步行
　約30～40分鐘

11:00 丹波
→ P.174
＜需時180分鐘＞

└ ⑫ 丹波廚房
　　→ P.177

PM

└ ⑬ 布魯克林橋公園
　　→ P.174

🚢 搭渡輪
　約20分鐘

14:00 威廉斯堡
→ P.178
＜需時180分鐘＞

└ ⑭ Swords-Smith
　　→ P.181

└ ⑮ Peter Luger
　　牛排館
　　→ P.182

└ ⑯ 布魯克林啤酒廠
　　→ P.184

WALKING

⑪ 前進布魯克林，出發！
　從橋上步行通過

Go to Brooklyn

POINT
因為橋上風大，小心不要讓帽子等物品飛走了。欣賞一下遠方的自由女神像吧。

good Day

走過電影中屢次登場的布魯克林大橋，今天就將腳步延伸至丹波吧。

LUNCH

⑫ 呼～好累啊！
　補充一下能量吧

eat me up!!

大吃一頓，為下午的觀光儲備體力。熟食種類豐富，也可以外帶到公園午餐。

SIGHTSEEING

⑬ 從布魯克林橋公園
　向天際線 SAY HELLO

skyline

POINT
布魯克林橋公園不但白天可賞景，也是絕佳的夕陽和夜景觀賞處（P.154）。

越過東河飽覽曼哈頓的高樓群景致。看完後，搭乘渡輪前往威廉斯堡。

SHOPPING

⑭ 走訪威廉斯堡的
　精品店＆二手衣店

we ♥ shopping

在當季精品種類豐富的店內購物。模仿紐約人的穿搭～

Photo：Swords-Smith

DINNER

Let's Go!!

⑮ 大啖紐約牛排！

juicy steak!!

上老字號牛排館品嘗頂級熟成肉！超美味晚餐讓心情跟著飛揚。

Photo：Peter Luger Steakhouse

BAR

so good!!

⑯ 喝杯當地啤酒
　慰勞一天辛勞～

飽餐一頓後，來杯精釀啤酒作結尾！一邊交換感想，一邊挑戰不同種類吧。

觀光時也不要忘了找伴手禮！

雖然依依不捨，但今天就要告別紐約了。享受美食、購物、觀光直到最後一刻！

MORNING

⑰ 大口咬下紐約的早餐貝果！

表面酥脆內部Q軟的當地貝果。當個紐約聰明點餐吧。

Taste good!!

SIGHTSEEING

⑱ 還沒去看自由女神♥

絕對不能忘記自由女神。不光是從遠方眺望，實際走近觀賞吧。

I'm famous

SHOPPING

⑲ 買到名牌折扣品

到折扣商店血拚。因為店內寬敞人潮眾多，請預留時間購物。

POINT

建議中午前過去。早點到人比較少。

Dress up!!

SHOPPING

⑳ 必去格林威治村購物

Nice choice!

格林威治村有很多魅力商店。可以找到喜歡的伴手禮。

SIGHTSEEING

㉑ 最後一夜！和紐約說Bye-bye！

因為沒有遮蔽物可以近距離觀賞夜景。雖然想再待久一點，還是得和紐約道別！

Love u~♥

nice!!

POINT

聳立於南邊的是帝國大廈！引人注目的燈光秀。

SHOPPING

㉒ 採購到店家打烊的最後一刻為止

前往充斥著各色霓虹燈招牌的時代廣場。有些店營業到深夜，可以盡情大採購。

Hurry up!!

依然行程滿檔！享受紐約直到最後

還有好多地方想去了！回國那天一早起來就上超市。去找忘記買的伴手禮吧。

SHOPPING

㉓ 到食品店吃早餐&購物

useful!!

就在這裡尋覓早餐吧。印上店名的托特包送禮自用兩相宜。

Photo:Zabar's

SHOPPING

㉔ 到超市採購伴手禮

時間允許的話，再逛一間超市吧！不光是伴手禮，也找找飛機上要吃的零食。

present for you!!

第 4 天

AM

8:00 雀兒喜
〈需時30分鐘〉
　⑰ Murray's Bagels → P.97

🚇 搭地鐵約20分鐘

9:00 曼哈頓下城
〈需時240分鐘〉
　⑱ 自由女神像 → P.26
　⑲ 21世紀百貨公司 → P.127

🚇 搭地鐵約15分鐘

PM

13:00 格林威治村 → P.72
〈需時半天以上〉
　Bookmarc → P.72
　⑳ Greenwich Letterpress → P.73
　Blue Note → P.60

🚇 搭地鐵約15分鐘

20:00 曼哈頓中城
〈需時180分鐘〉
　㉑ Top of the Rock 觀景台 → P.30
　㉒ 時代廣場 → P.38

第 5 天

AM

8:00 上西城
〈所要時間180分鐘〉
　㉓ Zabar's → P.132
　㉔ 汀恩德魯卡（Dean & Deluca）→ P.133

🚌 搭機場巴士約45～120分鐘

14:00 甘迺迪國際機場

🏙 曼哈頓各區間距離很短。相形之下，布魯克林則範圍廣大，建議集中景點遊覽。　　13

方便聰明的打包小撇步
準備紐約之旅的行李用品

只裝一半，騰出空間裝當地的戰利品！

6天4夜用的行李箱

因為會買很多伴手禮，準備大行李箱比較保險。但須注意不要超重。

FASHION

紐約和日本一樣四季分明。因為冬天比日本更冷，保暖衣物相當重要。

出處：weatherbase

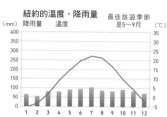

紐約的溫度・降雨量
最佳旅遊季節是5～9月
(mm) 降雨量 溫度 (℃)

早晚偏冷，要多穿件上衣。
春

四季穿搭指南

夏
濕度比台灣低，感覺上偏乾熱。

晚上會冷，務必多帶件上衣。
秋

冬
溫度比台灣低很多，也會積雪，須做好防寒準備。

USEFUL ITEMS

若是住高級飯店，會提供盥洗用品，但也有很多住宿設施不提供任何物品。最好自備。

洗髮精＆潤髮乳　　棉花棒

防曬乳　　護手霜

指甲刀　　海灘鞋

美妝品可到當地再買

在當地美妝店拿到試用包，用完即丟相當方便。

折疊傘

睡衣
幾乎所有飯店都不提供浴袍和睡衣。最好自備穿著舒適的睡衣。

太陽眼鏡是整年必備的用品！

太陽眼鏡
氣候乾燥的紐約，直射的紫外線指數高。尤其春天到夏天，陽光強烈。

決定好出發日期後，就趕快開始準備旅行用品！
充分確認下列物品是否已準備妥當，避免在當地手忙腳亂。
雖然什麼都想帶，但有些可以在紐約當地購買。
帶齊基本必需品就出發吧！

MONEY

紐約是信用卡社會。當地換錢的匯率並不好，所以在台灣換好基本額度的現金即可。

> 預算是停留天數
> ×
> **3000台幣**

信用卡
即便紐約治安還算好，帶著大筆現金走動也很危險。盡量刷卡付費吧。

錢包

現金
現金盡量先換好最低消費金額後再帶出國。台灣國內的換匯手續費比較便宜。

在當地使用的隨身包

放護照、貴重物品或旅遊書等，建議帶平常慣用的包包。最好是附拉鍊能關上袋口的類型。

6天4夜的平均預算　約**8.5**萬台幣
每人的花費不同，金額僅供參考。

◎事先費用

機票 … 2.5～3萬台幣
飯店 … 5000～2萬台幣

◎當地1天的費用

🍴 … 4500台幣
🛒 … 6000台幣
🎵 … 4500台幣
📷 … 1500台幣

‥‥ETC.

除了錢以外，護照、其他預約文件或讓旅行更舒適的用品等也一併放入隨身攜帶。

護照
準備一份影印本。上俱樂部遇到身分盤查時就能出示。

**機票or
電子機票影本**
事先印出電子機票出示給航空公司的櫃台人員。

原子筆
入境美國時需填寫文件，因此放一支在包包內吧。

照相機

《紐約：最新・最前線・旅遊全攻略》

雖然生理用品等可到當地購買，但可能會比較粗糙。

**各種預約
證明文件影本**

不提供
🏢 多數飯店會提供的用品

提供	不提供

浴巾

浴袍、睡衣
有別於日本的飯店並不提供。不要忘記帶睡衣出門。

牙刷
基於衛生及成本考量，大部分都不提供。

吹風機

拖鞋
要有備品種類少的心理準備。

洗髮精&潤絲精

🌼 紐約（美國）的電壓和插座與台灣相同，電子產品可以直接使用沒問題。　　15

有了這些代表去過紐約！
戰利品寶物大公開

WEAR 必買的紐約當地品牌

☐ ITEM 01 紐約品牌

不可錯過Marc Jacobs、Coach等紐約當地品牌。價格絕對比在台灣買還優惠，是必買商品。因為品項比台灣還豐富，讓人看得眼花撩亂。

價格：$60～

🏠 購自這裡GO！

百貨公司 >>>P.118
名牌店 >>>P.128

WEAR 說到紐約伴手禮就是這個！

☐ ITEM 02 I♥NY商品

設計師戈拉瑟（Glaser）先生創作的知名標誌。不單是基本款T恤，馬克杯或存錢筒等各項商品應有盡有。是必買的旅行紀念品。

價格：$20～$50

🏠 購自這裡GO！

移民公寓博物館 >>>P.140
杜安里德 >>>P.143

GOODS 入手原創品

☐ ITEM 03 博物館商品

博物館禮品店販售的特色原創商品。有些只有這裡才買得到。另外，博物館精選商品也是必看品項。

價格：$5～

🏠 購自這裡GO！

大都會博物館 >>>P.48
MoMA >>>P.50

GOODS 優質主題商品也不賴！

☐ ITEM 04 紐約主題商品

有很多以天際線、地標建築物、象徵性作品項為主題的商品。雖然大筆寫上NY字樣的圖形也不錯，但隱喻其間的設計更時尚！

價格：$20～$150

🏠 購自這裡GO！

Fishs Eddy >>>P.136
Power House Arena >>>P.176

GOODS 高級百貨公司的暢銷品

☐ ITEM 05 超市或百貨公司的自有品牌商品

購物時不能放過的百貨公司，各家都有多項自有品牌商品。梅西百貨或Henri Bendel百貨的限量商品是必買伴手禮。

價格：$15～

🏠 購自這裡GO！

百貨公司 >>>P.118
超市 >>>P.130

GOODS 紐約客也愛用

☐ ITEM 06 托特包

從以紐約為主題的插畫到商店標誌等，種類眾多。是時髦咖啡館或商店必賣的自有商品，可以參考看看。

價格：$15～$40

🏠 購自這裡GO！

Strand Book Store >>>P.140

GOODS 買到折扣品

☐ ITEM 07 名牌貨

名牌品總給人昂貴的印象。在21世紀百貨等折扣商店就能以2折價格買到Coach或Kate Spade！快去尋寶吧。

價格：$30～

🏠 購自這裡GO！

21世紀百貨公司 >>>P.127

JEWELRY 前往Tiffany & Co.總店

☐ ITEM 08 Tiffany & Co.飾品

女性永恆的憧憬，Tiffany & Co.。還是要去第五大道的總店參觀。雖然可在台灣買到，價格也相差無幾，但是在哪裡買的才是重點！

價格：$20～

🏠 購自這裡GO！

Tiffany & Co >>>P.129

既然來到紐約，雖說純觀光也不錯，但有好多伴手禮及犒賞自己的商品想買！
對於購物欲高漲的人，從必買伴手禮到時尚敏銳度高的紐約才有的時髦單品，一次介紹清楚。
在行李箱塞滿蒐購來的戰利品再回國吧！

 COSME 紐約人愛髮如命

☐ ITEM 09 護髮用品

紐約人頭髮亮麗的祕密就在護髮用品。一定可以找到適合自己的護髮製品。若想擁有飄逸秀髮務必購買！

價格：$10～$50

🏠 購自這裡 GO！

全食超市（Whole Foods Market）>>>P.130
John Masters Organics >>>P.143

COSME 眾多台灣沒賣的美妝品

☐ ITEM 10 紐約美妝品

不管到了幾歲都想讓自己容光煥發，就必須擁有優質美妝品。透過來自紐約的美妝品提升女性魅力，和朋友拉開差距吧！

價格：$5～$100

🏠 購自這裡 GO！

契爾氏 >>>P.143
C.O.Bigelow >>>P.143

COSME 購買高質感伴手禮

☐ ITEM 11 布魯克林製造

布魯克林是時下最夯的地區之一。既然來了就走遠一點，買些布魯克林當地的品牌當作時髦伴手禮回家吧。收到的人一定會很開心。

價格：$5～$30

🏠 購自這裡 GO！

Gourmet Guild >>>P.172
全食超市 >>>P.172

SWEETS 受歡迎的苦甜巧克力片

☐ ITEM 12 巧克力

有很多堅持用料的巧克力品牌。以巧克力片商品居多，包裝設計也很精美。看外形購買也不錯。

價格：$3～$30

🏠 購自這裡 GO！

Fine ＆ Raw >>>P.166
Mast Brothers Chocolate >>>P.167

FOODS 品嘗當地貝果

☐ ITEM 13 貝果

紐約當地到處都有貝果名店。買來當伴手禮，須在回國當天早上或1天前購買，如此一來，就算回國也能吃到當地美味。

價格：$5

🏠 購自這裡 GO！

Murray's Bagels >>>P.97
Mile End >>>P.97

FOODS 擁有眾多貴婦粉絲

☐ ITEM 14 Harney ＆ Sons紅茶

高級飯店等也使用的精品紅茶。紅茶罐的設計也很可愛，是送給親友的好物。也是很棒的分送用伴手禮。

價格：$10～$50

🏠 購自這裡 GO！

Harney ＆ Sons >>>P.138
汀恩德魯卡 >>>P.133

FOODS 受歡迎的男性伴手禮！

☐ ITEM 15 咖啡豆

第三波咖啡店的咖啡豆很受歡迎。雖然超市也買得到，但在店面才找得到稀有珍品。試喝之後挑選喜歡的咖啡豆帶回家吧。

價格：$15～

🏠 購自這裡 GO！

Parlor Coffee >>>P.159
藍瓶咖啡 >>>P.178

MEMORIES 從當地寄信給自己

☐ ITEM 16 明信片

印有自由女神像或曼哈頓風景等，可以傳遞紐約時尚氛圍的明信片。可當伴手禮，或寄給自己，享受回國後收到的樂趣。

價格：$1～$5

🏠 購自這裡 GO！

Greenwich Letterpress >>>P.73
Power House Arena >>>P.176

NEW YORK NEWSPAPER

NEW YORK

紐約是日新月異的城市。從新興的觀光景區或車站等實用訊息到當地紐約人也愛去的推薦景點,為你送上必知的行前資訊。

EAT 帶來視覺衝擊的嚴選甜點陸續登場!

必拍打卡美照!

紐約近年來超受歡迎的是色彩豐富、造型可愛,而且用料和味道也都不含糊的甜點。

因IG而走紅

IG網紅 No.1

放了棉花糖和棒棒糖的牛奶奶昔。$15

Black Tap

必須排隊等待的人氣店家。也有針對低碳水化合物飲食者推出的無麵包沙拉吧。

🏠 529 Broome St.(at Sullivan St.)
☎ 1-917-639-3089
🕐 11:00~24:00(週五~六~凌晨1:00)
🚇 從地鐵C、E線Spring St站步行約3分鐘
blacktapnyc.com
蘇活區 ▶MAP P.8 B-2

紐約的巴西甜點

小小的好可愛♡

牛奶糖或焦糖口味的傳統點心。3個$5.50

Brigadeiro Bakery

吃得到以店名Brigadeiro巴西巧克力球為首的巴西甜點,還有餅乾等。

🏠 156 Sullivan St.(near W. Houston St.)
☎ 1-917-740-5772
🕐 8:00~19:00(週六日10:00~)
🚇 從地鐵C、E線Spring St站步行約4分鐘
brigadeirobakery.com
蘇活區 ▶MAP P.8 B-1

從路邊攤翻身成為人氣商店

馬卡龍口味的冰淇淋杯

還可以再放上餅乾或甜甜圈等配料。$8.50

Ice & Vice

獨特的口味組合充滿話題。餅乾杯和配料的搭配組合也讓人期待。

🏠 221 E. Broadway(near Clinton St.)　☎ 1-646-678-3687
🕐 14:00~22:00(週五~24:00、週六12:00~24:00、週日12:00~)
🚇 從地鐵J線Bowery站步行6分鐘
iceandvice.com
下東城 ▶MAP P.9 F-2

黑色冰淇淋的真面目是?

烏漆嘛黑的冰淇淋!

黑色冰淇淋是黑椰灰燼。$5.50

Morgenstern's Finest Ice Cream

知名餐廳的甜點師傅開設的店。使用上選食材製成的健康冰淇淋頗具魅力。

🏠 2 Rivington St.(bet.Freeman Alley & Bowery)
☎ 1-212-209-7684
🕐 8:00~23:00(週五、六~24:00)
🚇 從地鐵J線Bowery站步行3分鐘
www.morgensternsnyc.com
下東城 ▶MAP P.9 E-2

FROM NEW YORKERS
請告訴我們目前必去的紐約景點!

電影導演
佐佐木芽生

profile

以電影《Herb and Dorothy》榮獲諸多獎項。目前正在製作以鯨魚和海豚為主題的長篇紀錄片。

QUESTIONS

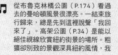

請提出妳覺得在紐約該去看看,也很喜歡的3個地點。

ANSWERS

🎬 最愛迷人的景致和超市

從布魯克林橋公園(P.174)看過去的曼哈頓風景很漂亮。一結束旅行歸來,總是先到這裡設置「我回來了」。高架公園(P.34)是能以絕佳視線欣賞紐約街景的場所。粗獷卻別致的景觀深具紐約風情,我很喜歡。聯合廣場的綠色市集(P.36)擺滿新鮮蔬菜,光是閒逛就能勾起食欲,令人精神百倍。

📷 濃縮世界的小宇宙

在紐約,各色人種、飲食、文化與宗教兼容並蓄。有接受任何人活出自我,包容力十足的街道,一到紐約的人人都能在瞬間成為紐約客這點也頗具魅力。

SIGHTSEEING

四通八達！
紐約首座車站地下商店街

誕生於哥倫布廣場的站內商場

開在第8大道第57街到第59街的地下商店街。兩邊是氣氛輕鬆的咖啡館、速食店等各式商店。

在Farm To People找到的托特包，$8

$8

$799

Pressed Juicery的冷壓果汁

$8

2016年4月開幕

中間也有數量不多的座椅區。建議配合附近的時代華納中心順道一遊。

MeltKraft的經典起司三明治

Turnstyle

首座利用站內街道的地鐵站。雖然位於車站內，卻在剪票口外，所以不用刷地鐵卡。

⌂ 1000 8th Ave.（bet. W. 57th & 58th Sts.）
☎ 依店家而異
🕐 8:00～21:00　🚇 從地鐵A、B、C、D線59 St-Columbus Circle站出站即達
www.turn-style.com
西中城 ▶ MAP P.18 B-3

SIGHTSEEING

行經上東城的
地鐵新線第2大道線開通！

2017年1月開通

行經曼哈頓第2大道

1929年便規畫的地鐵新線第2大道終於在2017年1月通車。但也僅通行第63街到第96街的部分路線。今後預計沿著第2大道延伸至布魯克林。

2nd Av線

和其他車站一樣，站內畫有藝術作品。不少附近居民等待通車。

第2大道線（QLine）

行駛於第2大道線上的是Q列車。預計從上東城開到康尼島（Coney Island）。

📷 請告訴我們紐約的魅力。

知名主廚
Marcus Samuelsson

— profile

在紐約知名北歐餐廳「AQUAVIT」打響名聲後，轉到「Red Rooster」服務。第2家店「Streetbird」也是話題名店。

ANSWERS

享受哈林區當地文化

🎵 在哈林工作室博物館（MAP P.22 B-2）能欣賞到非裔藝術家的現代藝術。週日免費參觀。Harlem Haberdashery（MAP P.22 B-2）店內擺滿個性十足的特色單品，頗具魅力。可以去找喜歡的帽子、夾克或鞋子。餐廳的話，推薦格林威治村的Barbuto（MAP P.10 C-3）。招牌菜為雞肉料理，是頗負盛名的義大利餐廳。

常有新發現的城市

📷 紐約聚集了來自世界各地的人民，食物、藝術、音樂的種類豐富。我想就是因為這座城市擁有無限可能，才吸引大家群聚而來。

19

NEW YORK NEWS

① 騎警隸屬於紐約市警察局（NYPD）巡邏部門的特別騎警組NYPD Mounted Unit。NYPD擁有的馬匹數量超過100頭！可以自由上前拍照喔！　② 街上有騎警或馬車的馬留下的排泄物，小心不要踩到！　③ 美國人很愛聊天。自在地打聲招呼吧。　④ 就算是陌生人也可以提出疑問及發表自己的意見喔。不過，若遇上緊追不捨的人，可能會捲進犯罪事件，要特別小心。

MANHATTAN

紐約「玩樂」事件簿

每個國家民情不同。在台灣理所當然的行為，到了紐約卻成麻煩!?怎麼會這樣。出發前請先了解下列基本常識。

事件1

光付景點門票就要破產了！

帝國大廈$34、自由女神像$18.50……想去的景點門票加起來就超過$100了！怎樣才能降低觀光費用？

解決！ 利用城市通行證！

方法之一是運用城市通行證，可享有6處景點門票42%的折扣。另外，各家美術館都訂有免費入場時間，查詢看看吧。

城市通行證是什麼？

6處觀光景點的門票合計$197，利用城市通行證（P.11），只要$114！還有優先入場及其他優惠。使用期限長達9天。

景點	參觀重點	費用	頁數	MAP
美國自然歷史博物館 American Museum of Natural History	以豐富館藏著稱。必看作品有1樓美國最大的隕石、藍鯨及4樓的化石。	成人$23～	P.54	P.20 B-3
大都會博物館（MET） The Metropolitan Museum of Art	號稱擁有世界最多的畫作。經常輪流替換展品，可以看到各種名作。	成人$25	P.48	P.21 D-3
修道院博物館 The Cloisters	大都會博物館的別館。主要展示中世紀歐洲的美術與建築。迴廊庭院必看。	成人$25（自由捐獻）	-	P.4 A-1外
帝國大廈 The Empire State Building	持城市通行證，可以白天上去，同一天晚上（22點起至關門）再上去一次。	成人$37～	P.28	P.16 A-3
Circle Line旅行社 Circle Lines Sightseeing Cruises	從4條遊船導覽中擇一路線使用。最受歡迎的是走訪觀光名勝2小時行程。	成人$30～	-	P.14 B-1
自由女神像 Statue of Liberty(Liberty Island)	若想登上王冠，必須事先預約。因為容易額滿，請盡早預訂（6個月前起開放訂票）。	有語音導覽（含中文）。成人$18.50～	P.26	P.4 A-3
埃利斯島移民博物館 Ellis Island Immigration Museum	掛有移民管理局成立時的（圖說），可以看到當時模樣，深入了解紐約歷史。	成人$18.50～	P.27	P.4 A-3
古根漢美術館 Solomon R. Guggenheim Museum	不要錯過Frank Lloyd Wright設計的建築。展有多幅康丁斯基的作品，頗負盛名。	成人$25	-	P.21 D-2
Top of the Rock觀景台 Top of the Rock Observation Deck	位於70樓，前方無欄杆遮蔽，街景一覽無遺。位於南邊的是帝國大廈。	成人$34	P.30	P.15 F-1
世貿一號觀景台 One World Observatory	位於世貿中心一號大樓的觀景台。高約541m，號稱西半球最高。	成人$34	P.31	P.6 B-1
無畏號海、空暨太空博物館 Intrepid Sea, Air & Space Museum	在越戰占有重要地位的航空母艦。卸下多年任務後，化身為博物館。	成人$33	-	P.14 B-1

事件2

在中央公園喝啤酒小心被警告！

大白天就喝啤酒是度假中的特權！覺得啤酒還是要在戶外喝才美味～卻發現有陌生人靠近警告我。為什麼??

解決！ 在公共場所喝酒是違法的！

禁止在公園、車站、電車內等公共場所喝酒。另外，若在公眾面前酒醉失態，是很丟臉沒禮貌的行為。店家有權拒絕進入或要求離場。

注意以下禮儀和規定

1 不可在公共場所喝酒

在公共場所喝酒是違法的。在餐廳的露天座位區內規定以外的場所禁止喝酒。雖然可以看到有人將酒放在紙袋中喝，但絕對不要模仿。

2 到處都是禁菸區

紐約（美國）的吸菸規範相當嚴格，禁止在餐廳、酒吧、公園等公共場所抽菸。幾乎所有飯店都禁菸。在規定的吸菸區以外抽菸會罰款。

3 21歲以上才能喝酒

在商店買酒、上酒吧或夜總會點酒時，一定要出示身分證件。可買酒的時間是8點到凌晨4點。法定購菸年齡和酒一樣都是21歲以上。

4 排隊都是排成1列

排隊不是視情況並排，通常是排成同1列（1排）的單線式隊伍。就算有多處收銀檯也一樣，輪到下一位時，會喊「NEXT！」，引導至有空的收銀檯。

事件3

好想上廁所，卻找不到地方！

想上廁所的話，就到便利商店或公共廁所。話雖如此，卻找不到！已經忍不住啦。遇到這種緊急事件，該怎麼辦？

傷腦筋時，趕快來這裡

紐約的公廁數量很少，就算有也進不去。請利用下列場所。

飯店	高級飯店或連鎖飯店大廳幾乎都有廁所。有時在深夜等時段，僅開放房客使用，禁止外人進入。
咖啡館	只借用廁所不太禮貌。到星巴克等連鎖咖啡館借廁所時，至少買點東西吧。
美術館	售票處、入口或投幣置物櫃附近大多會有廁所。因為經常大排長龍，請預留時間排隊。

解決！ 利用飯店或百貨公司

緊急時建議到高級飯店大廳、百貨公司、大型商店或超市。到咖啡館借用時，不要只上廁所，買點東西才不失禮。

Manhattan

曼哈頓

眾所皆知的紐約中心區。
從商業到時尚、藝術、娛樂等，
充滿紐約魅力。

摩天大樓林立，堪稱世界中心的都市
哈德遜河和東河圍繞下的曼哈頓島，是紐約市的核心。華
爾街和聯合國總部也位於此，也是世界重要都市。大致可
分為上城、中城、下城三區。

🚇:地鐵
🚕:計程車

0　　　　1km

4 哈林區
Harlem

※在哈林區請利用綠色計程
車（Green Cab）或叫車服務。

🚇 約10分鐘

🚇 約12分鐘

2 上西城
Upper West Side

上城
Uptown

🚇 約12分鐘
🚕 約10分鐘

3 上東城
Upper East Side

1 中央公園
Central Park

東河
East River

🚇 約8分鐘
🚕 約6分鐘

5 曼哈頓中城
Midtown

🚇 約30分鐘
🚕 約40分鐘

17 格拉梅西
Gramercy

下城
Downtown

15 雀兒喜
Chelsea

16 肉品包裝區
Meatpacking District

13 格林威治村
Greenwich Village

14 東村
East Village

10 蘇活區
SoHo

12 下東城
Lower East Side

7 翠貝卡
Tribeca

9 小義大利
Little Italy

🚇 約22分鐘
🚕 約20分鐘

11 諾利塔
Nolita

8 中國城
Chinatown

哈德遜河
Hudson River

6 曼哈頓下城
Lower Manhattan

🚢 自由女神像

24

Uptown

上城

位於曼哈頓島的北半部。
中央公園兩旁是文化設施多
的高級住宅區，北邊是黑人
街。

1 Central Park
中央公園

→P.42

紐約人的綠洲

南北長4km的大型都會公園。有
湖、動物園等多處景區。

在大都會中心區享受自然綠意。

2 Upper West Side
上西城

文化薰陶下的沉靜住宅區

文化設施豐富，也有多家顏受歡迎
的超市和食品店。

高級感和平民氛圍交織其間。

3 Upper East Side
上東城

名人居住的高級住宅區

美術館或博物館集中於此，也有多
家名人愛光顧的高檔精品店。

高級服飾店林立。

4 Harlem
哈林區

→P.44

充滿黑人靈魂音樂的文化街

保有靈魂音樂或黑人藝術等黑人文
化。

保持傳統並持續進步的街道。

Midtown

中城

繁華的市中心。凝聚紐約生
氣蓬勃的魅力，隨時擠滿觀
光客

5 Midtown
曼哈頓中城

→P.38

從這區開始觀光

從第34街到中央公園南邊
整個區域，聚集了以時代廣
場為首，眾所周知的景點。
也有多家飯店，方便展開觀
光之旅。

到了晚上霓虹燈閃爍的時代
廣場，成為「紐約招牌」。

Downtown
下城

活力十足、自在輕鬆且富於變化的區域。也有多種藝術、美食及夜遊景點。

6 Lower Manhattan
曼哈頓下城　→P.66

保有古老歷史的世界經濟中心

境內擁有金融街華爾街的世界經濟中心。前往自由女神像的搭船地點也在這裡。

以早期移民玄關處發展起來的土地。

7 Tribeca
翠貝卡

倉庫舊址發展成的人氣地區

影星勞勃・狄尼洛開的餐廳頗受歡迎。也有很多知名主廚開的店。

目前擁有多家電影製作公司，被譽為電影街。

8 Chinatown
中國城　→P.70

擠滿中國菜招牌的活力街道

掛著搶眼中文招牌的餐館、禮品店、食材店林立街上。是持續擴大發展，活力充沛的街道。

最近港點和麵包也頗受當地人歡迎。

9 Little Italy
小義大利

義大利移民的文化扎根區

近年來義大利移民的人數減少，大多搬到中國城，但仍保有義大利風情。

成排的義大利餐廳和咖啡館。

10 SoHo
蘇活區

帶領潮流的洗鍊街道

這裡聚集了追求流行的人喜歡逛的時髦精品店、畫廊及咖啡館。

也有保留珍貴建築風貌的歷史地區。

11 Nolita
諾利塔

遇見他處沒有的商品

North of Little Italy的簡稱。有多家個人經營的店舖，可以買到二手好貨或稀有單品。

有多家青年設計師小店。

12 Lower East Side
下東城　→P.68

藉由重新開發搖身變為流行發射站

以前曾是猶太人或波多黎各人居住的移民街區。如今洋溢新舊交雜的氛圍，魅力十足。

高品味酒吧和時髦咖啡館林立其間。

13 Greenwich Village
格林威治村　→P.72

藝術家喜愛的街道

石板路和磚瓦架構成的老街相當美麗。白天學生往來，晚上則有爵士俱樂部，十分熱鬧。

簡稱「Village」。多家知名俱樂部聚集於此。

14 East Village
東村

最適合夜遊的年輕文化街

以夜店為首，是年輕文化的領頭羊。孕育新概念商店的區域。

以前有很多嬉皮文化的青年居住於此。

15 Chelsea
雀兒喜

最新的藝術場景就從這裡開始

此區擁有300間以上的畫廊。也有熨斗大廈、高架公園等知名景點。

畫廊或咖啡館散布在寧靜的街道上。

16 Meatpacking District
肉品包裝區

最受矚目的熱門地區

由肉品加工區舊址改建而成。陸續有特色商店或餐廳登場。

和閒置舊工廠間的不協調感相當迷人。

17 Gramercy
格拉梅西公園

歷史建築和豪宅並立

位於被指定為歷史保存區的格拉梅西公園中央，是條沉穩安靜的街道。好想來這裡散步。

治安良好，洋溢著優閒氛圍。

世界自由的象徵

朝聖自由女神像

說到自由女神，無人不知，而且是每個人最想見到的女性No.1。
絕對不可以沒見到面就回國！搭上渡輪Let's go！

舉起火炬照耀世界

Torch
火炬
以前會點亮火炬，也可以登上此處。現在則包上24K金的金箔。

Crown
王冠
7道光芒象徵自由普照7大洲及海洋。事先預訂就能登上此處（多付3美元）。

高93m

Tablet
書板
上面刻著美國獨立紀念日1776年7月4日的羅馬字樣。長度超過7m。

What is
自由女神像

生於法國的美麗銅像

法國贈送給美國祝賀獨立100周年的禮物。銅像於1884年在法國完成，拆解後搭船載運過來。1886年舉辦揭幕儀式。之後，以正式名稱「照耀世界的自由（Liberty Enlightening the World）」延續至今。

www.statueofliberty.org
自由島
▶MAP P4 A-3
▶$18.50~

自由女神簡介

Q 設計者是誰？

A 法國雕刻家巴托迪（Frédéric Auguste Bartholdi）。據說女神的臉是以其母親為範本。

Q 為什麼是綠色？

A 因為是青銅製成，完工當時是咖啡色。銅氧化後生鏽，就變成目前的綠色。

Q 重要性為何？

A 1924年登錄為美國國定紀念物，1966年登錄為美國國家歷史財產，1984年則登錄為世界遺產。

Q 還拍過電影？

A 在《彗星撞地球》等多部電影中象徵性地登場過。當中以《人猿星球》的最後一幕最精采。

STATUE OF LIBERTY
WELCOMES YOU

Base
底座
內部是博物館，外側則是觀景台。底座由美國建築師設計而成。

登上女神之島只能跟團！

去見自由女神 4step

不光是看，還想登上內部，參加以下介紹的Statue Cruises團體行程是唯一方法。搭上能欣賞摩天高樓景致的觀光船，前往女神所在地吧。

step 01 先買票

事先上網預訂
雖然可在售票處購買票，但上官網（www.statuecruises.com）事先預約比較保險（英文）。

選擇票券種類
點選New York，選擇要登上王冠、到底座，還是純預約，輸入購買張數。

選擇時間、付款
從日曆的Available中點選Select希望日期→add to cart→check out並付款。

選擇取票方式
選擇Will Call（在現場售票處取票）或e Ticket（收到e-mail票券後列印攜帶入場）。

step 02 在砲台公園（Battery Park）集合出發

選擇Will Call的人，在現場售票處取票。接著到搭船處接受嚴格的安檢。

位於柯林頓城堡的售票處。

安檢後登上渡輪。

純白的船上飄著星條旗。

Statue Cruises
營業時間
⏰ 出發8:30～17:00
💲 成人$18.50～、老人$14～、兒童$9～
www.statuecruises.com
曼哈頓下城
▶ MAP P.6 C-3

唯一登上自由島的渡輪
前往自由女神所在地自由島的渡輪。費用包含語音導覽（有中文）。登上王冠需多加3美元。參加人數眾多，請預留充裕時間。

step 03 搭乘渡輪！

左邊可以看到世貿中心一號大樓。

不要忘記拍張曼哈頓的摩天大樓照！

渡輪的2樓和3樓皆設有甲板。想取得自由女神的最佳鏡頭，建議站在船頂3樓甲板的右邊（去程）。

step 04 抵達女神所在的自由島

約15分鐘就能抵達自由島棧橋，接著是自由活動時間。首先借台免費的語音導覽機（有中文）。也有禮品店。

近看女神氣勢驚人。一起拍張照吧。

女神佇立於海水及綠樹的包圍下。

通過女神正前方。動人身影就在那裡！

渡輪抵達的棧橋位於女神後方。

在禮品店找到！

 $39.95
大塊海綿。可以帶到體育場觀賽等。

 $10.95
蓋子是女神頭像的造型水杯。

回程的Study景點

Ellis Island Immigration Museum
埃利斯島移民博物館

實現美國夢的移民者歷史

位於Statue Cruises回程埃利斯島上的博物館。埃利斯島從1892年到1954年設有移民管理局，約有1200萬移民經由此處進入美國。館內展示珍貴資料與照片，可以清楚了解當時的移民情況。

☎ 1-212-363-3200 ⏰ 9:00～17:00
🚫 12/25 💲 包含在Statue Cruises內
www.nps.gov/elis
埃利斯島 ▶ MAP P.4 A-3

想進入女神王冠內部，必須畫早預訂。因為很受歡迎，有時3個月前就預約額滿。

曼哈頓

觀光

藝術

娛樂

美食

購物

住宿

27

俯瞰紐約摩天大樓
登上帝國大廈

從帝國大廈俯瞰摩天大樓的畫面，極具震撼力。
從紐約的代表性地標一覽曼哈頓吧！

TIME
約90分鐘

看清楚曼哈頓的形狀！

紐澤西州

1931年完成的
裝飾風藝術建築物

世界貿易中心一號大樓

中央公園大樓群

南邊可以看到原稱全美最高的世貿中心一號大樓。右邊的河對岸地區是紐澤西州。

Empire State Building
帝國大廈

$34～

地上102層樓高的莊嚴「帝國」

以紐約州別名帝國命名的大樓。曾在眾多電影中
現身，是紐約的地標。

🏠 350 5th Ave.（bet. 33rd & 34th Sts.）
☎ 1-212-736-3100
🕗 8:00～凌晨2:00（末班上行電梯是45分鐘前）
💲 成人$37～、快速通關票$65、套票$57
※到86樓的票可上網購買（另加$2）
※前往102樓觀景台的票可在2樓和86樓的售票處或網路上
購買（另加$20）
🚇 從地鐵B、D、F、M、N、Q、R線34 St Herald Sq站步行約4
分鐘
www.esbnyc.com
曼哈頓中城 ▶MAP P.16 A-3

從這棟大樓俯瞰！

what is

帝國大廈

説到紐約的地標就是這棟大樓

主要出資者是通用汽車副總裁John J. Raskob。
為了超越競爭對手，當時世界最高的大樓克萊
斯勒大廈，以僅僅13個月的驚人速度完工。

Come here!!

觀景台位於86樓
和102樓2處。

近距離觀賞知
名的燈光秀。

入口大廳有黃金
帝國大廈！

How to

購票	入場

購票

step1 » **step2** » **step3**

step1
上網購票
雖然可以到現場
售票窗口買，但
經常大排長龍，
所以建議從網路
上購買。不用指
定日期，自購票
日起1年內有效。

step2
選擇票券種類
有到86樓的票、
不須排隊優先入
場的快速通關
票、86樓和102
樓的組合套票。

step3
刷卡付費
輸入購買張數，
再填寫信用卡資
料。可選擇在家
中自行列印票券
或到現場窗口取
票。

入場

step1
安檢
就算已經買好票，也要在2樓接
受安檢。不可攜帶大型行李。

step2
購票
還沒買票的話，請到售票窗口購
買。也可以在這裡租借中文語音
導覽（免費）。

step3
經由80樓上86樓
搭電梯到80樓。在這裡轉搭第2
部電梯前往戶外觀景台86樓。

step4
欲前往102樓的人
就算沒有購買上到102樓的套票，
也可以在86樓多付$20前往。

享受白天夜晚不同的景觀

白天自然光充足，大樓外觀清晰可見。
晚上則能欣賞到整片浪漫夜景。

旁邊就是
克萊斯勒大廈！

☀ **Day Time**

Day Time
參觀建議

因為8點就開門，建議
一大早過去。遊客較
少，可以優閒賞景。找
找看位於附近的克萊斯
勒大廈、大都會人壽大
廈等知名高樓，或中央
公園吧。

欣賞紐約的超廣角景觀。

宛如在眼前
閃爍的珠寶盒

🌙 **Night Time**

Night Time
參觀建議

在日落前一小時抵達，
欣賞夕陽西下及之後的
絕佳美景吧。不過這時
也是露天觀景台擠滿人
群的時刻。拍夜景時請
小心不要手震模糊了！

Nice!!

BEST 攝影點就在這裡！

 snap!!

從帝國大廈看出去的景致相當迷人，但也想拍到有帝國大廈入鏡
的精采照片。那就到這裡取得最佳鏡頭吧。

01

格拉梅西公園

從聯合廣場東側的格
拉梅西公園拍攝，距
離適中，可以拍到被
美麗樹海包圍的帝國
大廈。

帝國大廈和街道
融為一體

Nice
view

Gramercy

MAP P.12

02

**Top of the Rock
觀景台**

從洛克斐勒中心的觀
景台（P.30）可以看
到帝國大廈正面。也
很適合拍攝約70種
變化的燈光秀。

可以拍到張力
十足的畫面！

Top of the Rock

MAP P.15 F-1

曼哈頓

📷 觀光

🎨 藝術

🎵 娛樂

🍴 美食

🛒 購物

🏨 住宿

☀ 即使在夏天，帝國大廈觀景台因為風力強勁比地面還冷。請多帶一件外套上去。

帝國大廈

令人想大聲歡呼的震撼景色！

SIGHTSEEING
03

一生必看的美景
紐約摩天大樓盡收眼底

要將紐約的摩天大樓盡收眼底，最佳方式是上觀景台。
從曼哈頓中城和曼哈頓下城的2處觀景台
欣賞展現在眼前的遼闊絕景！

可以看到州最高的帝國大廈正面。位於河邊的超高大樓是世貿中心一號大樓。

TOP OF THE ROCK

中央公園

寬敞的中央公園也一覽無遺

伴著燈光秀的美麗夜景也很精采。

Pose!

有3種購票方式

TOP OF THE ROCK $34

① 網路
可以指定日期事先購票，現場免排隊。

② 售票窗口
售票處位於地下1樓。也可以在洛克斐勒廣場購買。

③ 使用城市通行證（P.11）
排在城市通行證的專用入口處，出示通行證即可。

$25

可在1樓和69樓的禮品店買伴手禮。

Top of the Rock Observation Deck

Top of the Rock觀景台

飽覽無遮蔽的絕景

洛克斐勒中心的觀景台。位於67、69、70樓，特色是頂樓沒有裝設安全柵欄。能欣賞到開闊無比的景色。

🏠 30 Rockefeller Plaza（bet. 5th & 6th Aves.）
☎ 1-212-698-2000
🕗 8:00～24:00（上觀景台的末班電梯是～23:00）
💲 $34
※日夜套票（1天可入場2次）$49
🚇 從地鐵B、D、F、M線47-50 Sts Rockefeller Ctr站步行約1分鐘
www.topoftherocknyc.com

曼哈頓中城▶MAP P.15 F-1

入場
入口位於50th St.旁。事先買好票可直接上2樓。

因為距離遙遠，下方的行人和車輛看起來好小。

Photo：NYONAir

世貿中心
一號大樓。

可以看到其他大樓
半高的身影。

📷 觀光

🎨 藝術

🎵 娛樂

🍴 美食

🛒 購物

🏨 住宿

全美最高的大樓！
話題中的觀景台新景點

聳立於曼哈頓下城天邊的新指標，世貿中心一號大樓。
Photo by Deen van Meer

One World Trade Center

有2種購票方式

$34

在全美最高的
餐廳用餐！

① 網路
可以指定日期事先購票。指定時段
為每15分鐘。

② 售票窗口
現場額滿就無法購買，所以建議上
網買。世貿一號也能使用城市通行
證。

$24~

10樓的咖啡館和酒
吧，餐點須訂位。
Photo by Deen van Meer

One World Observatory
世貿一號觀景台

從全美最高峰眺望360度的
超廣角景色

2015年5月開幕。樓高104層，觀景台位於
100～102層樓。聳立於曼哈頓南邊，北
方高樓群一覽無遺。

🏠 285 Fulton St.（One World Trade Center內）
☎ 1-844-696-1776
🕐 9:00～24:00（9月上旬～5月上旬～20:00）
💲 $34
🚇 從地鐵A、C線Chambers St站步行約3分鐘
oneworldobservatory.com
※最好事先購票
曼哈頓下城 ▶MAP P.6 B-1

咖啡館
也提供輕食。

夜景也超美！

入場
入口位於West
St.上的West
Plaza。

即便位於下城，晚上也
很顯眼。

Photo：NYONAir

高度驚人，外觀頗具
未來感的大樓。

🔭 世貿中心一號大樓是高於帝國大廈的大樓。最頂端高541m，是西半球最高的大樓。

令人沉醉的摩天樓
上空中酒吧眺望夜景

最近很流行飯店或高樓頂樓改建成的酒吧。一邊欣賞紐約美麗夜景，一邊喝著調酒，炒熱旅程中的歡樂氣氛！

位於數個街區外的帝國大廈近在眼前！

大都會人壽大廈

帝國大廈盡收眼底的奢華空間

帝國大廈

曼哈頓中城的高樓群一覽無遺。

推薦菜色

龍蝦堡

■●$20

使用緬因州生產的龍蝦。週六、日10:00～16:00提供自助式早午餐。

\20F/

230 Fifth

位於第五大道的人氣酒吧

紐約最大的空中酒吧。從樓下的豪華室內酒吧也能看到絕佳美景。

🏠 230 5th Ave. (at. 27th St.)
☎ 1-212-725-4300
🕐 16:00～凌晨4:00（週六、日10:00～） 🚇 從地鐵N、R線28 St站步行約3分鐘 www.230-fifth.com
※天候不佳時暫停開放
雀兒喜 ▶MAP P.11 F-1

酒吧氛圍宛如高樓夾縫中的公園

\21F/

迷人的帝國大廈彷彿觸手可及！

近距離看到的帝國大廈精采震撼。

Top of the Strand

都會綠洲空間

位於Strand飯店頂樓，是綠意盎然、造型沉穩的空間。從這裡看出去的帝國大廈特別漂亮！

🏠 33 W. 37th St.（bet. 5th & 6th Aves.）Marriott Vacation Club Pulse Hotel內
☎ 1-646-368-6426
🕐 17:00～24:00（週五、六～凌晨1:00）
🚇 從地鐵B、D、F、M、N、Q、R、W線34 St Herald Sq站步行約5分鐘
www.topofthestrand.com
曼哈頓中城
▶MAP P.15 F-2

推薦菜色

起司盤

■●$18

若還吃得下，也可以試試大份量緬因州龍蝦堡$29！

How to

welcome

走進空中酒吧

1 **不需預約**

不用預約可直接入場。不過，在黃昏或夜晚時會湧入較多賞景人潮，先打電話訂位再過去比較保險。

2 **服裝**

避開過於休閒的服飾。例如破牛仔褲、短褲或海灘鞋等，可能會被店家拒於門外。

3 **必點調酒**

必點調酒之后「曼哈頓」。外觀也很漂亮。店內的原創調酒也是必喝酒款！

英語會話例句

我想訂2個人的位子。
I would like to make a reservation for two people.
請給我一杯馬丁尼。
I would like a martini, please.

天邊漸層的雲彩
相當漂亮

搶眼的燈光造型

享受以帝國大廈為背景的夜生活！

推薦燈火初上的
傍晚時刻！

推薦菜色

炸花枝圈

$17

酥脆的花枝圈最適
合當前菜。週一～
五11:30～14:30提
供午餐。

13F

Refinery Rooftop
時尚人士常來的時髦酒吧
位於流行區的設計旅店頂樓。也是業界人士
聚集的知名酒吧。調酒頗受好評！

🏠 63 W 38th St.（near 6th Ave.）Refinery Hotel 內
☎ 1-646-664-0372
🕐 11:30～凌晨1:00（週五凌晨3:00、週六、日
2:00～凌晨1:00）
🚇 從地鐵B、D、F、M線42 St Bryant Pk站步行約4
分鐘
www.refineryrooftopnyc.com
曼哈頓中城 ▶MAP P.15 F-2

Nice to meet you!

這能欣賞到帝國大廈的燈光秀。

走遠一點
從時代廣場
搭地鐵約20分鐘

推薦菜色

凱薩沙拉

$16

嗳飲調酒時的輕食。
冬天來份法式洋蔥湯
也不錯。

12F / **Z Roof**
從皇后區飽覽
珍貴絕景
位於河畔開發區的飯店頂
樓。昆斯博羅橋（Queensboro
Bridge）和對岸的曼哈頓中城
摩天大樓盡收眼底！

🏠 11-01 43rd Ave., Long Island
City（bet.11th & 12th Sts.）Z
Hotel內
☎ 1-2 12-319-7000
🕐 18:00～凌晨2:00（週五、六
21:00～凌晨4:00）※依季節而
異

🚇 從地鐵F線21 St Quees-birdge
站步行約9分鐘
www.zhotelny.com/z-roof
長島市
▶MAP P.4 B-2

坐在沙發上欣賞河畔美景。

曼哈頓的空中花園
高架公園探險記

從肉品包裝區延伸到34街的高架公園，是頗具知名度的人氣觀光景點。
到高架鐵路舊址改建成的空中花園探險吧！

TIME
約90分鐘

穿著輕便的
服裝與鞋子
出發！

wonderful!

Amazing!!

在大自然豐富多彩的
城市綠洲來趟空中散步吧！

四季花朵爭奇鬥豔，一片綠意盎然的公園，約有3層樓
高。是暫離都會喧擾喘口氣的最佳去處。

The High Line
高架公園

從空中花園以截然不同的視角觀察城市！

從離地9公尺的高度，一覽肉品包裝區（MPD）和
雀兒喜的街景。西邊是遼闊的哈德遜河，公園的自
然生態也很豐富。2014年全區開通後，帶動周邊
區域快速發展。

Hello!

🏠 10th Ave.と12th Ave.の間、
Gansevoort St.～W. 34th St.
☎ 1-212-206-9922 🕐 7:00～
23:00（4～5、10～11月○～
22:00、12～3月○19:00）
🚇 從地鐵A、C、E、L線14 St-8
Av站步行約7分鐘
www.thehighline.org
肉品包裝區
▶MAP P.10 C-3
（出入口）

MPD和雀兒喜也是
時尚人士聚集的地
區。

還有1小時的免
費公園導覽。需
預約。詳情請上
官網查詢。

栽種300多種植物，一年四
季皆可賞花。

昔日活躍的高架鐵路，目前成為
紐約人的休憩場所

1934年到1980年代的高架鐵路。
2006年起展開改建工程，2009年第1
區、2012年第2區，2014年第3區陸
續開通，全區完工。

以前是連結肉品工廠和倉庫間的貨運列車
高架鐵路。

Photo : The High Line

6 2014年新開發的區
域。沿著30街保留
著昔日舊鐵軌，也
有迷宮公園。

保有昔日軌道

還能看到紐澤西州！

GOAL！

Z 右邊可以看到電車的車
廂基地。左邊可以看到
哈德遜河和對岸的紐澤
西州。

Highline Map

終點位於34街上。旁
邊就是地鐵7號線的34
St-Hudson Yards站。

享受散步！

掌握要點

4 名為雀兒喜草地的區域花
草茂盛。旁邊就是大樓！

7 Hudson Yards
路上設有積木般的長凳。

Access Point
（出入口）

步行
7分鐘

發現精采壁畫

6

30th St.
道路變寬充滿開放感。

步行
6分鐘

26th St. Viewing Spur
選附近是雀兒喜寮廊街

5

也能欣賞藝術作品！

5 沿著26街也是觀景區，街景
一覽無遺。25街有「勝利之
吻」的系列主題壁畫。

在23街有草地
廣場和階梯式
長凳。

不是雜草喔！

橫跨公園的
高架飯店

步行
8分鐘

Chelsea Grasslands

4 步行
1分鐘

可以俯瞰散步街道

10th Avenue Square
旁邊就是雀兒喜市場

3

步行
7分鐘

穿過飯店設有休息躺橋

The Standard High Line

2

2 跨越高架公園的是位於13街
上，外觀時髦的Standard飯
店。也有空中酒吧。

西邊相鄰的是惠特尼
美術館

1 Gansevoort &
Washington Sts.

**全程約90分鐘，
愉快的高架公園散步**

從頭走到尾約30分鐘。加上拍照和中途休息
的時間，估計約90分鐘。

這裡是出入口

3 位於17街的階梯式廣場
前方設有玻璃牆。從這
裡看10街，好像浮在空
中，感覺很奇妙。

冬天很冷，
要做好禦寒
準備喔！

從Gansevoort街
START！

1 入口位於Gansevoort街
和華盛頓街的西北角。
一上階梯，就是寬敞的
觀景區。

夏季在出入口附近，會有賣冰淇淋或咖啡等的小販。

體驗紐約人的生活

一早就從綠色市集開始!

綠色市集是跟生活密不可分的重要部分。
品嘗當季蔬菜水果、手工麵包,尋找當地人的味覺吧。

> 先去覓食早餐吧!

週一、三、五、六
前往聯合廣場!

市內最有名的聯合廣場綠色市集。購天時擠滿前來尋找當季食材的人們。

擺滿顏色種類豐富的
新鮮番茄。

番茄
一到夏季番茄,可以看到各
式各樣的番茄

拿著錢包檢查蔬菜品質的女性顧
客。是紐約的日常風景。

秋葵
英文寫成Okra的
夏季人氣蔬菜

在最佳狀態下採收的水果,每一種
都很漂亮。

莓果類
可以看到台灣沒有的各式
莓果醋栗。

> 中午前的貨色
> 比較齊全!

Good!!

Union Square Greenmarket
聯合廣場綠色市集

體驗紐約的飲食文化

是紐約市的綠色市集中,規模最大也最著名
的市集。由非營利團體GrowNYC經營,供應
紐約飲食的郊區小農來到此地,販售當季農
作物。

🏠 E. 17th St. & Union Square W.
☎ 1-212-788-7476　⏰ 週一、三、五、六8:00~
18:00　⊘ 公休日 週二、四、日
🚇 從地鐵L、N、Q、R、W、4、5、6線14 St-Union
Sq站步行約3分鐘
www.grownyc.org
格拉梅西公園 ▶MAP P.12 A-2

許多人來買紐約近郊
現採的新鮮蔬菜。

How to
3招 開心逛 綠色市集

1 確認當季蔬菜
紐約和台灣一樣四季都有當季蔬果盛產。觀看各種
農產品,實際感受旅行的季節性也是樂趣之一。

2 People Watching
不少紐約人來這裡尋找食材。觀察形形色色人的購
物百態也很有趣。特色是有很多人帶狗來或運動結
束後來。

3 買點餅乾或牛奶到公園吃
旅行途中,就算買了菜也不方便在飯店煮。不過,
可以買麵包、餅乾、牛奶或果汁等輕食嘗嘗。還有
方便食用的莓果類水果。

會講日文的Andrew先生。
「用日文打聲招呼吧！」

welcome!!!

柔和的微甜味讓
人上癮！

$2.0

必逛攤位

有些攤位只在固定時間出現。以下僅介紹熱門的必逛攤位。若有喜歡的商品，就在指定時間光顧吧！

Andrew's Honey Farm 週三、六

利用紐約市大樓屋頂的閒置空間推行都市養蜂計畫。

NCY蜂蜜（8ml）

收集市內各地的屋頂養蜂場製成的新鮮蜂蜜。曼哈頓或布魯克林生產的蜂蜜絕對是珍貴的伴手禮。

Healthy!

週三、六 Red☆Jacket

1959年開始在紐約州五指湖開墾的蘋果園，Red Jacket的無糖蘋果汁。

滿是自然甘甜的果汁！

$3.0

富士蘋果汁（12ml）

使用在美國也頗受歡迎的日本富士蘋果製成的果汁。

蘋果+草莓的最強組合果汁，堪稱絕品。

Mountain Sweet Berry Farm 週三、六

位於紐約州蘇利文郡（Sullivan County）的家族企業農場。種植馬鈴薯和祖傳番茄Heirloom Tomato等作物。

草莓

宣告紐約夏季來臨，香氣馥郁的人氣商品。

Yummy!!!

STRAWBERRIES CLEAR BOX

攤販小哥親切地拿出草莓提供試吃。

色澤艷麗的草莓飄散著香甜氣息！

Don't Forget!!!

不要錯過這些

在市集內的麵包店，可以找到適合當點心的餅乾或馬芬。另外，務必試試秋冬才有的蘋果酒。

Hot CIDER 1 cup

有機無糖餅乾

$2.75

自製蘋果酒大約$2〜

$2

Let's go!!!

椒鹽捲餅

鹹香夠味的零嘴。邊走邊吃也OK。

週一、三、五、六
Martin's Pretzels

每個椒鹽卷餅都是手工精心捏製而成。剛烤好時香氣撲鼻令人食指大動。

試吃後喜歡的話，務必整袋購買！ $14.29

Come here!!!

開心地和店員聊天。

各種在台灣少見的蔬菜

市集上也有很多沒見過的蔬菜和水果。以下列舉部分做介紹。

Heirloom Tomatoes

Striped Heirloom

外觀和顏色都頗具特色的番茄。是未經過品種改良的古早原始品種，在紐約很常見。

Sweet Potatoes

雖然都是地瓜，但和台灣的完全不同，特色是不太甜，內部呈橘色。

Italian Plums

顆粒小呈橢圓形。別名是Blue Plums。通常是放在塔皮上烤，或是做成果醬。

Watermelon Radishes

乍看以為是紅蕪菁，內部果肉跟紅色西瓜相像，故以此命名。味道像白蘿蔔。

Romanesco

在日本也掀起話題的黃綠色蔬菜。外觀長得像綠花椰，味道卻像白花椰。

名流主廚也會來這裡採買烹調需要的蔬果。證明這裡的產品很新鮮！

N紐約必去的觀光勝地！

在時代廣場尋找打卡景點

說到紐約，首先浮現在腦海的景色就是時代廣場。不管白天晚上，在此自拍的人潮絡繹不絕！

擠滿來自世界各地的人們

曼哈頓中城的中心區

📷 Haretabi NY
NYPD

📍 47th St. & Broadway

位於47街和百老匯街角的警察局。到了晚上霓虹燈依舊閃亮，成為附近的地標。藍色的NYPD也很COOL！

曼哈頓中城 ▶MAP P.15 E-1

📷 Haretabi NY
Shubert Alley

📍 7th Ave. & Broadway

位於44街和45街之間的小巷道。原本是附近劇場的後門。也是舉辦百老匯相關活動的私房景點。

曼哈頓中城 ▶MAP P.15 E-1

📷 Haretabi NY
TKTS

📍 46th St. & 7th Ave.

站在百老匯折扣票亭TKTS的樓梯前方，仔細看腳邊，寫有一整排的附近劇院名稱。不要錯過這裡！

曼哈頓中城 ▶MAP P.15 E-1

百老匯折扣票亭TKTS的樓梯是必拍景點。如果在早上10點剛營業時過來，人群較少比較好拍照。

Times Square
時代廣場

號稱全美觀光客
最多的地方

Broadway、7th Ave、W. 42nd St.包圍下的三角形廣場。有多家百老匯劇院聚集於此，也有營業到深夜的大型商店和餐廳。也是頗受歡迎的夜景拍攝地點。

🚇 42nd St. (at Broadway)
🚉 從地鐵N、Q、R、S、W、1、2、3、7線Times Sq-42 St站步行約1分鐘 www.timessquarenyc.org
曼哈頓中城
▶MAP P.15 E-1

What is

注意事項

1 **和布偶裝人員合照**
就算從遠方拍照，也會索取費用。要和布偶裝人員合照，需付$1~2的費用。

2 **小心扒手**
隨身行李不要離開視線範圍。人多的地方請將包包移至身前拿好。

📷 **Haretabi NY**
GRAND SLAM

📍 **47th St. & Broadway**
附近有很多伴手禮店。只有在紐約，才能拍得到以觀光景點為主題的「必買」伴手禮集合照。
曼哈頓中城 ▶MAP P.15 E-1

📷 **Haretabi NY**
Broadway Sign

📍 **46th St. & Broawaday**
站在街上稍微抬頭看，就能發現路標上的自由女神圖。從這裡就能感受到身在紐約的愉悅！
曼哈頓中城 ▶MAP P.15 E-1

📷 **Haretabi NY**
M&M's®

📍 **48th St. & Broadway**
熟悉的彩色巧克力M&M's®的旗艦店。連大型螢幕上播放的影像也一起拍攝入鏡，就像一幅畫。
曼哈頓中城 ▶MAP P.15 E-1

在時代廣場附近要上廁所，建議到迪士尼專賣店2樓。

曼哈頓
📷 觀光
🎨 藝術
🎵 娛樂
🍴 美食
🛒 購物
🏨 住宿

發現新紐約！
搭乘The Ride影音巴士

需預約

街角即是舞台，觀眾席設於巴士內，以嶄新結構想引爆話題的「The Ride」。
透過娛樂效果十足的新形態影音巴士，重新感受紐約吧。

TIME
約90分鐘

Awesome!

Amazing!

wow!

從大車窗目睹街頭表演！
絕對讓人開懷無比

搭乘The Ride影音巴士

只有英文導覽，每月會舉辦一次日文的雙語導覽。詳情請上官網查詢。

$55

10:45

穿過
紐約市中心

wow wow

11:00

The Ride

同時體驗觀光與
表演的觀光巴士

從橫向觀眾席觀看景點與驚
喜表演。

☎ 1-212-221-0853
$ $69〜
www.experiencetheride.com
曼哈頓中城 ▶MAP P.15 E-2

●售票處
584 8th Ave.（bet.38th & 39th
Sts.）禮品店內
9:00〜21:00
曼哈頓中城 ▶MAP P.15 E-2

Photos：The Ride, Marc Bryan-Brown

*紐約街頭
就是劇場！*

在42街旁的上車處集合
車處位於42nd St.和8th Ave.的東北角
Chevy's Mexican Restaurant前。請在出
發前15分鐘抵達。
上巴士上車處 ▶MAP P.15 E-2

繞行曼哈頓中城景點
一邊聽著2位隨車導遊的講解，一邊經
過時代廣場、中央車站、克萊斯勒大廈
等知名景點。

tla tla tla

不僅是觀光客，連紐約人也很喜歡

車內乘客興致高昂。路人也會揮手致意。

竟然能在街上看到正式的芭蕾表演！

隨處都有表演上場

11:30 ①

展開驚喜表演！
等在街頭的藝人陸續展開表演。街上的薩克斯風奏鳴曲也能透過麥克風傳進車內。

12:30 ①

駛向終點站Columbus Circle
為精采絕倫的地板舞拍手叫好。路人的互動反應也很有趣。12:45左右返回上車處下車。

曼哈頓

📷 觀光

🎨 藝術

🎵 娛樂

🍴 美食

🛒 購物

🏨 住宿

How to

搭乘影音巴士 The Ride

1 購票
可至售票處、打電話或上網購票。建議事先上網訂票。

● **行程範例**
※行程每週不同，請上官網確認

星期	週日
週日	11:00/12:30/13:30/14:30/15:00/16:00/19:00/19:15/19:30/20:30/20:45/21:00
週一～三、周六	10:30/11:00/12:30/13:30/14:30/15:00/16:00/19:00/19:15/19:30/20:30/20:45/21:00
週四	11:00/12:30/13:30/14:30/15:00/16:00/19:00/19:30/20:30/21:00
週五	11:30/12:00/13:30/14:30/16:00/19:00/19:30/20:30/21:00

2 到巴士上車處集合
上車處在Chevy's Mexican Restaurant前。請提早15分鐘抵達。

3 上車
出示車票依序上車。座位採無劃位制，先到先坐。不建議6歲以下的兒童參加。禁止攜帶酒精類飲料。

4 下車
車程約90分鐘。和上車處同一地點下車。跟隨車導遊說聲謝謝吧！

輕鬆上網訂票！

step1

點選官網右上方的 BUY TICKETS，就會出現日期表。

step2

從 SCHEDULE 下方選擇月份和年份，從SCHEDULE中點選希望日期。顯示 Sold out 表示不能購買。

step3
從 SCHEDULE 的 General Admission 下方選擇票券張數，確認時間並回答問題後點選 CHECK OUT。

step4
輸入姓名和住址後，在 TAKE ME TO BILLING 中填入信用卡資料。

Check!

New york, New york ♪

也有日文助理！
不擅長英文的話建議搭乘有日文助理隨行的巴士。開心地聽導遊們用日文講解。圖中是Scott和Chiara。

外帶熟食
到中央公園吃午餐

人經常利用TO GO＝外帶午餐。
天氣晴朗時，到寬敞的戶外享受野餐吧。

徜徉在大自然下的
優閒午餐！

B 草莓檸檬汁（左）
$1.99
低糖且外形可愛的檸檬汁。

B 冰茶（右）
$3.75
頗受歡迎的原味紅茶。

B 牛肉派&香腸捲
$2.99
放了牛絞肉和香腸的鹹派。

A 墨西哥玉米片
$2.99
藍色&黃色玉米做成的彩色玉米片。

C 綠色沙拉
$8.29
菠菜嫩葉加起司和雞蛋！

B 冷肉拼盤
$18
火腿、肉派和肉醬組合成的豪華拼盤。

A 涼薯拌芒果莎莎醬
$3.60
產自墨西哥的根莖類蔬菜涼薯拌芒果莎莎醬

A 蘑菇披薩
$4.67
加了大量蘑菇的切片披薩。趁熱享用。

在綠意盎然的戶外享用午餐特別美味。

Go To Lunch

Central Park(Sheep Meadow)
中央公園（綿羊草原）

備受紐約人喜愛的
人氣野餐區

位於中央公園西邊，從春天對外開放到秋天的戶外景觀。天氣晴朗時有很多人在此聚餐。看著美麗草皮對面的摩天高樓，一面野餐，是很受歡迎的休閒活動。

藍天綠地，有別於平日的摩天大樓。

放慢腳步享受優閒時光。

🏠 西66～69th Sts.
🕐 5～10月中旬
🚇 從地鐵1線59 St Columbus Circle站步行約10分鐘
www.centralpark.org
中央公園
▶MAP P.18 B-1～B-2、C-1～C-2

A. Whole Foods Market
全食超市

從中央公園步行約5分鐘

來自德州的人氣超市

在全美各地擁有400多間分店，率先掀起美國的有機食品風潮。雖然是連鎖經營，但當地嚴選食品與生活用品的種類豐富。外帶區餐點也頗受歡迎。

🏠 10 Columbus Circle (bet. 58th & 60th Sts.)
☎ 1-212-823-9600
🕐 7:00～23:00
🚇 從地鐵A、B、C、D、1號線59 St Columbus Circle站步行約2分鐘
www.wholefoodsmarket.com
上西城
▶MAP P.18 B-2

Let's go!

B 綠果汁
$8.51
甘藍菜&蘋果冷壓果汁。

B 超市拼盤（3樣）
$11.02
香草雞肉、穀物沙拉和起司通心麵。

催眠般單身嫉妒者的午餐盒。

B 香瓜&覆盆子水果水
$2.99
放了香瓜和莓果的礦泉水。

B 龍蝦沙拉捲&蔬菜捲
$11.99 & $10.49
美味且賞心悅目的一口壽司捲。

適合多人分享的壽司捲。

B 核桃葡萄乾麵包
$5
加了大量核桃和葡萄乾，味道樸實的麵包。

買麵包配熱熱吃。

B 藍莓百匯
$6
優格、藍莓加上最近很夯的奇亞籽。

方便外帶也好收拾的小杯甜點。

Enjoy

B. Epicerie Boulud

從中央公園步行約6分鐘

輕鬆享用名流主廚製作的最佳美食
知名的米其林主廚Daniel Boulud開設的外帶專賣店。提供道地法國熟食、甜點、三明治和果汁等，多道令人讚嘆的美食。

🏠 1900 Broadway (bet. 63rd & 64th Sts.)
☎ 1-212-595-9606
🕐 7:00~22:00（週二~六~23:00、週日8:00~22:00）
🚇 從地鐵1號線66 St. Lincoln Center站步行約2分鐘
www.epicerieboulud.com
上西城
▶MAP P.18 B-2

C. Dig Inn Seasonal Market

從中央公園步行約6分鐘

色彩豐富的新鮮小菜外帶專賣店
以「從農場到餐桌」為經營主題。從近郊採收的當季食材製成的各色餐點中，自行挑選蛋白質食物、穀物、蔬菜和水果，搭配出適合自己的午餐盒。

🏠 40 W. 55th St. (bet. 5th & 6th Aves.)
☎ 1-212-246-6844
🕐 11:00~21:00（週六~20:00）
🚇 從地鐵F線57 St站步行約3分鐘
www.diginn.com
曼哈頓中城
▶MAP P.19 D-3

黑人文化的勝地
漫遊哈林區

在黑人文化發射站聆聽福音音樂，品嘗靈魂食物。參加步行團，近距離感受蛻變中的哈林區現況吧。

必聽音樂
Gospel
源自黑奴制度時代，黑人對神吟唱的讚美詩及福音。可在哈林區每週日的禮拜中聽到。

TIME
約90分鐘

powerful!

Great

除了唱歌外，也有舞蹈表演。

Bethel Gospel Assembly
伯特利福音會

感染力十足的舞台表演

除了福音歌唱外，還有舞蹈欣賞。有很多歐洲遊客前來，夏季期間若座位已滿就會進不去。盡量早點過去吧。

🏠 2-26 E. 120th St. (bet. 5th & Madison Aves.) ☎ 1-212-860-1510
🕐 週日禮拜11:30　🚇 從地鐵2、3號線116 St站步行約9分鐘
※看完表演請在捐獻箱投入1美元左右
www.bethelga.org
哈林區 ▶ MAP P.22 C-2

螢幕上會打出歌詞，可以一起合唱。大家在會場中齊聲歌唱，氣氛熱絡！

深入了解當地
Walking Tour
若想更深入了解當地，可以參加精通哈林區文化，由當地導遊居民帶領講解的旅遊團！

TIME
約180分鐘

$50

實地感受100%的黑人文化
哈林區步行團

一邊聽住在哈林區已經15年的堂本女士講解，一邊深入走訪景點的旅遊行程。實地感受哈林區現況！

💲 每人$50
請上官網查詢日期等詳細資訊
www.harlemjp.com

由我來講解

堂本Kaoru
來自大阪。1996年赴美。以專攻黑人文化與少數民族文化的作家身分活躍至今。

出發～

START

集合場地位於135街的地鐵站前

集合場地位於地鐵2、3號線135 St站前（報名時會告知詳細地點）。從時代廣場搭地鐵過來的第6站，約20分鐘到站。

哇～好震撼！

先觀賞哈林醫院的巨大壁畫

聽完哈林區簡介與歷史後出發！玻璃牆上的巨大壁畫是1937年畫的3幅作品，於2012年復原。

It tastes good!

黑人傳統料理
Soul Food

不只當地人常客，觀光客也能輕鬆入內的休閒式餐廳。

源於黑奴制度時代的黑人家常菜有炸雞或燉菜等熟悉的菜色。

TIME
約90分鐘

What is
哈林區

1 **位於哪裡？**
位於曼哈頓北部。主街道是東西向的125街，從西邊沿著這條街依序有地鐵A、B、C、D和2、3號線的車站。

2 **是什麼樣的地區？**
原本是荷蘭人居住於此，20世紀初開始有南部的黑人遷入。東邊的東哈林區住有許多西班牙人。

3 **有2種街名**
6號街又稱麥爾坎‧X，7號街是小亞當‧克萊頓‧鮑威爾，8號街以弗雷德里克‧道格拉斯，都以黑人知名人士來命名。

4 **小心治安**
避開人煙稀少的巷弄。在東哈林區行走時也要多加留意。125街或135街附近觀光客較多，比較熱鬧。

Amy Ruth's

當地人也愛來的人氣靈魂食物餐廳
1998年開店以來人氣歷久不衰，令店家相當自豪。以炸雞&鬆餅最有名，贈送的玉米片也超美味。

🏠 113 W. 116th St.（bet. Adam Clayton Powell Jr. & Malcom X Blvds.）📞 1-212-280-8779
🕐 11:00～23:00（週二～四8:30～、週五8:30～凌晨5:30、週六7:30～凌晨5:30、週日7:30～）
🚇 從地鐵2、3號線116 St站步行約1分鐘
amyruths.com
哈林區 ▶MAP P.22 B-2

The Tommy Tomita
以哈林區的日裔導遊姓名命名的炸雞&鬆餅

$16.95

辛苦了

please come!

FINISHED

$20～

向傳奇饒舌歌手致敬
24歲死於槍殺的Big L畫像。以死後才發表的專輯封面為圖像。

哈林區圖案種類豐富的T恤店
有很多適合當伴手禮的商品。因為最後會拿到周邊地圖，可以解散後再來逛。

$20～

集體創作
為了對抗紐約市警對有色人種的不當暴力行為，在牆上描繪合法權利等的教育性壁畫。

拜訪哈林區的特色商店
拜訪色澤鮮豔充滿魅力的非洲服飾店，及專門展出黑人畫作的藝廊。

麥可‧傑克森就是在這裡崛起的！

著名電影拍攝地點
Striver's Row街道旁並列著19世紀的美麗建築物。是名人居住的高級住宅區。

在主街道散步
搭地鐵前往125街。黑人音樂的殿堂阿波羅戲院也在這條街上。

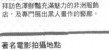

阿波羅戲院舉辦的「業餘愛好者之夜」（Amateur Night），是素人鯉躍龍門的舞台。過去傑克森五人組和羅倫‧希爾等人都在此表演過。

45

一看就懂 紐約之旅 STUDY

以紐約為舞台的
Movie
&
Drama
電影＆電視劇

《雅痞神探》，聰明機靈的尼爾。每次都能帥氣地解決案件。和彼得間的諜對諜也很有趣。

紐約是多部電影和電視劇的取景地

　　紐約作為電影或電視劇的舞台數度登上銀（螢）幕。1966年，紐約市首度在全美嘗試設置專門管轄影視拍攝許可與提供協助的「影視廣播辦公室」。有了這個專責單位，拍攝得以順利進行，也帶來現今紐約的觀光人潮。順帶一提，從過去幾年核發的拍攝許可證數量來看，最受歡迎的外景地，第一名是時代廣場所在地的曼哈頓中城，接序為威廉斯堡、曼哈頓下城、哈林區、綠點區。

推薦給20多歲的OL滿足追星夢的電影＆電視劇

推薦給愛看能恢復精神的愛情喜劇片、喜歡帥哥型男登場的人。陶醉在時尚生活風格中。

《穿著Prada的惡魔》福斯藍光片，2,381日圓（含稅），©2012 Twentieth Century Fox Home Entertainment LLC. All Rights Reserved.
《雅痞神探》套裝DVD 41片裝28,500日圓（含稅），發行商：20世紀福斯家庭娛樂日本公司，©2015 Twentieth Century Fox Home Entertainment LLC. All Rights Reserved
《曼哈頓奇緣》藍光片，售價2,381日圓（含稅），發行商：迪士尼日本公司，©2015 Disney
《花邊教主〈最終季〉》套裝DVD 9400日圓（含稅），華納家庭娛樂公司，藍光片發售中。《慾望城市〈電影版〉》售價1,500日圓（未稅），發行商：GAGA／富士電視台，販售商：GAGA Sex and the City ©2008 IFP Westcoast Erste GmbH & Co. KG. TM New Line Productions, Inc. Package Design & Supplementary Material Compilation ©2014 New Line Productions, Inc. All Rights Reserved.
《第凡內早餐》藍光片，發行商：派拉蒙影業日本公司，2,381日圓（含稅），COPYRIGHT ©1961 by Paramount Pictures and Jurow-Shepherd Production All Rights Reserved. TM,®& Copyright ©2011 by Paramount Pictures. All Rights Reserved.
《週末夜狂熱特別珍藏版》藍光片，發行商：派拉蒙影業日本公司，2,381日圓（含稅），TM & Copyright ©1977 by Paramount Pictures. All Rights Reserved. TM,®& Copyright ©2013 by Paramount Pictures. All Rights Reserved.
《大家都說我愛你-數位復刻版》，1,800日圓（含稅），發行商、販售商：KADOKAWA股份有限公司角川書店 ©1996 Magnolia Productions, Inc. and Sweetland Films, B.V. All Rights Reserved.《錦城春色》藍光片2,381日圓（含稅），DVD 2,000日圓（含稅），華納家庭娛樂公司 ©1949 Turner Entertainment Co. All Rights Reserved.

了解紐約時尚界！

The Devil Wears Prada
穿著Prada的惡魔

以成為記者為目標的安德莉亞（安·海瑟薇飾），當上知名時尚雜誌主編的助理。內容描述小助理忍受女老闆的壞脾氣，在工作中獲得成長的故事。

WHITE COLLAR
雅痞神探

頭腦敏捷的帥哥詐騙高手尼爾（麥特·波莫飾）與FBI的幹練調查員彼得（提姆·德凱飾）搭檔合作，打擊智慧犯罪的影集。

外景地大多位於曼哈頓中城！

Enchanted
曼哈頓情緣

住在魔法國度的公主，在和王子結婚當天，上了巫婆的當，被送到真實世界的紐約。並在那裡引起莫大騷動。

還有在中央公園高歌的鏡頭

大方穿著高級名牌的《花邊教主》瑟蕾娜和布蕾爾。超乎學生該有的奢華生活情景是必看內容。

《週末夜狂熱》，描述目前儼然是時尚區的布魯克林，與華麗都會曼哈頓間的對比。

推薦給新手
欣賞夢幻紐約的電影&電視劇！

以下影片推薦給喜歡流行時尚、經典服裝等，可磨練鑑賞力展現品味的人。友情和愛情也是必要元素。

推薦給中年人和男性
次文化電影&電視劇

給想看描述美國早期美好古老時代作品的人。陶醉在名演員的演技與懷舊音樂中。

 舞台位於曼哈頓上城

 時光回到1990年代的紐約！

Gossip Girl
花邊教主

住在上東城豪華公寓的上流社會高中生譜出的愛情故事。作品描繪他們喝酒、嗑藥、性愛等奔放不羈且穿戴時髦的生活。

Saturday Night Fever
週末夜狂熱

在油漆行工作的東尼（約翰·屈伏塔飾），每週六會上迪斯可舞廳發洩每天的鬱悶心情。他在那裡遇見史黛芬妮，愛上氣質獨特的她。

 4人間的友情令人感同身受

SEX AND THE CITY
慾望城市

戀愛工作一把罩的4位紐約女性，透露對性愛、戀情與結婚等的熟女價值觀。時尚穿搭與豪華卡司也蔚為話題。

伍迪·艾倫 導演是

Everyone Says I Love You
大家都說我愛你

以紐約的超有錢律師一家為焦點，描述各種戀愛面貌。最值得關注的是豪華演員陣容和全體演員親自上陣，賣力唱歌跳舞的畫面。

Breakfast at Tiffany's
第凡內早餐

夢想嫁給有錢人，在紐約生活放蕩的荷莉。住在同一間公寓，以作家為目標的保羅，愛上充滿神祕魅力的荷莉。

在第五大道上的 Tiffany & Co.！

  巡遊夢哈頓！

On the Town
錦城春色

3位海軍大兵獲准登陸紐約24小時。3個人分別遇上美麗女孩並為之著迷，在短短的停留期間進行各項冒險活動。

名作全員到齊！
參觀大都會博物館

世界三大博物館之一的大都會博物館，是紐約觀光必去的景點。
盡情欣賞種類廣泛的珍貴名作。

位於第五大道旁的正門總是擠滿人。

wow!!

Exciting!!

售票處和詢問處位在1樓大廳。

The Metropolitan Museum of Art (Met)
大都會博物館（Met）

TIME
約180分鐘

館藏豐富世界屈指可數的美麗殿堂

暱稱Met，是世界最大的博物館。館藏藝術品超過200萬件，從古文明到現代涵蓋所有時代和地區，範圍廣泛，展品約為其中的4分之一。別出心裁的主題展也常引起話題。

🏠 1000 5th Ave.（at 82nd St.）
☎ 1-212-535-7710
🕐 10:00～17:30（週五、六～21:00）
🚫 5月第一週的週一、12/25、1/1
💲 成人$25、老人（65歲以上）$17、學生$12（均採自由捐獻）
🚇 從地鐵4、5、6號線86 St站步行約10分鐘
www.metmuseum.org
上東城 ▶MAP P.21 D-3

How to
參觀方法

1 購票
在1樓大廳購票（票價自由捐獻）。也可以先從官網訂票。

2 拿地圖
在1樓大廳中央的詢問處，拿取免費地圖。也有中文版。

3 參觀作品
很難在一天內全部看完。先在地圖上找出想看的區域，決定好後就開始吧。

4 也有禮品店&咖啡館！
大型禮品店位於1樓大廳。館內包含頂樓，共有5家咖啡館&餐廳。

Guide
Map!!

地圖內以顏色標示，清楚明瞭。

Great view!!

可上頂樓一覽摩天大樓景色。

🌿 Floor Guide 🌿

樓層指南	
頂樓	Gallery（主題展）/ Cafe Terrace
中2	Gallery（常設展）（主題展）
2	Gallery（常設展）（主題展）
1	Entrance、Lobby、Gallery（常設展）
B1	Library、Seminar Room

A Part of the Collection

Met最自豪的是除了繪畫和雕塑外，還有攝影、家具、樂器、工藝品等數量龐大的館藏。以下介紹當中必看的名作。

2位女性背後有黃色翅膀的天使。

向馬利亞致敬
Ia Orana Maria

高更
Paul Gauguin

1891年

畫名為向馬利亞致敬。高更首度來到大溪地期間畫的宗教畫。穿著紅衣裙的大溪地聖母馬利亞，肩上坐著稚子耶穌。

畫成大溪地人的聖母馬利亞。

牆上畫有2隻鳥的家徽。

褒格麗公主
Princesse de Broglie

安格爾
Jean-Auguste-Dominique Ingres

1851-53年

2度擔任法國首相的外交官，布羅意公爵夫人褒格麗公主20多歲時的人物畫。她因為肺結核，留下5位子女，年僅35歲即過世。

完美呈現出綢緞的質感與光澤。

喬治卡賓特夫人和其孩子們
Madame Georges Charpentier and Her Children

雷諾瓦
Pierre-Auguste Renoir

巴黎出版商的夫人和孩子坐在當時流行的日式風格客廳內。夫人的右手邊是兒子保羅，再右邊是保羅的姊姊。

禮服豐富的層次與細緻的蕾絲值得一看。

大多採新印象派畫風，使用多種色彩。

夏季自畫像多是戴草帽的造型。

戴草帽的自畫像
Self-Portrait with a Straw Hat

1887年

梵谷
Vincent Willem van Gogh

當時34歲的梵谷邊看鏡子邊畫的自畫像。這幅畫的背面畫著削馬鈴薯皮的女性。

以和女性頭髮及服裝相同的黃色蓋在眼睛上。

男性襯衫的右邊畫上線條，左邊塗黑。

Stepping Out

羅伊·利希滕斯坦
Roy Lichtenstein

1978年

右邊男性以費爾南萊熱1944年的作品《三個音樂家》為藍圖。左邊女性是模仿畢卡索1930年畫的女性。

荷蘭西部地圖。也出現在其他作品中。

手持水瓶的年輕女子
Young Woman with a Water Pitcher

維梅爾
Johannes Vermeer

1662年頃

陽光從左側窗戶照進來的典型構圖。藍洋裝、白頭巾、紅桌布等色彩搭配協調，展現出透明感與一致性。

洋裝使用大量的群青藍上色。

希臘神話中最強壯的英雄的厚實胸膛。

青年海克力斯的大理石雕像
Marble statue of a youthful Hercules

作者不詳

西元前69-96年左右

高約247cm。據說是為了尼祿皇帝的公共澡堂而做。左手拿著12項任務之一，擊退獅子取下的毛皮。

以大理石真實呈現大塊肌肉的線條感。

女法老王哈特謝普蘇特的獅身人面像
Sphinx of Hatshepsut

作者不詳

西元前1479年～1458年左右

古埃及第18王朝的女法老王。據說她在正式場合會穿男裝，戴假鬍子。這座雕像出土時已毀壞，修復後展出。

用花崗石刻成，重約7公噸。

欣賞現代藝術
拜訪MoMA

位於曼哈頓中城的紐約現代藝術博物館（簡稱MoMA），收藏20多萬件作品，是現代藝術寶庫。細細觀賞全世界為之入迷的珍貴現代藝術吧。

一樓大廳的長椅也是現代藝術。

WOW!!

The Museum of Modern Art (MoMA)
紐約現代藝術博物館

豐富的美術界大師作品

館藏超過20萬件，包括畢卡索或梵谷等知名畫家的作品。建築由日本建築家谷口吉生先生設計。

🏠 11 W. 53rd St. (near 5th Ave.)
☎ 1-212-708- 9400
🕐 10:30〜17:30（週五〜20:00）
❌ 12/25
💲 成人$25、老年人（65歲以上）$18、學生$14、16歲以下有成人陪同者免費。週五16:00〜20:00免費，只參觀劇場的話，成人$12、

老人（65歲以上）$10、學生$8、16歲以下有成人陪同者免費
🚇 從地鐵E、M線5 Av/53 St站步行約3分鐘
moma.org
曼哈頓中城 ▶MAP P.19 D-3

TIME
約90分鐘

⯈ Floor Guide ⯈

	樓層指南
6	Gallery（主題展）
5	Gallery（繪畫、雕塑 1880〜1940年代）/Café
4	Gallery（繪畫、雕塑II 1940〜1980年代）
3	Gallery（建築、設計、畫稿、攝影、主題展）
2	Gallery（現代美術1980年〜現代、印刷等、主題展）/ Café / Store
1	Entrance・Lobby・Store・Sculpture Garden
T2	Theater, Classrooms
T1	Theater

是曼哈頓中城的地標。正門玄關位於53街旁。

How to
享優惠

Lucky♪

1 **利用語音導覽**
提供免費的日文語音導覽機。建議下載MoMA的APP（免費）。

2 **入場Free**
週五16:00〜20:00免費入場。約15:00開始排隊領取免費票。

必看！作品欣賞

展出名作的4樓和5樓常設展是必看區。6樓主題展和1樓的雕塑花園也是參觀重點。

金寶湯罐頭
Campbell's Soup Cans

安迪・沃荷
Andrew Warhol

1962年

以絲網印刷技術繪製金寶湯公司的32種罐頭湯。是沃荷創作普普藝術的里程碑作品。

Amazing!

白紅色調閱有些許差異，值得留意。

安迪・沃荷愛喝金寶湯公司的番茄湯。

看起來雜亂無章，其實經過計算。

壹：31 號
One：Number 31

波洛克
Jackson Pollock

1950年

被譽為著名潑灑畫家波洛克的最佳傑作。寬5m以上，站在旁邊看震撼力十足！

仔細鑑賞現代藝術的傑作。

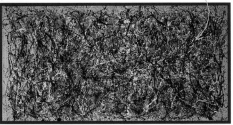

這些妓女最初被畫成男性。

受到古伊比利亞雕塑和非洲面具的影響。

亞維農的少女
Les Demoiselles d'Avignon

畢卡索
Pablo Picasso

1907年

開啟立體主義的作品。當時26歲的畢卡索，以在巴塞隆納妓院工作的5位妓女為主題繪製。

沉睡的吉普賽人
The Sleeping Gypsy

盧梭
Henri Rousseau

1897年

描繪躺在曼陀林琴和水壺旁睡覺的吉普賽女人，以及靠近她的獅子。是幅充滿想像力的幻想作品。

在滿月下閃爍虹光的服裝與靠墊，相當美麗。

畫出陷入沉思的人以投射自我。

沐浴者
The Bather

塞尚
Paul Cezanne

1885年左右

塞尚以「沐浴者」為主題，畫了多幅系列作品。這幅作品的特色是配置在前方的平面構圖。

除了鳥外，還畫出獅子、大象和猴子。

中間的竹葉底下有條粉紅色的蛇。

夢境
The Dream

盧梭
Henri Rousseau

1910年

66歲去世前畫的最後一幅作品。盧梭解釋「坐在沙發上的女性夢見聽到弄蛇笛的聲音」。

星夜
The Starry Night

梵谷
Vincent Willem van Gogh

1889年

在法國精神病院靜養時畫的作品。以強烈的筆觸畫出在渦漩黑雲上閃閃發亮的上弦月與星星、高聳入天的柏樹。

充滿張力的天空，相較於此柏樹顯得夜深人靜。

於地面上。

注意右腳下像懸浮

藍色天空和綠色地面外，只再添了2種色彩作畫。

舞蹈 (1)
Dance (I)

馬諦斯
Henri Matisse

1909年

高約4m的大畫作。雖然以平面畫法追求線條和色彩的單純化，但也呈現出填滿畫面，5位女性舞者的律動感。

ART 03

前往移至高架公園旁的

惠特尼美國藝術博物館

Come visit whitney!

遷往肉品包裝區重新開幕後，仍舊蔚為話題的惠特尼美國藝術博物館。
我們一起到那時尚的全新藝術空間逛逛吧。

What is

惠特尼美國藝術博物館

女雕塑家成立的博物館

鐵路運輸帝國范德堡家族出身的雕塑家，
惠特尼夫人於1931年成立。1954年之前
位於格林威治村。

Whitney Museum of American Art

惠特尼美國藝術博物館
近現代美國藝術的
殿堂

館內收藏2萬2000件以上的
近現代美國藝術品。2015年
自上東城遷移過來，重新開
幕。新的博物館建築由義大
利知名建築師倫佐·皮亞諾
設計，一樓餐廳UNTITLED
也引起熱烈討論。

TIME
約120分鐘

🏠 99 Gansevoort St.（bet.
10th Ave. & Washington St.）
☎ 1-212-570-3600
🕐 10:30～18:00（週五、
六～22:00） 休 週二、感恩
節、12/25 ⑤ 成人$25（週
五19:00～22:00隨意）

🚇 從地鐵A、C、E、L線
14St-8Av站步行約8分鐘
whitney.org
肉品包裝區
▶MAP P.10 C-3

全館天花板挑高，打造舒適空
間。從大窗戶可遠眺哈德遜河及
對岸。

5、6、8樓隨時
展出以美國近現
代藝術家作品為
主，別出心裁的
主題特展。

ꙮ **Floor Guide** ꙮ

樓層指南
8	Gallery（主題展）/Cafe Terrace
7	Gallery（常設展）/Outdoor Gallery
6	Gallery（主題展）/Outdoor Gallery
5	Gallery（主題展）/Outdoor Gallery
4	
3	Theater/Education Center
2	
1	Entrance、Lobby、Gift Shop、Restaurant

How to

從購票到入場

網路訂票，現場免排隊

雖然可以當天到窗口購票，但也能上官網指
定日期訂票（直到入場日的前一天深夜為
止）。入口位於高架公園旁。週五19:00～
22:00票價自由捐獻。

從8樓咖啡館可
以看到雀兒喜的
街景。

7樓是常設展。展出愛德華·霍
普、歐姬芙和波洛克等大師名
作。

印有大師作品
圖案的伴手禮
也頗受歡迎！

印有尚·米榭·巴
斯奇亞和凱斯·哈
林畫作的海灘鞋。

Wow!!

Nice!!!

各$28

5件必看的作品

下列介紹的5件作品通常展示於7樓的常設展中。展示雕塑、裝置藝術的5～7樓戶外藝廊也是參觀重點。

觀察用鮮明線條描繪光線的畫法。

呈現直線的幾何狀圖樣。

我的埃及
My Egypt

查理・德穆斯
Charles Demuth

1927年

描繪故鄉賓州穀倉的電梯。以抽象及寫實的技術畫出人工景象。從作品中能感受到一絲不苟的細膩。

筆觸跳動靈瑰，用色大膽。

2個嘴巴都翻牙咧嘴。

女人和腳踏車
Woman and Bicycle

德庫寧
Willem de Kooning

1952-53年

從1950年代開始創作的系列畫〈女人〉的代表作品。激動筆觸和強烈色彩為抽象畫帶來新的肉體風格。初次看到時會覺得充滿衝擊力。

一樓窗上的店名稍糊不清。

美麗地呈現超現實主義的世界。

畫出她邊至美國西南部的自然景色。

星期日清晨
Early Sunday Morning

愛德華・霍普
Edward Hopper

1930年

以象徵性筆法描繪曼哈頓第7大道，作品呈現美國都市單調且寂靜的本質。注意看理髮店微傾的竿子。作品充滿假日氣氛。讓人不由得佇立細看。

夏日
Summer Days

歐姬芙
Georgia O'Keeffe

1936年

彷彿飄浮在沙漠上的鹿骨與花朵。歐姬芙持續創作的題材獸骨與花朵，象徵生命輪迴。雖是平面作品，卻能從莊嚴的作品中看到立體感。

連同音樂約演出2小時。

用鐵絲和軟木等做成的馬戲團。

考爾德的馬戲團
Calder's Circus

亞歷山大・考爾德
Alexander Calder

1926-31年

考爾德一人操控這項用鐵絲等做成的雕塑品，在巴黎即興表演。獲得作家暨藝術家尚・考克多的讚賞一舉成名。稱為動態藝術（Kinetic Art）。

展品幾個月會替換一次，因此上述作品未必會同時展出。

曼哈頓

觀光

藝術

娛樂

美食

購物

住宿

電影《博物館驚魂夜》取景地
到美國自然歷史博物館探險

曾是電影《博物館驚魂夜》舞台的博物館，從恐龍到太空，展示種類豐富，規模龐大。前往大人小孩都愛的樂園探險，出發吧！

① 跟羅斯福總統打招呼

探險
START
從中央公園旁的正門開始!

正門入口的騎馬銅像是美國第26任總統老羅斯福，是設立博物館的成員之一，對之後的發展有莫大貢獻。

羅斯福銅像

喜歡動物的自然主義者。電影中由羅賓・威廉斯飾演。

泰迪，你好。接著由我來介紹！

Hello♪

② 西北岸原住民

1樓介紹居住在美國和加拿大西北岸的原住民生活。約20m長的巨大獨木舟，是值得一看的藝術品。

用整根木頭雕刻而成。海達族以精巧的雕刻技術聞名。

海達族原住民的大型獨木舟

兩邊畫著有庇鯨圖案。

WOW!

③ 棲息在海洋的生命

1樓展示750種以上棲息在海洋的生物。當中從天花板垂掛下來的雄藍鯨模型，震撼驚人！

夜宿博物館（活動對象是6～13歲的兒童和21歲以上的成人）一晚時，也可以帶睡袋舖在藍鯨下睡覺。詳情請上官網查詢。

藍鯨

長約29m，太驚人了！

Awesome!

博物館驚魂夜
Night at the Museum
價格：1419日圓＋稅
DVD販售商：20世紀福斯 ©2015 Twentieth Century Fox Home Entertainment LLC. All Rights Reserved.
AMNH/D. Finnin, AMNH/C. Chesek, AMNH/R. Mickens, American Museum of Natural History

American Museum of Natural History
美國自然歷史博物館

人類、自然與地球的豐富館藏

從恐龍化石到動植物、礦物、隕石等，館藏據稱超過3200萬件，是世界最大博物館。從1樓到4樓的超大空間內，展示各項規模驚人的精緻展品。

🏠 Central Park W.（at 79th St.）
☎ 1-212-769-5100
🕙 10:00～17:45
休 感恩節、12/25　$ $22～
🚇 從地鐵B、C線81St-Museum of Natural History站步行約1分鐘
www.amnh.org
上西城
▶MAP P.20 B-3

▶MAP P.20 B-3

How to 參觀

做成動物臉孔的樓梯，相當有趣。

入口有兩處
1 Central Park West旁的正門玄關和地鐵81 St-Museum of Natural History站直達的入口。

上下移動請走樓梯！
2 經過多次擴建，館內動線複雜。電梯的數量也很少，因此請走樓梯上下。

4 羅斯地球與太空中心

主要構成主體是以4分鐘介紹宇宙誕生的大爆炸劇場和上方的星象儀，可以學到地球至太空的歷史。

在直徑約26m的球體上設有429個座位的星象儀，以最先端的技術播放雄偉的太空影片。

★ 星象儀＋大爆炸劇場

點燈後的夜晚太滿神祕感！

Ooh

在電影中存在感強烈，到了現實世界也是博物館的人氣展品。

5 太平洋民族

3樓後方大廳介紹的南太平洋諸島的民族及文化。遠眺了復活節島上摩艾石像的仿真複製品。

摩艾石像

在電影中曾說「Dom Dom（笨笨）」！

Nice to meet you!

在哺乳動物區，除了紐約州外，也有非洲、太平洋、亞洲（包括日本）等各民族相關展示區。

6 紐約州的哺乳類動物

3樓大廳介紹的是白尾鹿、北美小狼、浣熊、花栗鼠、豪豬等棲息於紐約州，50種以上的陸地哺乳動物。

紐約自然生態超乎想像的豐富～

So cute!

7 龍盤目恐龍、哺乳動物的進化

4樓是恐龍化石齊聚一堂的樓層。當中用真化石做成的完整暴龍骨骸，是博物館的吸睛展品。

猛瑪象

暴龍

約1萬1000年前的巨大猛瑪象，於印第安那州出土。約6500萬年前的三角龍也是必看展品！

三角龍

they are so big!

超逼真，好像要動起來了！

GOAL! 辛苦了。真是趟精采有趣的探險呢！

🐾 各樓都有禮品店，販售該樓層的主題商品。尤其是1樓和2樓，空間寬敞，務必去逛逛。

曼哈頓

📷 觀光

🎨 藝術

🎵 娛樂

🍴 美食

🛒 購物

🏨 住宿

ENTERTAINMENT
01

現場震撼力果然不同凡響！
令人感動的音樂劇

音樂劇除了欣賞音樂和舞蹈外，還有舞台設計與服裝，是最高境界的娛樂。
到百老匯現場感受震撼的舞台魅力吧！

Here!

Photo by Deen van Meer

先了解人氣劇目！

以下為「看哪一部好呢？」而困擾的人，
以簡明易懂的方式介紹最受歡迎的7部主要作品。
事先了解更能樂在其中！

以魔毯為首，規模雄偉的舞台布景，和穿著閃亮服飾演出精采表演的《阿拉丁》。

Let's Showtime!
Broadway

Aladdin
阿拉丁

老少咸宜
適合闔家觀賞的奇幻劇

耳熟能詳的迪士尼作品《阿拉丁與神燈》搬上舞台表演。以雄偉的舞台布景和豪華服裝、動人樂曲，描述沙漠國家的故事。

Photo by Deen van Meer

票價	$30～200
時間	2小時30分鐘
英語能力	★★★

從皇宮溜出來的茉莉和阿拉丁。

STORY

住在沙漠國家的青年阿拉丁，愛上公主茉莉。後來遇到神燈精靈，答應實現他3個願望。

New Amsterdam Theatre

1903年開幕。可容納約1700人。推出《阿拉丁》之前上演的劇目是《獅子王》（2006年更換）和《歡樂滿人間》。

🏠 214 W. 42nd St.（bet. 7th & 8th Aves.）
☎ 1-212-827-5400　🕐 19:00～（週五20:00～、週六14:00～和20:00～、週日13:00～和18:30～）　🚫 週一　🚇 從地鐵N、Q、R、S、W、1、2、3、7號線Time-Sq-42 St站步行約2分鐘
www.aladdinthemusical.com
曼哈頓中城 ▶MAP P15 E-2

5項觀賞的行前須知

☑ **百老匯音樂劇是？**
在時代廣場附近，座位超過500個的劇院演出的戲劇。因為離南北縱貫的百老匯大道很近，故以此為名。票價為$27~。

☑ **外百老匯音樂劇是？**
在座位100個以上，499個以下的小型劇院演出的戲劇。除了音樂劇外，還有實驗性質的表演等。票價為$25~

☑ **東尼獎是？**
和電影奧斯卡獎及音樂葛萊美獎齊名，是話劇及音樂劇的獎項。1947年設立，每年6月頒獎。

☑ **預演場（Preview）是？**
在正式公演開始前，舉行2～3週的預演。根據觀眾的反應，調整劇本或表演。

☑ **遵守劇場禮儀！**
禁止拍照、攝影、錄音、攜帶飲食進場。手機請關機。不需穿著正式服裝，但請避免破牛仔褲及過於暴露的服裝等太過休閒的打扮。尤其是坐在交響樂團區（Orchestra）的觀眾，請穿著符合該區的服裝。

Photos by Joan Marcus

餘了奪得東尼獎11個獎項外，也獲頒普立茲獎。

Let's Showtime!
Broadway
cheers!

Hamilton

漢密爾頓

引發廣大迴響的嘻哈音樂劇

天才作曲家林‧曼努爾‧米蘭達負責填詞
作曲編劇。以嶄新手法描述美國開國元勳
之一，亞歷山大‧漢密爾頓的一生。

票價	$434～2000
時間	2小時45分鐘
英語能力	★★★★★

STORY

出生於加勒比海島嶼的孤兒漢密爾頓，在獨立戰
爭中相當活躍，並擔任首屆財政部長。後來，卻
在和副總統阿龍‧伯爾的決鬥中重傷不治……

Richard Rodgers Theatre
理查羅傑斯劇院

1924年開幕。可容納1319人。為了向編寫多齣音樂劇
歌曲的理查‧羅傑斯致敬，於1990年更改劇院名稱。

🏠 226 W. 46th St.（bet.
Broadway & 8th Ave.）
☎ 1-877-250-2999
🕐 19:00～（週三14:00～和
20:00、週五20:00～、週六
14:00～和20:00、週日

15:00～）
🚫 週一
🚇 從地鐵N、R、W線49 St站
步行約5分鐘
www.hamiltonbroadway.com
曼哈頓中城
▶ MAP P.15 E-1

大部分演員由非白人擔
任也引起話題討論！

描繪擁有綠色肌膚和魔法的少女

Let's Showtime!
Broadway
Dance with me

Wicked

女巫前傳

豪華的服裝與舞台布景！

2003年起長期演出的人氣作品。看完就
會了解《綠野仙蹤》中出現的女巫艾法
芭，被稱為壞女巫的由來。

票價	$99～179（抽籤$30）
時間	2小時45分鐘
英語能力	★★★

STORY

一身綠色肌膚的女巫艾法芭，大學時遇見人緣
超好的格琳達並成為朋友。但是兩人最終分道
揚鑣。

Gershwin Theatre
蓋希文劇院

1972年開幕。可容納1900人。
以作詞、作曲家蓋希文兄弟
檔為劇院名稱。

🏠 222 W. 51st St.（bet. Broadway
& 8th Ave.）
☎ 1-877-250-2999

Photos:Joan Marcus

🕐 19:00～（週三加場14:00～、
週五20:00～、週六14:00～和
20:00、週日14:00～）
🚫 週一
🚇 從地鐵C、E線50 St站步行約2
分鐘 wickedthemusical.com
曼哈頓中城
▶ MAP P.18 B-3

電影版預計於2019
年在全美公開上映。

How to 取票方法

1 網路

官網
從各作品的官網選定時間和座
位即可購票。可以選擇電子票
券或到現場窗口取票。

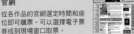

Playbill網站
在www.playbill.com網站上加
入會員（免費），就能買到優
惠票。

其他網站
www.broadway.com或www.
broadwaybox.com等網站上也
可以買到優惠票。

2 售票處
在各劇院1樓大廳的窗口選定時間和座位即可
購票。也可以在這裡買Rush Ticket（當天優惠
票，先到先買或抽籤決定）或站票。

3
tkts（低價票）
折扣票亭就位於時代廣場醒目的紅樓梯下。可
以用20～50%的折扣買到當日票。手續費
$5。還有2間分店。www.tdf.org

©Matthew Murphy

變裝皇后才會穿的服裝！

Photo by Joan Marcus

Let's Showtime!

Broadway
Kinky Boots
長靴妖姬

音樂製作人為辛蒂·羅波

由獲得葛萊美獎肯定的辛蒂·羅波填詞譜曲，造成轟動。將2005年在英國上映，由鞋廠真實故事改編而成的喜劇電影，搬上音樂劇舞台。華麗的服裝造型也頗受矚目！

票價	$30～249
時間	2小時20分鐘
英語能力	★★★★

STORY
男主角繼承了一家即將倒閉的鞋廠。靠著幫變裝皇后製作長靴而度過難關。

Al Hirschfeld Theatre
艾爾赫施菲德劇院

1924年開幕，可容納1424人的劇院。2003年改名為美國著名諷刺畫家之名。

🏠 302 W. 45th St. (bet. 8th & 9th Aves.) ☎ 1-877-250-2929

🕐 20:00～（週三、六加場14:00～）週二、四19:00～、週日15:00～）
🚫 週一 🚇 從地鐵A、C、E線42 St Port Authority Bus Terminal站步行約2分鐘
kinkybootsthemusical.com
曼哈頓中城 ▶MAP P.15 E-1

©Joan Marcus

多首傳唱至今膾炙人口的歌曲！

Let's Showtime!

Broadway
Beautiful
美麗

描寫卡洛金的前半生

敘述如何打入搖滾歌壇的傳奇創作歌手，卡洛金成名的故事。有多首榮獲葛萊美獎年度專輯《Tapestry》中的經典歌曲。

票價	$40～169
時間	2小時30分鐘
英語能力	★★

STORY
和作詞家結婚的卡洛金，2人合作寫出多首名曲卻離婚。之後憑著獨唱專輯大紅。

Stephen Sondheim Theatre
史蒂芬桑坦劇院

1918年開幕。可容納1055人。2010年改名為美國知名作詞作曲家之名。

🏠 124 W. 43rd St. (bet. Broadway & 6th Ave.) ☎ 1-800-432-7250

🕐 19:00～（週三加場14:00～、週五20:00～、週六14:00～和20:00、週日14:00～19:00）
🚫 從地鐵N、Q、R、S、W、1、2、3、7號線Time Sq-42 St站步行約2分鐘
beautifulonbroadway.com
曼哈頓中城 ▶MAP P.15 F-1

©JOAN MARCUS

誰都會世界粉絲喜愛的□個名曲！

Let's Showtime!

Broadway
The Phantom of the Opera
歌劇魅影

持續刷新史上最長壽音樂劇的紀錄

1988年以來持續上演至今。原作是法國作家1909年的小說，數度搬上大銀幕及劇院舞台。安德魯·洛伊·韋伯的美麗樂曲十分動聽。

票價	$27～155
時間	2小時30分鐘
英語能力	★★★

STORY
描寫住在巴黎歌劇院底下的怪人魅影，和女歌手克莉絲汀、青梅竹馬勞爾之間的三角戀情。

Majestic Theatre
莊嚴劇院

1927年開幕。可容納1645人。是百老匯規模最大的劇院，1988年以來長期上演《歌劇魅影》。

🏠 245 W. 44th St. (bet. 7th & 8th Aves.) ☎ 1-212-239-6200

🕐 20:00～（週四、六加場14:00～、週三19:00～）
🚫 週一 🚇 從地鐵A、C、E線42 St Port Authority Bus Terminal站步行約1分鐘
www.thephantomoftheopera.com
曼哈頓中城
▶MAP P.15 E-1

©Joan Marcus / Disney Theatrical Productions

©Joan Marcus 2014.

主要樂曲由艾爾頓·強作曲。

Let's Showtime!

Broadway
The Lion King
獅子王

女性藝術家打造出雄偉的動物王國

將同名迪士尼電影搬上舞台，自1997年上演至今。天才藝術家朱麗·泰莫結合非洲、美術與亞洲傳統才藝完成獨特的舞台藝術，值得一看。

票價	$112～299
時間	2小時30分鐘
英語能力	★★

STORY
獅子王之子辛巴，在叔叔的陰謀設計下失去父親，被迫離開王國。不過，他下定決心要和伙伴同心協力奪回祖國。

Minskoff Theatre
明斯科夫劇院

1973年開幕。可容納1597人。獅子王之前在別家劇院上演，2006年才換到此處。

🏠 200 W. 45st St.（at Broadway）☎ 1- 866-870-2717 🕐 19:00～

（週四、五加場20:00～、週六14:00～和20:00～、週日13:00～和18:30～）🚫 週一 🚇 從地鐵N、R、W線49 St站步行約5分鐘
www.lionking.com
曼哈頓中城
▶MAP P.15 E-1

驚喜滿滿
好玩的虛擬實境劇！

在紐約，名為沉浸式劇場（Immersive Theatre）的觀眾體驗型表演越來越受歡迎。來去「體驗」一下目前當紅的兩種表演吧！

I really enjoy it.

這些是觀眾

©Robin Roemer Photography　　　　戲劇場面就在眼前上演！

Bravo!!

Photos: Sleep No More

演員原則上不出聲。全憑觀眾想像！

Let's Showtime!

Off Broadway
Sleep No More
無眠夜

直擊陸續展開的衝擊性場面

在設定為上鎖飯店的館內，跟著演員從上跑到下。所有觀眾戴上白色面具，在約100間房間內目擊劇情發展。

票價	$89.50～135
時間	2～3小時（因人而異）
英語能力	★

STORY

呈現莎士比亞的《馬可白》和希區考克的《蝴蝶夢》世界觀。事先了解劇情，會看得更盡興。

The Mckittrick Hotel

這裡不是住宿地點，是為了表演而成立的虛構飯店。原本是舊倉庫。

🏠 530 W. 27th St.（bet. 10th & 11th Aves.）☎ 1-212-904-1883　⏰ 19:00～20:00每15分鐘一場（週五加場23:00～24:00每15分鐘一場。週六17:00～18:00、21:00～22:00每15分鐘一場。週日16:00～17:00、20:00～21:00每15分鐘一場。依季節時有更動）　🚇 從地鐵7號線34 St-Hudson Yards站步行約9分鐘 mckittrickhotel.com/sleep-no-more
雀兒喜 ▶MAP P.10 B-1

別忘了還有外百老匯！

雖然不是體驗式表演，但外百老匯（在499個座位以下的小劇院演出的作品）也值得一看。
從100多部各具特色的作品中，挑出上演超過20年的2部介紹！

Blue Man Group
藍人樂團

票價	$85.8～109.8
時間	約90～105分鐘
英語能力	不需要

Astor Place Theatre
亞斯特坊廣場劇院

1847年設立。1991年起成為藍人樂團的場地，由他們取得劇院所有權。

異想天開的現場表演

臉上塗成藍色的3人組不說一語，帶領觀眾同樂，展開一連串出人意料的表演。尤其是壓軸橋段最為精采。

🏠 434 Lafayette St.（bet. E. 4th St. & Astor Pl.）☎ 1- 800-258-3626　⏰ 19:00（週五20:00、週六14:00、17:00和20:00、週日14:00和17:00）　🚇 從地鐵6號線Astor Pl站步行約1分鐘 www.blueman.com
東村 ▶MAP P.12 A-3

Stomp
破銅爛鐵

票價	$48～100
時間	1小時45分鐘
英語能力	不需要

Orpheum Theatre
奧芬劇院

1994年起成為破銅爛鐵的公演場地。位於東村第2大道上，擁有299個座位的小劇院。

日用品變身為樂器

表演者為10位，利用抹布或水桶等日用品呈現動感十足的演奏與舞蹈。表演充滿節奏感與震撼力！

🏠 126 2nd Ave.（bet. E. 7th St. & St. Marks Pl.）☎ 1- 800-982-2787　⏰ 19:00（週六15:00和20:00、週日14:00和17:30）　🚇 從地鐵6號線Astor Pl站步行約5分鐘 www.stomponline.com
東村 ▶MAP P.12 B-3

沉浸式劇場讓觀眾不只是坐在座位上看表演，還有多項驚喜演出。

曼哈頓
觀光
藝術
娛樂
美食
購物
住宿

觀賞、聆聽、沉醉
在爵士俱樂部欣賞優美演奏

說到紐約必聽的音樂，首推爵士樂！以下介紹4間外行人也能放心進入的俱樂部。盡情欣賞威情豐富的道地演奏吧。

what a wonderful performance!

沉醉在韻律優美的
音樂中！

爵士聖地Blue Note總店，最吸引人的是舞台貼近觀眾席。全身都能感受到活力無窮的演奏。

Good music

特色Point

有多位知名樂手駐場表演。對觀光客相當友善可以放心進入。

除了常態節目外，也很推薦週五、六凌晨0:30開始的午夜律動（Late Night Groove）、週日11:30和13:30起的週日早午餐。

Blue Note

1981年開幕的老字號爵士樂俱樂部

東京和米蘭也設有分店的爵士聖地總店。空間小巧，可以近距離聆聽知名樂手演奏。2樓也有禮品店。

🏠 131 W. 3rd St.（bet. 6th Ave. & Mac Dougal St.）
☎ 1-212-475-8592
🎫 現場演奏20:00~22:30（週五、六加場凌晨0:30）週日早午餐11:30~13:30
🚇 從地鐵A、B、C、D、E、F、M線W 4 St-Washington Sq Park站步行約1分鐘
www.bluenotejazz.com/newyork
東村
▶MAP P.8 B-1

來自牙買加的超級鋼琴家蒙蒂·亞歷山大精采絕倫的彈奏。坐在最前排，就能貼近欣賞演奏。

Photos：Blue Note, Dizzy's Club Coca Cola, Village Vanguard, Jazz Standard

特色Point
精緻的餐點也頗受歡迎。務必試試精心調製的雞尾酒。

同時享受美麗夜景與一流演奏。

Dizzy's Club Coca Cola

燦爛夜景盡收眼底

樂手背後中央公園和摩天樓的夜景一覽無遺。優雅成熟的氣氛，是欣賞爵士樂的絕佳空間。

🏠 10 Columbus Circle (Time Warner Center 5 樓的Jazz at Lincoln Center內)
☎ 1-212- 258-9595
🎵 現場演奏19:30、21:30（週二、六加場23:30）
🚇 從地鐵A、B、C、D、1號線59 St Columbus Circle站步行約1分鐘
www.jazz.org/dizzys
上西城
▶MAP P.18 B-2

Corona

特色Point
必看1966年起每週一由16人組成的傳奇大型樂隊演奏。

裝潢洋溢復古風。

Village Vanguard

由多位傳奇樂手演奏

1935年成立的老牌俱樂部。錄製過多張知名現場演奏專輯，頗負盛名。牆上掛著傳奇樂手的照片，值得留意。

🏠 178 7th Ave. S.（bet. Perry & W. 11th Sts.）
☎ 1-212-255-4037
🎵 19:30～、現場演奏20:30、22:30
🚇 從地鐵1、2、3號線14 St站步行約3分鐘
www.villagevanguard.com
格林威治村
▶MAP P.11 D-3

特色Point
在爵士樂發祥地南方的特色料理中，以破爛肋排最受歡迎。

當地人也常來的休閒場所。

Jazz Standard

飽嘗絕佳南部料理與音樂

以多樣化演奏和舒適氣氛贏得歡迎。讓人開心的是還能吃到南部料理餐廳「Blue Smoke」的餐點。

🏠 116 E. 27th St.（bet. Park & Lexington Aves.）
☎ 1-212-576-2232
🎵 現場演奏19:30、21:30
🚇 從地鐵6號線28 St站步行約2分鐘
www.jazzstandard.com
格拉梅西公園
▶MAP P.12 A-1

How to
在爵士俱樂部盡興

1 提早到店
先上網查詢營業時間和開始演奏的時間後再出發。沒有指定座位，所以早點到就能挑到好位子。

2 付入場費
有很多地方是連同當天餐飲費採後續收費，但有的店家必須進場前先支付。另外，也有些店不收入場費。

3 入座
像Blue Note，吧台區和餐桌區的入場費不同，因此要事先告知。上網訂位時，請先選好座位區。

Heineken

4 點飲料或餐點
向前來服務的店員點餐，若坐吧台區，則按酒保點餐。若有最低消費，則按規定點餐。

5 結帳
演奏快結束前會給帳單，因此在座位上結帳即可。需付15～20%的小費。幾乎每家店都可刷卡。

進場請穿著正裝

去高級俱樂部時需穿西裝外套。

不用盛裝打扮，但請穿著正式的休閒服裝。

短褲、破牛仔褲和海灘鞋都NG。

因為有些店禁止帶大包包入場，請準備輕便的包包。

NG!! 大包包
有些店家沒有置物櫃，無法提供寄放服務，只帶基本用品入場即可。

不要忘記給小費 NG!!
最好不要忘記給小費。刷卡時請在帳單上填入小費金額。

NG!! 店內禁菸！
紐約的餐廳、酒吧、俱樂部全部禁菸。店內不能抽菸，請留意這點。

破牛仔褲或沙灘鞋 NG!!
不用盛裝打扮，所以很多人穿休閒服，但也不能太輕便。

OK! 一個人也行
有很多獨自前來的當地人或觀光客。不要忘記帶可確認年齡的身分證件。

帶我去看棒球賽♪

在洋基球場加油吶喊

棒球是美國的4大運動之一。只要踏上球場，就能實際感受到當地的
專業運動氣氛與緊張感。拿著熱狗熱情地加油吧！

空間開放的洋基球場。在寬敞的戶外球場看比賽心情真舒暢。

How to 購票

4種購票方法

1 可以到位於曼哈頓的專賣店（Clubhouse）、合法黃牛（broker）、球場售票窗口、MLB官網等處購買。

建議上MLB網站

2 可從台灣上MLB官網訂票。可以事先印出球票，到當地就能輕鬆入場。

從洋基隊的網頁點選Buy Tickets的綠色按鍵。

輸入日期，點選Buy Tickets。

從放大地圖點選喜歡的座位。

輸入必要資訊如住址或姓名等，點選Accept and Continue。

New York Yankees
紐約洋基隊
球星輩出實力堅強的名門隊伍

1901年創立以來，以奪得27次世界大賽冠軍而自豪的實力派名門隊伍。當中有多位活躍的日本選手，如鈴木一朗和松井秀喜等，田中將大則是目前備受期待的王牌投手。

主場：洋基球場Yankee Stadium
🏠 1E. 161st St.（bet. Jerome & River Aves.）, Bronx
☎ 1-718-293-4300
Ⓜ 從地鐵B、D、4號線161 St Yankee Stadium站出站即達
newyork.yankees.mlb.com
布朗克斯 ▶MAP 別P.4 B-1

快步走向球場的洋基球迷。

Let's Go Yankees!

有問題的話找我！

HOW MAY I HELP YOU?

掌握3點訣竅，MLB新手也能開心看球

以下介紹讓不知該如何看球賽的人，自在開心觀戰的3點訣竅！

訣竅 01

抱著娛樂的心情唱歌跳舞！

基本的歡呼聲是「Let's Go Yankees！」。還有比賽開始前跟著播放的音樂合唱國歌、全場觀眾一起跳波浪舞等各種有趣活動。

整理場地中♪

合唱國歌～♪

訣竅 02

買紀念品讓氣氛更熱烈

既然都來到球場了，穿上洋基隊的球衣加油吧！可以到紀念品專賣店、場內商店購買。

WE ♥ YANKEES

訣竅 03

邊看球賽邊享用球場美食

看棒球果然不能缺少球場美食。來點熱狗、漢堡和爆米花等道地美國食物吧。

yum, yum!

Tanaka!

come on!

精采震撼的比賽將會成為旅行回憶。

最想看帥哥球員

編輯部最愛棒球的S為新手Y介紹了幾位推薦球員。就算只認得選手，也能開心觀賽。

> 到過紐約約10次。是位運動迷。會穿球隊制服到球場加油。

既然要去，就要盡興！這也是我第一次看球賽。

這次要在紐約看棒球賽吧？真好～♥

是啊，第一次看比賽！告訴我哪些選手不錯～

洋基隊的話首選小將（Ma-Kun）吧！

田中將大
Masahiro Tanaka

1988.11.1
投手
背號19。2017年的出場歌曲是，桃色幸運草Z的「隨時隨地都是挑戰者」。

是啊！好想看到他

若是大都會隊，或許會注意他喔

艾瑞克・高戴爾
Erik Goeddel

1988.12.20
投手
背號67。畢業於加州大學洛杉磯分校。

觀賽的笑容真可愛！大都會隊還有一位帥哥投手吧？

是賈寇伯・迪格隆吧！英俊的外表吸引不少女性呢～

1988.6.19
投手
背號48。2014年獲頒最佳新人獎。

賈寇伯・迪格隆
Jacob deGrom

哇一♥好期待！

一看就懂 紐約之旅 STUDY

美國友善同志的代表CITY

Gay

同志

掀起同志平權運動的場所，石牆酒吧。

紐約與同志關係匪淺

蘋果公司CEO提姆·庫克（Tim Cook）出櫃、美國各州承認同性婚姻等，最近同志世界引起多方討論。談到同志的歷史，不可不提及1969年6月紐約發生的「石牆暴動事件」。當警察進入現在位於格林威治村的同志酒吧「石牆」（MAP P.11 E-3）臨檢時，在場顧客對警察做出強烈抗爭。這項劃時代事件成為後續一連串抗議行動的開端，加速同性戀者平權運動的推行。隔年1970年，紀念暴動發生一周年，舉辦同志驕傲遊行，之後，便在每年6月的最後一週週日，盛大舉行這項全世界最大的同志遊行。

紐約至今仍是同志城市。就區域而言，以上述石牆酒吧所在地「克里斯多福街」（Christopher Street）、「雀兒喜」和「地獄廚房」為中心，附近有多家同志酒吧和同志商店。這些店都掛上象徵同志驕傲的彩虹旗。

 紐約市內可見到的同志類型

雖然都以同志一詞稱呼，卻擁有各種面貌。以下介紹紐約常見的同志族群，其體型及外表特色。

Type1

 年輕苗條的猴型（Twink）

體毛少或者處理過，看起來清爽整潔。酷愛保養因此皮膚光滑細緻，而且重視穿著打扮。多為藝術、舞蹈、時尚或媒體工作者。

Type2

體型像小熊維尼壯碩的熊型

鬍鬚等體毛濃密，身材壯碩如熊。在全美各地自行組織名為「熊族」（Bear Club）的團體。紐約也不例外。甚至有「熊族驕傲」的旗幟。

Type3

 肌肉發達的Circuit Boy

愛吃蛋白質食物。這類型的人最滿意自己上健身房或運動鍛鍊成的精實肌肉。許多人會在全身或特殊部位刺青。很難和異性戀者區分清楚。

Type4

特色明顯的變裝皇后

打扮如皇后般尊貴的人。人數不多，但服裝、妝容與髮型華麗誇張的外表，及毒舌般的言論是最引人注目的族群。在紐約以John Epperson的Lypsinka最受歡迎。

和克里斯多福街交叉的小巷，同志街（GAY ST）。

象徵同志驕傲的彩虹旗。

觀光客也能自在進入的
酒吧＆表演餐廳

以下介紹觀光客和異性戀者也能自在進入的人氣酒吧和表演餐廳。和當地的時髦同志族群一起同樂吧。

The Ritz Bar and Lounge
設有舞池的
2層樓酒吧

以文青少年為主要客層。1樓和2樓都設有舞池，週末晚上經常擠滿人。DJ的酷帥選曲也頗受好評。經常舉辦活動。

🏠 369 W. 46th St.（bet. 8th & 9th Aves.）　☎ 1-212-333-4177
🕐 16:00～凌晨4:00　🚇 從地鐵A、C、E號線42 St-Port Authority Bus Terminal站步行約5分鐘　ritzbarandlounge.com
曼哈頓中城 ▶MAP P.15 D-1

Industry Bar
倉庫改建成的
風格空間

眾多當地雜誌票選出的紐約最佳同性戀酒吧。從週一23:00起的表演等每天都舉辦不同活動。客層範圍廣泛也是魅力之一。

🏠 355 W. 52nd St.（bet. 8th & 9th Aves.）　☎ 1-646-476-2747
🕐 17:00～凌晨4:00　🚇 從地鐵C、E線50 St站步行約4分鐘
www.industry-bar.com
曼哈頓中城 ▶MAP P.18 B-3

Lips
有變裝皇后的
晚餐秀！

享受邊看華麗絢爛的變裝皇后表演邊吃晚餐的樂趣。歌舞劇演員登台演唱的週日早午餐表演也頗受歡迎。

🏠 227 E. 56th St.（bet. 2nd & 3rd Aves.）　☎ 1-212-675-7710
🕐 19:00～24:00（週五18:00～凌晨2:00、週六17:00～凌晨2:00、週日11:30～）　🚇 從地鐵E、M線Lexington Av/53 St站步行約4分鐘　www.lipsnyc.com
曼哈頓中城 ▶MAP P.19 E-3

了解紐約同志文化的
COMIC & MOVIE

以紐約為舞台描述同志世界的電影和漫畫，是迅速了解同志文化的合適教材。每一部都發人省思。

紐約紐約

白泉社文庫 羅川真理茂著
共2集 各720日圓

認識真實的同志世界

隱藏同志身分的警官肯，受到過往經歷複雜的青年梅爾吸引……真切描述對雙親的罪惡感與來自周遭的偏見與歧視等。

死亡陷阱

DVD 2000日圓（未稅）
華納兄弟家庭娛樂公司

最後揭曉的真相

倒楣編劇辛得尼將昔日學生克里福特的佳作據為己有並設下殺人計畫。上映時，同志的接吻鏡頭引發熱烈討論。

樂隊男孩

VHS（停賣）
福斯家庭娛樂日本分公司

1970年公開的革新派作品

為了慶祝同志友人生日而聚在一起的8位同伴。當中只有一位是異性戀直男……好萊塢電影史上首度光明正大描寫同志的作品。

血熱之心

The Normal Heart
日本未上映

獲得艾美獎的電視電影

以1980年代襲擊紐約同志圈的愛滋病為主題，描寫在社會偏見中爭取人權的勇者百態。是編劇兼同志運動者的自傳性作品。

曼哈頓下城
Lower Manhattan

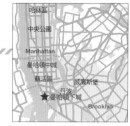

哈林區
中央公園
Manhattan
曼哈頓中城
蘇活區 威廉斯堡
丹波
★曼哈頓下城
Brooklyn

交通方式

地鐵 A、C、J、Z、2、3、4、5號線 Futon St、2、3、4、5號線Wall St、J、Z線Brond St、R線 Whitehall St-South Ferry、1號線South Ferry等。

景點豐富
日：◎ 夜：○

既了解歷史和經濟藝術品。
又能欣賞藝術品。
還有最新購物商城，不要錯過。

進行都市更新，特色商店陸續開幕

商務區和歷史觀光景點共存的區域。還有分散各地的公共藝術可欣賞。

〔 地區介紹 〕

荷蘭人最先在曼哈頓島定居的地方。因皮草貿易興盛，1626年荷蘭西印度公司以相當於24美元的物品和原住民交換購下此區。現在，因境內擁有世界經濟中心華爾街和世界貿易中心（WTC）而聞名。最南端也有前往自由女神像的渡輪上船處砲台公園。隨著WTC重建進行都市更新，尤其是位於WTC西邊的布魯克菲爾德廣場，為最新購物&美食景點，頗受矚目。在高樓林立的商務區中，也有知名藝術家的公共藝術散布其間。

01 紐約歷史相關景點巡禮

紐約是美利堅合眾國建國初期的臨時首都。
走訪第一屆國會的召開地點和世界經濟中心吧。

世界金融界的代名詞街道

Wall Street  Ⓐ
華爾街

華爾街是眾所皆知的金融街，紐約證券交易所和聯邦儲備銀行就位於附近。是肩負世界經濟中心大任的地區。

🚇 從地鐵2、3、4、5號線Wall St站出站即達
曼哈頓下城 ▶MAP P.7 C-2

對世界經濟影響深遠

New York Stock Exchange（NYSE）Ⓑ
紐約證券交易所

又名「大行情牌（Big Board）」，是世界最大的證券交易所。上市審查規定也是全世界最嚴格的。雖然無法入內，感受一下氣氛也不錯。

🏠 11 Wall St.（bet. New & Broad Sts.）
☎ 1-212-363-7147
🚇 從地鐵J、Z線Board St、R、W線Rector St、2、3、4、5號線Wall St站步行約1分鐘
www.nyse.com
曼哈頓下城 ▶MAP P.6 C-2

在此召開第一屆國會，是建國初期的重要地點

Federal Hall National Memorial Ⓒ
聯邦國家紀念堂

首任總統華盛頓發表就任講演的地方。目前的建築是1842年做為海關大樓而建。裡面的博物館免費入館。

🏠 26 Wall St.（bet. Nassau & William Sts.）
☎ 1-212-825-6990
🕐 9:00～17:00
🚫 週六、日
🚇 從地鐵J、Z線Board St、R、W線Rector St、2、3、4、5號線Wall St站步行約3分鐘
www.nps.gov/feha
曼哈頓下城 ▶MAP P.6 C-2

高樓間的空地有知名藝術家的作品散布其間。多為大型藝術品，存在感強烈！

02
名作居然位於這裡！尋訪公共藝術

Untitled (Two dancing Figures)

無題（雙舞人偶）
凱斯·哈林 作

街頭藝術先驅凱斯·哈林31歲過世的前一年1989年創作的作品。以普普風呈現勾肩跳舞的兩人。

Red Cube

紅方塊
野口勇 作

日裔美國人野口勇於1968年雕塑的作品。紅色立方體中間開著洞。放在HSBC銀行大樓前。

Charging Bull

華爾街銅牛
阿圖羅·迪·莫迪卡 作

義大利裔美國藝術家製作的公牛銅像。公牛在金融用語表示多頭市場的意思，因此成為華爾街的象徵地標。

hello!

1 新景點布魯克菲爾德廣場。 2 在公園吃午餐的大眾。 3 Oculus購物中心。 4 鶴立雞群的世貿中心一號大樓。 5 佇立於大樓間的藝術品。 6 河川彼岸是紐澤西州。 7 大樓林立的商業區。 8 紐約證券交易所。 9 布魯克菲爾德廣場的杯子蛋糕店Sprinkles。

改名後盛大開幕的布魯克菲爾德廣場是必逛新景點！

03
前往進步中的話題景點

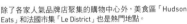

購物用餐皆開懷的最新商業綜合大樓
Brookfield Place
布魯克菲爾德廣場

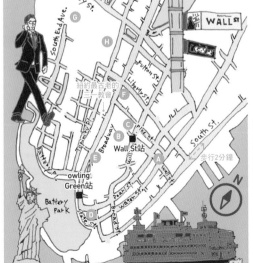

除了各家人氣品牌店聚集的購物中心外，美食區「Hudson Eats」和法國市集「Le District」也是熱門地點。

🏠 230 Vesey St.（bet. North End Ave. & West St.）
☎ 1-212-978-1698
🕐 10:00～20:00（週日12:00～18:00）
🚇 從地鐵A、C線Park Pl站步行約8分鐘
brookfieldplaceny.com
曼哈頓下城
▶MAP P.6 B-1

造型特殊的複合式商業設施
Oculus

位於世貿中心入口的轉運站。以白色為主體的美麗建築是必看景點。

🏠 185 Greenwich St.（bet. Church & Greenwich Sts.）
☎ 1-646-490-8456
🕐 11:00～21:00（週六、日12:00～20:00）
🚇 從地鐵E線World Trade Center站步行約1分鐘
曼哈頓下城
▶MAP P.6 C-1

世貿中心一號大樓聳立於後方。

👣 曼哈頓南端的砲台公園，是觀賞夕陽的景點。沉入哈德遜河的落日美得令人陶醉。

Osampo

下東城附近

Lower East Side

過去眾多移民人口生活的街區

經過近年來的都市改造，成為進步中的最新潮流發射站。

交通方式

地鐵 以F線Delancey St、或J、M、Z線Essex St站為起點開始逛吧。

日：◎ 夜：○

特色十足

從新銳精品到傳統猶太熟食等，新舊店鋪夾雜。

〔 地區介紹 〕

取地區的字母開頭稱作LES。以前住了許多來自東歐的猶太移民。所以，至今仍保有燻牛肉三明治名店Katz's Delicatessen或貝果店Russ & Daughters等傳統猶太食物店。另外，介紹19世紀後半到20世紀前半移民人口生活風貌的移民公寓博物館也是頗受歡迎的觀光勝地。目前正在進行都市更新，陸續有時髦商店或餐廳開張。也有多家酒吧或音樂餐廳，晚上更是擠滿年輕人。隨著新當代藝術博物館的搬遷，也增加不少家畫廊，成為能欣賞到當代藝術的小畫廊集散地。

01 尋找玩心十足的優質單品

這一區有多家充滿個性、設計風格獨特的商店。或許能找到喜歡的商品。

深獲古著迷喜愛

Edith Machinist Vintage Boutique Ⓐ

開業超過10年，以獨一無二的優質二手單品博得好評的商店。屢獲服裝雜誌介紹。

🏠 104 Rivington St.（bet. Ludlow & Essex Sts.）
☎ 1-212-979-9992
🕐 12:00～19:00（週日、一、五～18:00）

🚇 從地鐵F、J、M、Z線Delancey St-Essex St站步行約4分鐘
www.edithmachinist.com
下東城
▶MAP P.9 F-1

•$75

前胸領口做透膚設計的連身裙。

•$155

適合甜美率性的打扮。帥氣皮革包。

•$109

•$69

鳳梨圖案的南國風情背心。

材質柔軟的迷彩紋連身裙。

多項粉絲熱愛的單品

Babel Fair Ⓑ

從配件到服裝，網羅來自世界各地僅此一家的好貨，深受歡迎的精品店。第2家分店在布魯克林的威廉斯堡。

🏠 260 Elizabeth St.（near E. Houston St.）
☎ 1-646-360-3685
🕐 11:00～19:00（週四～六～20:00）

🚇 從地鐵F線2 Av站步行約3分鐘
www.babelfair.com
諾利塔
▶MAP P.9 D-1

雞肉三明治
比司吉夾炸雞＋肉醬

$6.50

02

心情和味蕾
都心滿意足！
在特色小店休息片刻

在傳統和異國文化並存的地區，連咖啡館都充滿特色。

招牌是神氣小男孩的標誌

Cheeky Sandwiches C

自製白脫牛奶比司吉相當美味，是年輕人的最愛。店內氣氛輕鬆舒適。

🏠 35 Orchard St.（bet. Canal & Hester Sts.）
☎ 1-646-504-8132
🕐 7:00～21:00（週五～24:00、週六8:00～24:00、週日8:00～21:00）
🚇 從地鐵F線East Broadway站步行約4分鐘
www.cheeky-sandwiches.com
下東城
▶MAP P.9 F-2

酸櫻桃派　酸酸甜甜的櫻桃和酥脆的奶酥餅皮！

$5

Petee's Pie Company D

老闆兼主廚Petra夫婦來自維吉尼亞州開業超過30年的人氣烘焙坊，是家美式塔派店。

🏠 61 Delancey St.（near Allen St.）
☎ 1-212-966-2526
🕐 11:00～24:00（週五、六10:00～凌晨1:00、週六、日10:00～）　🚇 從地鐵F、J、M、Z線Delancy St-Essex St站步行約4分鐘
peteespie.com
下東城
▶MAP P.9 E-2

6
7

LOWER

8
9

鹹巧克力派　鹹味明顯的濃郁巧克力派。

$30（整個）

her

10

① 深受流行敏銳度高的20～30歲青年喜愛的地區。② Edith Machinist店內種類豐富的商品。③ 還能挖到可愛雜貨。④ 感受得到移民時代舊氛圍的老街。⑤ Babel Fair的飾品。⑥ 店內はいつも混雜。⑦ 擺滿各式塔派。⑧ 安靜低調的氣氛。⑨ Petee's Pie的人氣商品。⑩ 隨處可見Cheeky Sandwiches的塗鴉標誌。

03

新文化發射站
快速增加的畫廊

這裡是特色畫廊的密集區。拿張各店都有的免費LES畫廊地圖吧。

特色各異的現代藝術家

DACIA
GALLERY
WWW.DACIAGALLERY.COM

Dacia Gallery E

主要展示畫作，從新人到知名藝術家都有。有紐約和羅馬尼亞的駐場藝術家。

🏠 53 Stanton St.（bet. Eldridge & Forsyth Sts.）
☎ 1-917-727-9383　🕐 13:00～18:00（週六、日12:00～）　🚫 週一、二　🚇 從地鐵2 Av站步行約3分鐘　www.daciagallery.com
下東城　▶MAP P.9 E-1

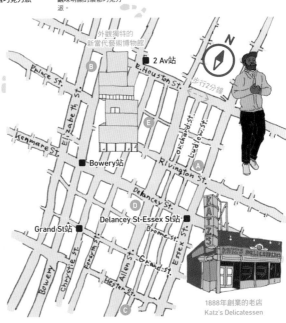

外觀獨特的
新當代藝術博物館

2 Av站
步行2分鐘

N

E. Houston St.

Prince St.

Kenmare St.

Elizabeth St.

Orchard St.

Ludlow St.

Bowery站
Rivington St.

A

Delancey St.

Bowery

Chrystie St.

Forsyth St.

D

Delancey St-Essex St站

Grand St站
Broome St.

Essex St.

C

Grand St.

Allen St.

Hester St.

KATZ'S

1888年創業的老店
Katz's Delicatessen

👣 下東城西邊緊鄰中國城。距離近到走幾步路就發現進入寫滿中文招牌的地區。

69

曼哈頓

📷 觀光

🎨 藝術

🎵 娛樂

🍴 美食

🛒 購物

🏨 住宿

osampo

中國城
Chinatown

哈林區
中央公園
Manhattan
曼哈頓中城
蘇活區
★中國城
曼哈頓下城
威廉斯堡
Brooklyn

交通方式

地鐵 從J、N、Q、R、Z、6號線Canal St出站即達。從J、Z線Bowery、B、D線Grand St、F線East Broadway站步行約5〜10分鐘。

麵點天堂！
日：◎ 夜：○

Canal Street和Mott Street附近有多家茶餐廳，提供各式麵類點心。

感受亞洲活力與衝勁的地區

以全美規模最大而自居的紐約中國城，有很多平價美食。
在朝氣十足的空間裡，享受邊走邊吃的樂趣吧！

〔 地區介紹 〕

可說是亞洲地區以外世界最大、最早的中國城。以東西向大馬路Canal Street和南北向Mott Street交叉構成的區域為中心，特產店和餐廳櫛比鱗次，生氣蓬勃。中國城境內約有10萬位居民，算是人口密集區，特色是擁有多家平價庶民美食店。除了中國居民和觀光客外，住在其他地區的紐約人也常來此地。和小義大利相鄰，主街道Mulberry Street與Grand Street交叉口附近，聚集了不少家義大利餐廳和咖啡館。

01 前往紐約最早的茶餐廳

先到紐約最早的茶餐廳填飽肚子。感受一下復古氛圍吧！

蔥油餅Scallion Pancake
酥脆餅皮搭配美味香蔥。

$4.75

鮮蝦燒賣
Shrimp Sui Mai
放了彈牙蝦肉的燒賣。

$5

1920年創業的古早茶餐廳
Nom Wah Tea Parlor Ⓐ
南華茶室

隱藏於巷弄間的知名家常小館。菜單上有照片，點餐時在單子上寫下數量即可。店內的復古裝潢頗具特色。

🏠 13 Doyers St.（bet. Pell St. & Bowery）
☎ 1-212-962-6047
🕙 10:30～22:00
🚇 從地鐵J、N、Q、R、W、Z、6號線Canal St站步行約7分鐘
nomwah.com
中國城
▶MAP P.9 E-3

餛飩麵

清爽的鹹味湯頭和滑順麵條，讓人一口接一口。

$5.25

到當地人常光顧的豆腐老店或肉包店休息一下。感受在地生活吧。

有點餓時解饞一下的老字號輕食餐廳
Mei Li Wah
美麗華 B

提供麵類或粥品等輕食。當中以餛飩麵和叉燒包受歡迎。

⌂ 64 Bayard St.（bet. Mott & Elizabeth Sts.）
☎ 1-212-966-7866　🕐 10:00～22:00
🚇 從地鐵J、N、Q、R、Z線Canal St站步行約3分鐘
中國城 ▶MAP P.9 D-3

$1.25

雞肉蔬菜包Gingery Chicken & Vegetable

放了很多雞肉和蔬菜的肉包。

上包子店吃本地人最推薦的肉包
Golden Steamer
蒸包皇 C

除了豬肉包子，還有紅豆包子或南瓜包子等，種類豐富。也能品嘗到奶皇包或鹹麵包。

⌂ 143A Mott St.（bet. Grand & Hester Sts.）
☎ 1-212-226-1886
🕐 7:00～19:00
🚇 從地鐵J、N、Q、R、W、Z、6號線Canal St站步行約5分鐘
中國城 ▶MAP P.9 D-2

[1] 有多家特產店。**[2]** 到Canal Street旁的遊客中心拿資料。**[3]** 海鮮店賣的螃蟹。**[4]** 街上也有多家販售當季水果的水果攤。**[5]** Mott Street旁的老牌麵店。**[6]** 品嘗小吃攤的平價B級美食。**[7]** 並排站在特產店內的可愛嬰兒服。**[8]** 蒸包皇的外帶專用盒。

umaa!

02 來份中式麵點！

03 品嘗B級美食！

說到中國城就是B級美食的寶庫。到頗受當地人歡迎的便宜餐館看看吧。

雞腿飯Chicken Leg Over Rice

肉燥相當美味。加滷蛋多￠50。

$5

大份量蓋飯
Wah May Fast Food
華美快餐 D

最受歡迎的是豬排飯或雞腿飯。入口有2處，右邊是外帶區。

⌂ 190 Hester St.（bet. Baxter & Mulberry Sts.）
☎ 1-212-925-6428
🕐 9:00～21:00（週日～20:00）
🚇 從地鐵J、N、Q、R、W、Z、6號線Canal St站步行約2分鐘
中國城
▶MAP P.9 D-2

Lafayette St.
Grand St.
Grand St站
Canal St站
Hester St.
Walker St.
Canal St.
Baxter St.
Mulberry St.
Mott St.
Columbus Park
Bowery
Pell St.
Doyers St.
步行2分鐘
各家小攤林立
中國城主街道
N
C
D
B
A

🐾 小義大利位於中國城北邊。雖是義大利裔居民社區，近年來中國裔居民不斷往此區擴張，有年年縮小的趨勢。

曼哈頓
📷 觀光
🎨 藝術
🎵 娛樂
🍴 美食
🛒 購物
🏨 住宿

格林威治村
Greenwich Village

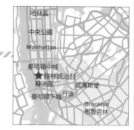

哈林區
中央公園
Manhattan
曼哈頓中城
★ 格林威治村
蘇活區　威廉斯堡
曼哈頓下城　丹波
Brooklyn
布魯克林

交通方式

地鐵 從1號線Christopher St Sheridan Sq、A、B、C、D、E、F、M線W 4 St Wash Sq Park、A、C、E線、F、M線、1、2、3號線14 St站步行約5～10分鐘。

高質感小店聚集處

日：○ 夜：○

此區特色是小巷弄多。有不少隱藏其中的小店，走越遠發現越多！

藝術家和文化人士喜愛的街區

在歷史悠久的閑靜住宅區，享受散步和購物樂趣吧。

〔地區介紹〕

Greenwich是荷蘭文，意指綠色地區，後來轉變成英文用字。如名稱所示，這個綠意盎然的寧靜住宅區，1900年代起開始有名作家或藝術家定居於此，50年代成為「垮掉的一代」（Beat Generation）、60年代則是非主流文化在東海岸的根據地。也誕生了多家如Blue Note或Village Vanguard等爵士樂聖地或小劇場，現在洋溢著文化氣息。沿著Bleecker Street有整排的名牌店或特色小店，也是適合逛街的地區。另外，克里斯多福街是同志解放運動的發源地，同志酒吧林立於街道兩旁。

01 到馬克・雅各布斯（Marc Jacobs）經營的書店採購伴手禮

Bleecker St.有馬克・雅各布斯的書店。是馬克迷的天堂！

架上陳列著以藝術、攝影、時尚為主，雅各布斯精心挑選的書籍。

好用的線圈筆記本。

$5

適合當伴手禮的隨身鏡。

$7

美國基本款油性筆，也掛上馬克的商標。

$4

攜帶方便的色鉛筆。

$9

可以找到特色伴手禮的時髦書店

Bookmarc Ⓐ

除了藝術書籍外，還有種類豐富的馬克・雅各布斯雜貨與飾品。也有多款流行設計用品，適合當伴手禮。

🏠 400 Bleecker St. (Cnr. W. 11th St.)
☎ 1-212-620-4021
🕐 11:00～19:00（週日12:00～18:00）
🚇 從地鐵1號線Christopher-St Sheridan Sq站步行約5分鐘
www.marcjacobs.com/bookmarc
格林威治村
▶MAP P.11 D-3

02 上傳SNS社群也不錯……從旅行當地寫封信卻更好

到專賣店找讓旅行信件更別致的配件吧。

可挑選主題的明信片和卡片。

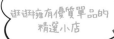

有好多可愛商品的卡片專賣店

Greenwich Letterpress　B

架上排滿種類豐富的活版印刷問候卡。有很多設計精緻的圖案，光看就很開心。

🏠 15 Christopher St.
（Greenwich Ave.&Waverly Pl.）
☎ 1-212-989-7464
🕐 12:00～18:00（週二～五11:00～19:00）
🚇 從地鐵1號線Christopher-St Sheridan Sq站步行約2分鐘
greenwichletterpress.com
格林威治村
▶ MAP P.11 E-3

增添信紙色彩的特殊印章。

收集約1萬種印章的老字號專賣店

The Ink Pad　C

從名人頭像到動物、紐約主題等，整面牆排滿印章。還有種類豐富的印泥。

🏠 37 7th Ave.（at. 13th St.）
☎ 1-212-463-9876
🕐 11:00～19:00（週日12:00～18:00）
🚇 從地鐵1、2、3號線14 St站步行約1分鐘
www.theinkpadnyc.com
格林威治村
▶ MAP P.11 D-2

1 Greenwich Letterpress店內的圖書明信片。 2 寄到台灣的航空郵資是$1.15。 3 尋找台灣沒有的設計師作品。 4 時尚感敏銳的人經常聚集於此。 5 走在綠意盎然的小路上。 6 小巧雅致的店散布其間。 7 特色十足的招牌也值得一看。 8 許多販售藝術書籍的店。 9 紐約大學隔壁的華盛頓廣場公園。 10 紐約造型別針。

03 逛逛擁有優質單品的精選小店

該區特色是有多家品味高雅的嚴選商店。去尋寶吧！

眾多勾動少女心的可愛單品

Darling　D

以原創品牌為首，還有來自世界各地的設計師單品。女性精品充滿魅力。

🏠 1 Horatio St.
（bet. W. 4th St. & 8th Ave.）
☎ 1-646-336-6966
🕐 12:00～20:00（週六11:00～、週日11:00～19:00）　🚇 從地鐵A、C、E、L線14 St-8 Av站步行約3分鐘
www.darlingnyc.com
格林威治村
▶ MAP P.11 D-2

$278

紅色連身裙，單穿就正式。

$175

低調的金色讓包包顯得氣質不凡。

$3~4.75

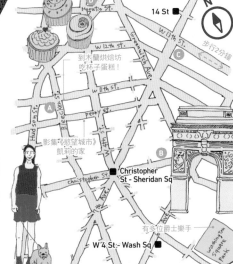

14 St
Horatio St.
W. 13th St.
W. 12th St.
到木蘭烘焙坊吃杯子蛋糕！
步行只2分鐘
W. 11th St.
W. 10th St.
Greenwich Ave.
影集《慾望城市》凱莉的家
Hudson St.
Bleecker St.
Perry St.
Christopher St - Sheridan Sq
W. 4th St.
Washington Square Park
有好多位爵士樂手
W 4 St - Wash Sq
N

在Perry St.和West 11th St.一隅，是人氣名牌店的大本營。人潮不多，是一次買齊的好機會！

Osampo

諾瑪德
NoMad

哈林區
中央公園
Manhattan
★諾瑪德
蘇活區
威廉斯堡
曼哈頓下城 丹波
Brooklyn

交通方式

地鐵 從N、R線28 St出站即達。B、D、F、M、N、Q、R線34 St Herald Sq、6號線28 St、F、M線23 St站步行約5～10分鐘。

攻占2大飯店
日：○ 夜：◎

該區因2大時髦飯店登場而繁榮。以飯店為中心聚集了多家餐廳和商店。

從批發街轉型成時髦景點

NoMad是North of Madison Square Park（麥迪遜廣場公園以北）的簡稱。
擁有2家設計旅店，也是時髦景點。

〔 地區介紹 〕

泛指麥迪遜廣場公園以北的地區，是曼哈頓目前最受矚目的區域之一。2009年來自波特蘭的新潮時尚飯店Ace Hotel開幕、2012年走法式古典風的Nomad Hotel開幕，引來眾人目光。這2間飯店集結了多家話題餐廳與商店。吸引當地紐約人和全世界觀光客，尤其是名流人士前來，曾是批發街的區域頓時活化起來。這裡還有以特殊展品而聞名的性博物館和義大利超市Eataly。目前陸續有新店開張，逐步完成再造更新。

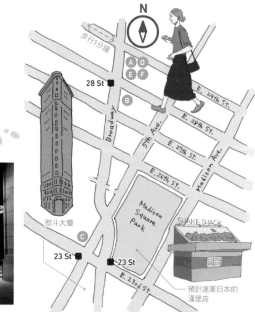

Ace Hotel廣受走創意風的時髦人士青睞。或許會和名人偶遇？

01
時尚人士
嬉遊Ace Hotel

時尚敏銳人士聚集的核心地

Ace Hotel Ⓐ

常有名人出入，來自波特蘭的設計旅店。每晚在大廳舉辦的現場活動，非住宿旅客也能免費參加。

🏠 20 W. 29th St.（bet. Broadway & 5th Ave.）
☎ 1-212-679-2222
🚇 從地鐵R、W線28 St站步行約1分鐘
www.acehotel.com/newyork
格拉梅西公園
▶MAP P.16 A-3

步行1分鐘

28 St
23 St　23 St

ⒶⒹⒺⒻ
Ⓑ
Ⓒ

熨斗大廈
Madison Square Park
SHAKE SHACK

E. 29TH ST.
E. 28th St.
E. 27th St.
E. 26th St.
Broadway
5th Ave.
Madison Ave.
E. 23rd St

預計進軍日本的漢堡店

Photos：ACE Hotel, The NoMad Hotel, Maison Kitsuné, Breslin bar & Dining Room, Opening Ceremony

洋溢法式氛圍的Nomad
Hotel，擁有沉穩的空
間，品味住在巴黎般的
氛圍。

以巴黎公寓為主題的雅致空間
The Nomad Hotel  B

法國設計師改建成布雜藝術（Beaux-Arts）樣式的建築。2層樓的圖書館與米其林3星主廚監督的餐廳都蔚為話題。

🏠 1170 Broadway（at 28th St.）
☎ 1-212-796-1500
⊗ 從地鐵R、W線28 St站步行約1分鐘
www.thenomadhotel.com
格拉梅西公園 ▶MAP P.16 A-3

集合多種堅持品質的義大利食材
Eataly C

以調味料等為首，海鮮、義大利麵、肉、起司等各式義大利食材琳瑯滿目。店內到處都有內用區，可以現買現吃。

🏠 200 5th Ave.
（bet. 23rd & 24th Sts.）
☎ 1-212-229-2560
⊗ 10:00～23:00
⊗ 從地鐵R、W線23 St站步行約1分鐘
釜兄窩
▶MAP P.11 F-1

店內劃分多區，以起司和生火腿區最受好評。

羊肉漢堡
羊肉漢堡。沒有腥羶味極易入口。

❶ Ace Hotel的The Lobby Bar。
❷ 每晚舉辦活動的Ace Hotel大廳。 ❸ Nomad Hotel的外觀採歐式建築造型。 ❹ 借單車邊騎邊逛也很有趣。 ❺ Ace Hotel的餐廳，Breslin。 ❻ Nomad Hotel的建築物改建成布雜藝術樣式。 ❼ Ace Hotel的Opening Ceremony。 ❽ Breslin的羊肉漢堡。

Ace Hotel精選的餐廳、咖啡館或店舖也是必去商店。

海鮮香腸
法式白醬和小蔥是提味重點。

$21

獲頒米其林一星的英式酒吧餐廳
Breslin Bar & Dining Room E

英國女主廚烹調的道地餐點頗受歡迎。尤其是份量滿點的羊肉漢堡堪稱絕品。

🏠 16 W. 29th St.（bet. Broadway & 5th Ave.）
☎ 1-212-679-1939
⊗ 7:00～23:00（週四～六～24:00）⊗ 從地鐵R、
W線28 St站步行約2分鐘
www.thebreslin.com
格拉梅西公園
▶MAP P.16 A-3

帶領第3波咖啡風潮
Stumptown Coffee Roasters D
樹墩城咖啡

來自波特蘭。可以品嘗到嚴選咖啡豆及烘焙法沖出的高品質咖啡。直通Ace Hotel的大廳。

🏠 18 W. 29th St.
（bet. Broadway & 5th Ave.）
☎ 1-347-414-7805
⊗ 6:00～20:00（週六、日7:00～）
⊗ 從地鐵R、W線28 St站步行約2分鐘
www.stumptowncoffee.com
格拉梅西公園 ▶MAP P.16 A-3

業界人士愛用的高質感精品店
Opening Ceremony F

Ace Hotel分店有別於他店，以旅行用品居多。包裝時尚的商品，也很適合當伴手禮。

🏠 1190-1192 Broadway（at 29th St.）
☎ 1-646-695-5680
⊗ 11:00～21:00（週日12:00～19:00、週四～六11:00～22:00）
⊗ 從地鐵R、W線28 St站步行約2分鐘
www.openingceremony.us
格拉梅西公園
▶MAP P.16 A-3

在Ace Hotel櫃台，有賣飯店盥洗備品或工作人員穿的洋裝、運動鞋。

紐約市警局是美國最大的警察組織。可以自在上前拍張紀念照。

N.Y Vehicle
知道這點，就證明是行家！
紐約的交通工具

認識街上常見的交通工具！

宛如紐約標誌的黃色計程車、最近出現的綠色計程車、電影中常見的紐約市警局（NYPD）警車、911事件時忙碌穿梭的紐約消防局（FDNY）的消防車。認識一下這些經常出現在紐約街頭的交通工具吧！

Yellow Cab
黃色計程車

紐約公認的營業計程車。因為掛上名為勳章（medallion）的牌照，所以又稱作計程車勳章（taxi medallion）。約有1萬3000台營業車輛。

> 官方公布的新一代計程車是日產車
> 2015年9月公布日產車廠的NV200為指定標準車輛。該車種最終將取代現行計程車的80%。

Green Cab
綠色計程車

2013年起登場的官方核可營業計程車。又稱包羅計程車（boro taxi，boro是地區的意思），主要在曼哈頓以外的地區營業。通稱綠色計程車。

> 在指定地點上車，可隨處下車
> 可在北曼哈頓、布朗克斯、皇后區（機場除外）、布魯克林及史泰登島上車。

New York City police Department (NYPD)
警車

指定車種除了福特、雪佛蘭和道奇外，最近也加入日產Altima或豐田的油電混合車Prius。

> 車身標誌是白底加兩條藍線
> 車體上寫著Courtesy（禮貌）、Professionalism（專業精神）、Respect（尊重），是NYPD的標語。

Fire Department City of New york (FDNy)
消防車

FDNY的消防隊分成幫浦隊、梯隊、救助隊等6小隊。911事件時，198隊的幫浦車出動了121隊。

> 車身號碼是小隊的分隊名稱
> 圖中的消防車（幫浦車）是Seagrave公司製造，為曼哈頓中城65幫浦小隊所有。

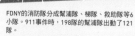

FDNY發行的月曆。都是帥哥！

CHECK!

紐約還有這項交通工具

中央公園擁有各式交通工具

中央公園基本上只有橫越東西的4條大馬路能開車進去，不過允許馬車或人力車進入園內。也能看到NYPD的雙人迷你車或三輪車、公園管理局車輛，下雪時衛生局的鏟雪車也會出動。

紐約「美食」事件簿

特別是有店員服務的餐廳,用餐禮儀與台灣不同。事先了解就能愉快地享受美食。

事件1

叫喚服務員想點餐,卻無人理會!

決定好餐點後想點餐,叫了服務員卻沒人來,反而遭人白眼。以為沒聽到就大聲招呼,仍然無人理會。為什麼會這樣?

Excuse me!!

用餐須知

1 盡量事先訂位

除了高級餐廳外,就算是休閒餐廳也最好事先訂位。可能有些店不接受訂位。

2 關於抽菸

在紐約,明文規定餐廳、咖啡館、酒吧等室內場所禁止吸菸。請到指定場所抽菸。

3 服裝規定

在紐約的高級餐廳,有些店會有服裝要求。大多是名為 nice casual(正式休閒)的規定,打扮時髦的話,穿牛仔褲也OK。不過請避免穿著破牛仔褲、T恤或運動鞋。

解決! 原則上用眼神交流

在紐約(美國)等歐美各國,像在台灣般大喊「不好意思!」叫住店員,是沒有禮貌的行為。每張餐桌都有固定的服務人員,所以用眼神示意他們過來即可。

從進入到離開

進入店內,等人帶位

和帶位人員打招呼

進入店內後,先到有帶位人員(Maître d')接待的位置或櫃台。若有訂位則告知姓名與人數。如果座位還沒準備好,可以到吧台等待。

入座

在帶位人員的引導下入座

被帶到自己的位子坐下後,負責該餐桌的服務人員會過來打招呼。接著遞上菜單。

點餐

要點餐時用眼神示意

入座後,先點飲料。飲料送上後接著點餐。甜點菜單有時會在餐後才提供。

用餐

邊吃邊聊

用餐時,餐桌服務人員會過來詢問「餐點如何」。好吃的話,就回答「Good」吧。

結帳

原則上是桌邊結帳

告訴餐桌服務人員「Check, please」,就會遞上帳單。原則上是桌邊結帳。不要忘記加上小費。

離開

直接離開餐廳即可

桌邊結帳完畢後,除非要找錢,不然直接離開餐廳即可。可向服務人員、帶位人員打聲招呼。

事件2

明明付了小費
卻一副嫌棄的表情

明明算好餐飲費的18%當小費，將零錢放在桌上，卻看到服務人員的表情很不高興。是哪裡做錯了嗎？

解決！　不要付小額零錢

因為錢包裡有很多零錢，但用美分（penny，1¢相當於0.3台幣）支付，意謂服務很差，請留意這點。盡量付紙鈔或25¢的硬幣。

餐廳的小費規定

對服務人員的獎勵

在美國（紐約），習慣接受服務就給小費，餐廳也一樣。當店員負責完該桌的服務事宜，依照規定該給小費，這些是他們的薪水。最近，負責待客的工作人員，和廚房工作者的收入產生差異一事，經常被提出來討論，有些紐約餐廳打算廢除小費。

小費建議金額

以定價的18～20%為佳

在美國，基本上是15～20%，物價高的紐約，通常是18～20%。因為稅金是8.875%，以此為基準付大約2倍的金額即可。若是不清楚可參考右圖。如同上述說明，小費畢竟是種「獎勵」，所以當服務人員服務親切，或幫忙解決問題時，就算多給小費也無妨。相反地，若服務不佳也可以少給些。

■ 小費速查表

	18%	20%	$	18%	20%
$1	$1.18	$1.2	$200	$236	$240
$5	$5.9	$6	$250	$295	$300
$10	$11.8	$12	$300	$354	$360
$15	$17.7	$18	$350	$413	$420
$20	$23.6	$24	$400	$472	$480
$25	$29.5	$30	$450	$531	$540
$30	$35.4	$36	$500	$590	$600
$35	$41.3	$42	$550	$649	$660
$40	$47.2	$48	$600	$708	$720
$45	$53.1	$54	$650	$767	$780
$50	$59	$60	$700	$826	$840
$55	$64.9	$66	$750	$885	$900
$60	$70.8	$72	$800	$944	$960
$65	$76.7	$78	$850	$1,003	$1,020
$70	$82.6	$84	$900	$1,062	$1,080
$75	$88.5	$90	$950	$1,121	$1,140
$80	$94.4	$96	$1,000	$1,180	$1,200
$85	$100.3	$102	$1,050	$1,239	$1,260
$90	$106.2	$108	$1,100	$1,298	$1,320
$95	$112.1	$114	$1,150	$1,357	$1,380
$100	$118	$120	$1,200	$1,416	$1,440

事件3

想點酒，服務人員卻說
自己去買⋯為什麼！

用餐前想喝點葡萄酒，打算要點時卻發現菜單上沒有。詢問店員，居然說請到附近的酒行購買。為什麼不賣給我！

解決！　只是因為沒有賣酒執照

在美國（紐約），餐廳要提供酒精飲料，必須持有「賣酒執照」（Liquor License）才行。沒有執照的餐廳允許自備酒類（Bring your own beverage＝B.Y.O.B）

走訪2大美食廣場的嚴選店家

輕易就能品嘗到一流美味的美食廣場。
雖然目前到處都有新店家開幕，但絕不能錯過這2處。
以下介紹廣場內的嚴選商家。在時髦的空間享受散步美食吧。

THE PLAZA FOOD HALL
廣場飯店美食街

在優美的空間輕鬆用餐

©Paul Warchee,
Eric Laignel

The Plaza Food Hall
廣場飯店美食街

從甜點到正式晚餐

這裡的美食街擁有魅力主廚Todd English
經營的用餐區。紐約最棒最時髦的名餐
廳聚集於此，從輕食到正餐應有盡有。

🏠 1 W. 59th St.（bet. 5th & 6th Aves.）
☎ 1-212-986-9260
🕐 8:00～21:30（週日11:00～18:00）
🚇 從地鐵N、R、W線5 Av/59 St站步行約1分鐘
www.theplazany.com/dining/foodhall
曼哈頓中城
▶MAP P.19 D-2

店面數量：21		
烘焙坊／3	甜點／5	
壽司／1	及其他	

氣氛

休閒 ←┼┼┼★┼→ 優雅

廣場飯店美食街的嚴選SHOP

NO.7 SUB

話題中的美食三明治

來自布魯克林的三明治店。除了頗受歡迎的綠花椰三明治，
還有多種獨家餡料口味。

No.7 Sub Club
火雞肉加馬鈴薯片及墨西哥辣
椒。

$14

LUKE'S LOBSTER

率先掀起龍蝦堡熱潮

創業者是來自緬因州，曾從事金融業
的青年。在堅守品質下，做成方便食
用的造型，而且價格實惠。讓視為高
級餐點的龍蝦堡頓時變成庶民美食。

肉質超有
彈性！

龍蝦堡
使用緬因州生產的新鮮龍蝦做成絕品三明治。
$16

稍微休息
一下！

EPICERIE BOULUD

輕鬆品嘗高級法式美味

名主廚Daniel Boulud經營的外帶專賣
店。除了三明治、沙拉等輕食外，還
有多樣美麗甜點。

$6

香蕉麵包布丁
香蕉味濃郁，是回味
無窮的好味道。

咖啡
香氣十足，適合搭
配甜點。
$2.75

曼哈頓 | 觀光 | 藝術 | 娛樂 | 美食 | 購物 | 住宿

What is 美食廣場 in NY

美食廣場氣氛輕鬆，用餐方便。又不像餐廳要收小費。了解一下使用規範吧。

1 先探查
在各店店家齊聚一堂的美食廣場，各區都有餐廳指南的招牌。先逛一圈，直接選定喜歡的店家。

2 內用的話先找座位
午餐時間人潮尤其洶湧。要先找到座位。不過，絕對不要把貴重物品放在座位上。

3 自助式服務
自行將點好的餐拿到座位上，用餐完也要回收餐盤是基本規矩。垃圾請丟到垃圾桶，並做好垃圾分類。

英語單句會話
結帳時經常被問到「For here or to go？」（內用還是外帶？）。在其他店也用得到，請記下來。外帶則請回答「To go」。

布魯克菲爾德廣場

商業區最棒的用餐地點

還能欣賞河畔風景

Brookfield Place
布魯克菲爾德廣場

午餐時間必定大排長龍

位於曼哈頓下城商業區的複合式大樓。館內擁有2處美食廣場，1樓是Le District，2樓是Hudson Eats。到了午餐時間，公共區經常擠滿人。

🏠 230 Vesey St.
（bet. North End Ave. & West St.）
☎ 1-212-978-1698
🕙 10:00～20:00（週日12:00～18:00）
🚇 從地鐵A、C線Park Pl站步行約8分鐘
brookfieldplaceny.com
曼哈頓下城
▶MAP P.6 B-1

店面數量：21
烘焙坊／3 甜點／2
壽司／1 及其他

氣氛
休閒 ←┼─┼─★┼─┼→ 優雅

布魯克菲爾德廣場的嚴選SHOP

 DIG INN

自行選餐營養均衡
跟契作小農採購肉、魚和蔬菜。提供用嚴選食材烹調成的健康餐點。

自選組合
以牛排為主食，挑選2樣配菜和1樣穀類。 $11.94

紅絲絨
以上面的圓點區分口味。 $3.75

 SPRINKLES

來自LA，頗受貴婦歡迎
全美連鎖杯子蛋糕專賣店。限定口味必吃。蛋糕柔軟綿密。

BLACK SEED BAGELS

蒙特婁式貝果
諾利塔名店的分店。特色是比普通的紐約貝果小且帶甜味。

全麥貝果
夾了杏仁奶油的貝果。還有三明治等其他豐富選項。 $8

LE DISTRICT

超市&美食街
法式主題概念店。在以單色系為基調的店內，分成咖啡、超市、庭園、餐廳4區。

咖啡區
有現場製作的可麗餅、蛋糕和馬卡龍等，多種造型可愛的甜點。 $3.75

因為館內光線較暗，人群眾多，天氣晴朗時建議外帶到附近的中央公園用餐。

上雀兒喜市場
享受散步美食！

1997年開幕以來，引領紐約飲食潮流的大型食品市場。
各式店鋪應有盡有，閒逛之餘可在裡面用餐，也能外帶。

各類飲食文化大集合
藝術結合飲食的空間

沿用舊倉庫的館內。如今成為附近區域的地標

Chelsea Market
雀兒喜市場

納貝斯克舊工廠變身為美食櫥窗

從耳熟能詳的人氣商店到引起話題的新店鋪，紐約的飲食潮流皆匯聚於此。館內可以用餐，是吸引全世界旅客及當地人前來的人氣景點。

🏠 75 9th Ave.（bet. 15th & 16th Sts.）
☎ 1-212-652-2110
🕐 7:00～21:00（週日8:00～20:00）
🚇 從地鐵A、C、E線14 St站步行約5分鐘
chelseamarket.com
肉品包裝區
▶MAP P.10 C-2

🚩 逛市場的訣竅

因為觀光客眾多，最好一開門就進去。先參觀館內，挑選想吃的餐點。

店面數量：約51
餐廳／3 烘焙坊／4
義式冰淇淋／1 及其他

氣氛
休閒 ←━━┃━━━→ 優雅

雀兒喜市場

位於9th Ave.和10th Ave.、15th St.和16th St.之間的區域。原址是納貝斯克公司旗下的Oreo餅乾工廠，由舊建築改建成2樓以上的辦公大樓。是紐約值得一看的歷史遺產。

館內設有壁畫或藝術品等，充滿肉品包裝區的氣氛。

RECOMMENDED SHOP 🏳

雀兒喜市場的嚴選FOODS7

擁有美味海鮮的Lobster Place、深受當地人喜愛的The Green Table或Fat Witch Bakery都是必逛店面。

① THE GREEN TABLE

味道溫和的美式餐點

從團膳專賣店轉型成的小餐館。使用附近農場栽種的新鮮食材，可以品嘗到樸實優質的美式餐點。

Photo:Laurie Rhodes

$17

GT漢堡
使用有機牛肉做成的經典菜色。

② LOS TACOS NO.1

值得品嘗的絕佳塔可餅

距離入口稍遠的墨西哥餐廳。被譽為紐約最好吃的墨西哥夾餅，請務必試試！

$3

塔可餅（仙人掌嫩葉Nopal）
配料是烤仙人掌（食用仙人掌）。

③ LOBSTER PLACE

輕鬆品嘗新鮮海產

總是朝氣十足的海鮮市場。除了外帶用食品外，還設有壽司吧、立食龍蝦區及巧達濃湯區。

龍蝦
外觀大得驚人的名產。普通大小約是$27。

④ FILAGA

西西里島的義大利菜

店名是老闆出生的村名。可以品嘗到堅持手工揉製麵團的西西里島披薩（正方形）。

$6

Zeppole
炸甜甜圈，是知名甜點之一。包了瑞可達起司。

⑤ FAT WITCH BAKERY

備受歡迎的伴手禮 濕潤巧克力布朗尼

商標是小女巫的布朗尼專賣店。有核桃、焦糖、咖啡等多種口味。

$2.95

$3.95

焦糖女巫
有一般及小尺寸。

⑥ AMY'S BREAD

代表紐約的知名烘焙坊

店內販售的商品從硬麵包到丹麥麵包、杯子蛋糕等甜麵包都有，種類豐富，適合野餐的午餐餐點。

$3.25

藍莓馬芬
在細心烤好的馬芬中放了大量藍莓。

⑦ CREAMLINE

和牛奶店合作的咖啡館

和當地牧場的乳製品品牌Ronnyb rook攜手經營。除了飲料外，也有三明治或漢堡。

$6.50

奶昔
鎖住牛奶的美味。杯子上書的插圖也很可愛。

CHELSEA MARKET

今天也是特別的一天

享用活力早餐

早餐是一天活力的重要來源。到超受歡迎的餐廳
吃引起話題的早餐，為旅程加滿油吧。

鬆軟的絕品鬆餅！

$13

Blueberry Pancakes

搭配新鮮藍莓超對味

溫熱的楓糖奶油淋布鬆軟&酥脆的鬆餅上品
嘗。真是絕佳組合♪週一～五早上8～9點光
顧，就能以優惠價格吃到附咖啡／柳橙汁的鬆
餅特餐（$12）。

Community Food & Juice

品嘗人氣餐廳的美味

榮獲各界評鑑為紐約鬆餅No.1的Clinton
Street Baking姊妹店。這裡也吃得到人氣
鬆餅。鄰近哥倫比亞大學，店內經常坐滿
學生或當地居民。

🏠 2893 Broadway (bet. 112th & 113th Sts.)
☎ 1-212-665-2800
🕐 8:00～21:30（週五～22:00、週六9:00～
22:00、週日9:00～）
🚇 從地鐵1號線Cathedral Pkwy站步行約3分鐘
www.communityrestaurant.com
晨邊高地
▶MAP P.22 A-3

Community Food & Juice
的人氣早餐排行榜

1 *Pancakes with*
Warm Maple Butter ▶ $13
剛烤好的鬆餅美味無法擋。

2 *Brioche French Toast* ▶ $13
鬆軟的布里歐許法式土司。

3 *Country Breakfast* ▶ $13
同時吃到蔬菜和雞蛋的早餐盤。

Good Morning!!!

Bubby's High Line
誠意十足的美式家常小館

翠貝卡的人氣餐廳在時下熱門的肉品包裝區開分店。從早上到深夜，上門尋找傳統美式口味的客人絡繹不絕。

🏠 73 Gansvoort St.（at Washington St.）
☎ 1-212-206-6200　🕐 8:00～22:00（週五、六～23:00）
🚇 從地鐵A、C、E、L線14 St-8Av站步行約7分鐘
bubbys.com
肉品包裝區 ▶MAP P.10 C-3

Bubby's High Line的人氣早餐排行榜

👑 *1* *Bubby's Breakfast* ▶ $20
這就是美國人的早餐。人氣屹立不搖的餐點。

👑 *2* *Bubby's Pancakes* ▶ $19
口感濕潤綿密，令人上癮的鬆餅。

👑 *3* *Eggs Benedict* ▶ $22
最棒的班尼迪克蛋就是要蛋香濃郁。

份量十足的早餐！

$22

Egg Benedict
色澤亮麗，香濃滑順的荷蘭醬！

Sarabeth's
時尚美麗的早餐店

Sarabeth's素有「早餐女王」之稱，在東京新宿也大受歡迎。紐約市內目前有5家分店。深受紐約人喜愛，是紐約的代表性餐廳。

🏠 381 Park Ave S.（at 27th St.）
☎ 1-212-335-0093
🕐 8:00～23:00（週日、一～22:30）
🚇 從地鐵6號線28 St站步行約1分鐘
www.sarabeth.com
格拉梅西公園 ▶MAP P.12 A-1

Sarabeth's的人氣早餐排行榜

👑 *1* *Lemon & Ricotta Pancakes* ▶ $19.50
飄散檸檬香氣的軟嫩鬆餅。

👑 *2* *Classic Egg Benedict* ▶ $19
經典白醬堪稱絕品。

👑 *3* *Kale & Eggs* ▶ $18
在色澤翠綠的羽衣甘藍上放上滑嫩雞蛋。

I want to eat

清爽的檸檬香氣和新鮮水果！

$19.50

Lemon & Ricotta Pancakes
附黑莓的鬆軟鬆餅。

Nice!

NORMA'S at Le Parker Meridien
NORMA'S（紐約黎客艾美飯店內）
深受女性歡迎的店

位於法式精品旅館內的風格餐廳。不論是當地人或觀光客，尤其是女性，色彩鮮豔動人的早餐牢牢抓住她們的心。

🏠 119 W. 56th St.（bet. 6th & 7th Aves.）
Le Parker Meridien Hotel 1樓
☎ 1-212-708-7460　🕐 6:30～15:00（週六、日7:30～、週一～四11:00）
🚇 從地鐵N、Q、R、W線57 St-7Av站步行約3分鐘
www.parkermeridien.com/eat/normas/
曼哈頓中城 ▶MAP P.18 C-3

NORMA'S at Le Parker Meridien的人氣早餐排行榜

👑 *1* *Norma's Super Blueberry Pancakes* ▶ $29
撒上新鮮藍莓的鬆餅。

👑 *2* *Waz-Za* ▶ $31
在格子鬆餅上放上堆積如山的焦糖水果。

👑 *3* *Egg White Frittata of Shrimp* ▶ $35
蛋白烘蛋中放了鮮蝦和菠菜。

放上大量新鮮水果的格子鬆餅。

Waz-Za ▶ $31
漂亮的擺盤，引人食指大動。

Photos: Norma's

曼哈頓
📷 觀光
🎨 藝術
🎵 娛樂
🍴 美食
🛒 購物
🏨 住宿

🍽️ 紐約的早餐通常是大份量，吃不完的話可以打包帶走（To Go）。

good!!

無論如何
就是要吃紐約牛排！

從牛隻飼養方法到肉品熟成方式及烹調法都很講究，
並引以為豪的道地紐約牛排，絕對是非吃不可的美食。

熟成肉才有的
香氣和口味

Prime Porterhouse
Steak for Two

28-Day
Dry Aged NY Strip

質與量
皆完美到
無可挑剔

雙人Prime紅屋牛排 $105

 $105

Prime（極佳級）牛肉是美國農業部（USDA）的分級標準中，最高等級的部位。以骨頭為界一次能品嘗到菲力和沙朗兩種肉質的奢侈牛排（2人份）。

Old Homestead Steakhouse

名人常光顧

從肉品包裝區不像現在這麼繁華熱鬧前，就持續為挑嘴的紐約人提供優質牛排的老字號專賣店。

⌂ 56 9th Ave.（bet. 14th & 15th Sts.）
☎ 1-212-242-9040
🕐 12:00～22:45（週五～23:45、週六13:00～23:45、週日13:00～21:45）
🚇 從地鐵A、C、E、L線14 St-8Av站步行約1分鐘
theoldhomesteadsteakhouse.com
肉品包裝區
▶P.10 C-2

散發老店優雅沉穩氛圍的餐廳。

28天乾式熟成的紐約客牛排

 $52

USDA標準中的Prime級牛肉，使用美國安格斯肉牛協會認定的最高級部位做成的頂級牛排。成品上的香草奶油是味道關鍵。

BLT Steak

提供優質紅肉

2004年旗艦店在紐約開幕。2014年進軍東京六本木&銀座。主餐除了牛排外也有海鮮。可以同時品嘗到山珍海味。

⌂ 106 E. 57th St.（bet. Lexington & Park Aves.）
☎ 1-212-752-7470
🕐 午餐：週一～五11:45～14:30、晚餐：週一～五17:30～22:30、週六～23:00、週日17:00～22:00
🚇 從地鐵4、5、6號線59 St站步行約4分鐘　www.e2hospitality.com/blt-steak-new-york/locations/
曼哈頓中城
MAP P.19 E-3

摩登時尚的美麗裝潢顏受矚目。

What is

1 認識各部位
牛肉的味道依各部位而異。另外，菲力切小塊才好入口，適合食量少的人，丁骨則適合多人分享，品嘗的方式各不相同。

番茄！ 蔬菜！

Yummy!!!

2 還要點配菜！
牛排館的基本配菜選項以牛番茄厚片沙拉或濃郁的奶油菠菜最有名。蒸菜也很對味。

3 建議熟度
建議三分或五分熟。尤其是乾式熟成牛肉，這樣才能充分品嘗到其特殊香氣與鮮嫩多汁的肉質。

4 牛排就要這樣吃
在專賣店享用時，第一口不沾任何醬料，先吃原味。品嘗肉質本身的味道，才能實際感受美國牛排為何受到歡迎。

受歡迎的肋眼牛排
越嚼越有滋味

22oz Born-In Rib Eye

Porterhouse Steak for Two or More

鎖住肉質本身甜味的道地乾式熟成牛排

22oz的帶骨肋眼牛排

在美國擁有高人氣的帶骨肋眼牛排（USDA認定Prime級）。口感軟嫩、香氣十足，再加上適當的熟度，搭配得完美無比。

$48

$47

大蝦冷盤
嚴守品質鮮度的大蝦前菜。可以品嘗到富彈性的口感。

Michael Jordan's The Steak House N.Y.C.

在奢華的空間用餐
冠上前NBA巨星，現為知名實業家麥可·喬丹知名的牛排館。店內裝潢漂亮，除了頂級牛排外，也吃得到新鮮海鮮。

🏠 23 Vanderbilt Ave.（Grand Central Terminal 站內露台北側）
☎ 1-212-655-2300
🕐 午餐：週一～五11:30～14:30、晚餐：週一～五17:00～22:15（週日～21:15）
🚇 從地鐵S、4、5、6、7號線Grand Central-42 St站步行約1分鐘
www.michaeljordansnyc.com
曼哈頓中城 ▶MAP P.16 B-1

一邊眺望中央車站的大廳，一邊用餐。

紅屋牛排分享餐

USDA認定的 prime級牛肉放在專用熟成庫中長期熟成。特有的香氣與甜味大受歡迎。同時吃得到菲力和沙朗部位，是適合多人共享的單品。

$49.95

店內牆上掛著前來用餐的各國首相與名人的照片。

Wolfgang's Steakhouse

在日本也廣受討論的道地牛排館
長期服務於紐約知名老店的Wolfgang Zwiener於2004年開業的店。以日本為首將乾式熟成牛肉推向全世界的話題專賣店。

🏠 409 Greenwich St.（bet. Beach & Hubert Sts.）
☎ 1-212-925-0350
🕐 12:00～22:30（週五、六～23:30）
🚇 從地鐵A、C、E線Canal St站步行約6分鐘
www.wolfgangssteakhouse.net
翠貝卡 ▶MAP P.8 B-3

比較好訂位的翠貝卡店是行家才知的私房餐廳。

🐄 乾式熟成牛肉（Dry Aged Beef）指的是乾燥熟成的牛肉。透過熟成讓酵素發揮作用，使肉質軟嫩。

曼哈頓 · 觀光 · 藝術 · 娛樂 · 美食 · 購物 · 住宿

令人怦然心動的嚴選新品&經典款

戀上多明尼克·安賽爾

同樣進軍日本的紐約甜點改革派，多明尼克·安賽爾。代表作以下介紹以代表性商品「可頌甜甜圈」為首的多樣獨特甜點！

Photo : Daniel Krieger

Brown Sugar DKA

法國傳統點心法式焦糖奶油酥（Kouign Amann）做成多明尼克變化款。用黑糖做成香濃甜點。

$5.50

Photo : Thomas Schauer

1:1 Lemon Yuzu Butter Tart

$7

現點現做的奢侈塔點。柚子和各項材料放入奶昔機打出來的檸檬卡士達醬，香濃滑順，堪稱極致美味。

Yum yum!

Cronut™

$5.75

結合可頌和甜甜圈的甜點。掀起紐約混搭食物（Hybrid Food，結合2種食物的食品）流行風潮。

觀光

藝術

娛樂

美食

購物

住宿

Who is
多明尼克・安賽爾

1977年11月9日出生

藉著可頌和甜甜圈結合成的「可頌甜甜圈」，一舉成名的主廚。至今仍不斷研發出話題甜點。

Photo : Thomas Schauer

Drink & Eat

餐廳終於OPEN！

Photo by Lam Thuy Vo

Dominique Ansel Kitchen
多明尼克・安塞爾廚房

🏠 137 7th Ave. S（bet. Charles & W. 10th Sts.）
☎ 1-212-242-5111
🕐 9:00～21:00（週五、六~22:00）
🚇 從地鐵1號線Christopher St-Sheridan Sq站步行約2分鐘
dominiqueanselkitchen.com
格林威治村 ▶MAP P.11 D-3

品味甜點＋輕食
有多項散發主廚品味光芒的獨特餐點。週五～日採預約制（19:30和21:30），由8種甜點＆飲料搭配成的品味甜點套餐$75，也頗受矚目。

$4.75

Chocolate Chip Cookie Shot™

說到美國兒童的基本點心，就是餅乾＆牛奶。這款甜點是兩者的混搭版。做成杯子的餅乾相當特別。

Photo : Thomas Schauer

Madeleine

10個 $5.50

一口大小的瑪德蓮。可愛的貝殼造型，口感鬆軟濕潤。質地輕盈，再多都吃得下！

Photos : Thomas Schauer

Dominique Ansel Bakery
多明尼克・安賽爾烘焙坊

🏠 189 Spring St.
（bet. Sullivan & Thompson Sts.）
☎ 1-212-219-2773
🕐 8:00～19:00（週日9:00～）依季節而異
🚇 從地鐵C、E線Spring St站步行約2分鐘
dominiqueansel.com
蘇活區
▶MAP P.8 B-2

用棉花糖包住香草冰淇淋烤成表面微焦的甜點。S'Mores指的是餅乾中間夾著巧克力＋棉花糖的甜點。這款甜點取其意為名。

$7

Frozen S'Mores™

💡 可以上網訂購就不用到現場排隊。詳情請上官網查詢。

賞心悅目的食物與裝潢
成熟優雅的質感餐廳

來到紐約就一定要去嘗試的餐廳。
在成熟優雅的空間享受片刻奢侈時光。

散發寧靜高雅的氣氛
行家才知道的優雅空間

Grand Salon

巴卡拉飯店的餐廳

創業超過250年的水晶品牌巴卡拉，首度經營的巴卡拉飯店內餐廳。餐廳也開放給非房客使用

展現巴卡拉世界的美麗裝潢。

質感POINT

從供高天花板垂下來的吊燈等，裝潢精緻奢華。讓人想盛裝打扮去用餐。

菜色範例
負有名的是週三～日13:00～16:00才供應的下午茶$65～（需預約）。還有午餐、晚餐等另類賞心悅目、味道一流的饗點。

最受歡迎的下午茶。

🏠 28 W. 53rd St.（bet. 5th & 6th Aves.）站內露台北側 ☎ 1-212-790-8867 🕐 11:00～17:00、17:00～23:30 🚇 從地鐵E、M線5 Av/53 St站步行約3分鐘 baccarathotels.com 曼哈頓中城
▶ MAP P.19 D-3
預算 $300～

How to
用餐前

依照帶位人員指示
1　進到餐廳後，在帶位人員的引導下入座。

在吧台候位
2　不能馬上入座時帶位人員會建議先到吧台候位。

先上洗手間
3　點餐完，利用這段空檔上洗手間，用餐途中就不必再起身。

英語会話

What is today's special?
今天的推薦菜色是什麼？
I cannot pick between beef and chicken.
Which do you recommend?
我不吃牛肉和雞肉，請問建議什麼菜色？

在掛著美麗巴卡拉吊燈的奢華空間，享受尊榮的優雅時光。

前菜是附魚子醬的塔塔鮪魚。

Photo: Bart Barlow, Bill Milne

聆聽搖擺樂演奏，度過充滿紐約風情的夜晚。

Photo: Greg Scaffidi

盡享迷人景致與頂級餐點

正前方是帝國大廈。

Photos: Bart Barlow

洛克菲勒中心大樓65樓

Rainbow Room

彩虹廳

佇立於65樓 大有來歷的高檔社交場所

曾是紐約人的社交場所，一度風光至極的地標，2014年重新開幕。目前僅開放週日的早午餐及週一的晚餐時段。週一的晚餐價格依當天菜色而定。

🏠 30 Rockfeller Plaza
☎ 1-212-632-5000
㊎ 週一18:00～20:30、週日12:00～15:00 ㊡ 週二～六
㊕ 從地鐵B、D、F、M線47-50 Sts-Rockfeller Ctr站步行約1分鐘
www.rainbowroom.com
曼哈頓中城 ▶MAP P.15 F-1

預算 $200～

質感POINT

保有古典氣氛的高檔時尚裝潢，簡直是專為成熟人士設計的空間。

菜色範例

週日早午餐（牛肉）$95、週一晚餐（套餐＋現場演奏）$175～

Gramercy Tavern

紐約迷必去的餐廳

如店名Tavern（大眾酒館）所示，充滿休閒氣氛。店內經常坐滿前來品嘗優質美式料理的成熟人士。

活用各色食材端出美麗餐點。

Photos: Maura McEvoy

1994年開幕以來，一定要事先訂位的人氣餐廳。

🏠 42 E. 20th St.（bet. Park Ave. & Broadway）
☎ 1-212-477-0777
㊎ 午餐：週一～五12:00～14:00、晚餐：週日～四17:00～21:45、週五、六～22:30 ㊕ 從地鐵6號線23 St站步行約3分鐘
www.gramercytavern.com
格拉梅西公園
▶MAP P.12 A-2

預算 $200～

質感POINT

分成休閒酒館（不須訂位）和用餐區。若是喜歡沉穩的氣氛就選擇後者。

菜色範例

用餐區僅提供$95（三道菜套餐）和$120（試菜套餐Tasting Menu）的餐點。

Photos: t.Schauer, E. Laignel

提供紐約最棒的法國菜與頂級服務

榮獲米其林三星肯定的名店。

餐廳佇立於閑靜的高級住宅區一隅。

味道迷人外，細膩的藝術擺盤也頗受歡迎。

Photos: t.Schauer, E. Laignel

Daniel

丹尼爾

紐約法國菜龍頭 丹尼爾・布盧的旗艦店

負責數家話題餐廳，左右紐約料理界動向的丹尼爾・布盧（Daniel Boulud）主廚開的人氣餐廳，店內有許多前來品嘗一流餐點與服務的顧客。

🏠 60 E. 65th St.（bet. Madison & Park Aves.） ☎ 1-212-288-0033
㊎ 17:30～22:30 ㊡ 週日 ㊕ 從地鐵F線Lexington Av/63rd St站步行約5分鐘 danielnyc.com
上東城 ▶MAP P.19 E-2

預算 $130～

質感POINT

享受充滿上東城氣息，氣氛優雅沉穩。用餐請務必著正式服裝。

菜色範例

除了單點菜色外，還有套餐（4道菜）$135和試菜套餐（7道菜）$225。也提供素食餐點。

廣受歡迎的一流餐廳。

Photos: Maura McEvoy

簡潔雅致的用餐區。

以上介紹的餐廳都要訂位。請到Opentabel URL www.opentable.com等網站訂位。

就是想吃蔬菜～
大嚼有機食材！

紐約有許多追求健康養生的人，生活中不能缺少有機、素食或長壽飲食法等講究食材的健康食物。來多吃點優質蔬菜吧！

$10.35

墨西哥玉米沙拉
芝麻菜加墨西哥玉米、番茄，淋上沙拉醬拌勻。

藍莓羅勒檸檬汁
特殊的羅勒味有畫龍點睛之效。莓果的酸甜味餘韻猶存。

$3

在紐約看到的有機用語

■ **有機**
有機栽培。不使用化學合成農藥或化學肥料，只用有機肥料栽培的農法。

■ **素食者**
純素主義者。完全不吃以肉類或魚類為首，包括雞蛋或乳製品等動物性食品的人。

■ **長壽飲食法**
避開對身體造成負擔的食品，以蔬菜、豆類、海藻等天然食物為主的烹調方式。

■ **蔬食者**
蔬食主義者。主要攝取蔬菜、豆類等植物性食品的人。有些人吃雞蛋、乳製品。

■ **USDA**
美國農業部。依USDA有機標準，進行有機食品的認證。

■ **生機飲食**
Raw Food=生食。藉由生食有效攝取酵素或營養素的烹調方法。

Kale Chips

Sweetgreen

享用在地蔬菜

沙拉吧專賣店，堅持使用紐約近郊栽種的有機蔬菜。選用當季食材做成色彩豐富的沙拉，接受客製化訂單。搭配有機飲品一起享用。

🏠 1164 Broadway（bet. 26th & 27th Sts.）
☎ 1-646-449-8884
🕐 10:30～22:00
🚇 從地鐵R、W線28 St站步行約1分鐘
格拉梅西公園
▶ MAP P.16 A-3

買好沙拉後可在店內享用。除了餐桌座位區，也有階梯式長凳可坐。

Peacefood Cafe

享用優質素食料理

2009年2位創作者開設的時髦餐廳。使用藜麥、丹貝及麵筋等常見的素食食材烹調出樸實簡單的餐點，頗受好評。在上西城也有分店。

🏠 41 E. 11th St.（near University Pl.）
☎ 1-212-979-2288 🕙 10:00～22:00
🚇 從地鐵L、N、Q、R、W、4、5、6號線14 St-Union Sq 站步行約5分鐘
www.peacefoodcafe.com
格林威治村
▶ MAP P.11 F-3

蔬食餐
從8種蔬菜中挑選4樣組成Large盤。份量超多！

$13.95

芝麻醬苜蓿芽
中間夾著苜蓿芽和小黃瓜的三明治。

$9.75

I have fun

裝潢典雅。外表看似高級，但氣氛輕鬆休閒就算一個人來也自在。開心享用份量滿點的優質蔬菜吧！

Terri

品嘗速食類蔬食

方便大口享用的餐點頗受歡迎。特色是素雞做成的三明治或沙拉，以抗氧化、無膽固醇等為主題製成的餐點。

🏠 60 W. 23rd St.（bet. 5th & 6th Aves.）
☎ 1-212-647-8810
🕙 6:00～23:00（週六、日8:00～21:00）
🚇 從地鐵R、W線23 St 站步行約4分鐘
terrinyc.com
雀兒喜
▶ MAP P.11 E-1

水牛城雞肉
三明治中間夾上雞肉、番茄、生菜和特製水牛城辣醬。

$8.27

招牌商品是以品質講究的蔬菜為主的沙拉或三明治。低熱量的杯子蛋糕或蔬果昔、蔬菜汁也頗受歡迎。

$6.89

綠色甘藍活力果汁
豆漿加羽衣甘藍、梨子和香蕉攪打成的果汁。

鐵人沙拉
在羽衣甘藍等綠色蔬菜上，放上酪梨和堅果。

$11.95

Magic Mix Juicery

餐點皆在店內廚房現點現做

堅持以有機&無GMO（基因改造食品）食材製作的果汁和沙拉頗受歡迎。午餐時間店內總是擠滿工作忙碌的上班族。

🏠 102 Fulton St. (bet. Dutch & William Sts.)
☎ 1-646-454-0680
🕙 7:30～21:00（週六、日9:00～18:00）
🚇 從地鐵A、C線Fulton St站步行約1分鐘
magicmixjuicery.com
曼哈頓下城
▶ MAP P.7 D-1

店內採白、藍兩色為基底的現代裝潢。有一個人也能自在用餐的吧台區。

有機餐廳中，有很多利用廢材裝潢，或以風力發電提供電源的環保店家。　　93

這麼時髦只花這些錢？！
上高CP值餐廳一飽口福！

裝潢漂亮且味道極佳，價格卻很實惠。
上當地人也愛去的餐廳享受高級料理吧。

義大利扁麵條
加了大量蒜頭的簡單義大利麵。
上面撒上現磨麵包粉。

$16.75

好吃到連舌頭
都要吞下去了。

和裝潢老店合作打造出的美麗空間。

黑海鱸魚排
烤好的鱸魚排搭配大量蔬菜。是鮮
味十足且擺盤美麗的單品。

$13

好好品嘗
現捞的
美味吧！

Other Menu

除了基本菜色番茄義
大利麵$16外，還有
炸魷魚圈$17、味道
樸實的鹹鮭魚義大利麵
$22等。

開放明亮的氣氛頗受歡迎。

Bar Primi
最受歡迎的是用簡單食材決勝負的手工義大利麵

話題主廚Andrew Carmellini經營
的義大利休閒餐廳。使用當地食
材簡單烹調的新鮮義大利麵堪稱
絕品。

🏠 325 Bowery（near E. 2nd
St.）☎ 1-212-220-9100
🕐 11：30～23：00（週五～
24：00、週六10：00～24：00、週日
10：00～23：00）🚇 從地鐵F線
2 Av站步行約4分鐘
barprimi.com/home
東村 ▶MAP P.9 D-1

Other Menu

午餐推薦麻瑞可達起司
義大利餃$16、蘑菇
和牧場蛋披薩$20
等。晚餐有魚類、肉
類或漢堡等。

ABC Kitchen
米其林主廚經營的超時髦美國餐廳！

法國菜大師Jean Georges開的店。
他很早就引進紐約農業地產地銷
的觀念，提供堅持選用當季在地
素材做成的各式餐點。

🏠 35 E. 18th St.（bet. Broadway & Park
Ave. S.）☎ 1-212-475-5829
🕐 午餐12：00～15：00（週六、日
11：00～15：00）、晚餐17：30～22：30（周
四～23：00、週五、六～23：30、週日～
22：00）🚇 從地鐵L、N、Q、R、W、
4、5、6號線14 St-Union Sq站步行約4
分鐘 www.abckitchennyc.com
格拉梅西公園 ▶MAP P.11 F-2

這是2人份的價格！
裡面是熱呼呼的多汁雞肉！

$52

香烤放山雞（2人份）

香氣十足的烤放山雞。在蒔蘿和綠捲葉生菜旁附上鴨肉球。

Photo: Melissa Hom

$18

焗烤通心麵&蔬菜

頗受歡迎的基本菜色。大量使用紐約生產的巧達&帕馬森起司。味道濃郁。

Other Menu

豬排2人份$88或生排&$56等，還有生蠔也推薦週日晚上才有的週日夜自助燒烤的$39。

店內裝潢時尚，四周牆面採黑白藝術設計

炸雞

淋上香濃肉汁醬的炸雞搭配蔬菜做成靈魂食物風味餐。

$28

Other Menu

海鮮用料豐富的哈林巧達湯2人份$78、炸雞鬆餅$16、焗烤通心麵&蔬菜$18等創意美式料理。

↑位於華爾街附近，有很多業務員在此餐兼談生意。←烤鱸魚，搭配醋醬和蘿蔔一起吃，味道清爽。

$37

North End Grill

魅力領導者丹尼・梅爾（Danny Meyer）開的店

使用嚴選食材的燒烤專賣店。連炭火或木片都很講究，充分發揮食材本身潛力做出香氣四溢的燒烤料理，頗受好評。

高級時尚的店內裝潢。

🏠 104 North End Ave.（bet. Vesey & Murray Sts.）☎ 1-646-747-1600
🕐 11:30～22:00（週五～22:30、週六11:00～22:30、週日11:00～20:00）🚇 從地鐵1、2、3號線Chambers St站步行約8分鐘
www.northendgrillnyc.com
曼哈頓下城 ▶MAP P.6 A-1

記得空暇過來！

Red Rooster

歐巴馬前總統也來過的哈林區時髦餐廳

知名餐廳Aquavit的明星主廚Marcus Samuelsson經營的美式料理話題名店。

🏠 310 Lenox Ave.
（bet. 125th 126th Sts.）
☎ 1-212-792-9001
🕐 午餐11:30～15:30（週六、日10:00～15:00）、晚餐16:30～22:30（週五、六～23:30、週日～22:00）🚇 從地鐵2、3號線125 St站步行約1分鐘
redroosterharlem.com
哈林區 ▶MAP P.22 B-2

氣氛沉穩的休閒餐廳。是眾所皆知的難訂位餐廳。

裝潢時髦。趁此機會用味蕾和餐廳氛圍感受哈林區的變化。

🍴 午餐時間在餐廳一開門就進來，可能沒訂位也有得坐，但最好事先訂位。尤其是晚餐務必訂位。

EAT 09

象徵紐約的代表性食物

尋找專屬風味
貝果

廣受眾人喜愛，味道簡單樸實的圓～麵包。
喜歡的種類和吃法因人而異。找出自己心目中的最佳貝果吧。

HOW TO ORDER

---

1 決定貝果的種類

雖說都叫貝果，其實種類不一。原本的王道口味是原味和芝麻，但隨著時代改變，越來越多種味道受到肯定。

plain

原味是基本款貝果。搭配鹹甜配料都對味。其魅力莫過於可吃到貝果本身的純樸味。

sesami

加了白芝麻增添香氣。和原味一樣，適合搭配鹹甜配料。食用時掉滿地的芝麻有點傷腦筋。

poppy seeds

Poppy seeds=罌粟籽。和芝麻一樣可品嘗到滿口香氣，搭鹹甜配料都對味。嚼吱嚼吱的口感頗受歡迎。

Everything

表面撒上芝麻、洋蔥、大蒜、鹽、罌粟籽的貝果。搭配火腿或起司等鹹味配料，成為嚼勁十足的貝果。

Pumpernickel

使用代表德國的粗黑麥麵包原料之一，香辛料裹製成的黑色貝果。和肉類或起司是絕配。

---

2 決定餡料

餡料可以讓味道樸實的貝果展現驚人滋味。乳霜狀抹醬或肉類、蔬菜等，挑選喜歡的配料做出專屬的貝果三明治吧。

基本配料是奶油起司

b 奶油起司

加了蔬菜或水果混合的奶油起司等，種類豐富。順帶一提，在紐約，奶油起司毫不例外地抹得像山一樣高。

plain + salmon

大方加入很多鮭魚碎肉拌勻的抹醬。顏具嚼勁，鮭魚的鮮美味和貝果相當對味，是絕佳組合。

strawberry

吃起來像甜點的草莓奶油起司。清爽香甜的草莓和滑順的奶油起司組成最佳拍檔。

tofu

這款抹醬推薦給在意熱量的人。奶油起司加豆腐攪拌均勻，味道清爽、熱量也低，真令人開心。

b 奶油

建議覺得「奶油起司味道過於厚重」的人，可以嘗試抹奶油。雖然簡單，卻是引出貝果美味的好幫手。

夾燻鮭魚也OK。

c 其他

中間夾入燻鮭魚、燻牛肉或蔬菜等增加份量。以抹醬為首，準備了多種配料。

紐約最具話題的蒙特婁貝果！

please come!

享受蒙特婁貝果的滋味

加拿大蒙特婁貝果的特色是體積比紐約貝果小，甜味也柔和。繼布魯克林的BoCoCa總店後，也在曼哈頓的格林威治村開設分店。繼續風靡當地老饕。

Mile End

🏠 53 Bond St.（near Bowery）
☎ 1-212-529-2990
🕘 8:00～22:00
🚇 從地鐵F線2 Av徒步約4分鐘
東村
▶MAP P.9 D-1

夾了奶油起司的芝麻貝果。
$3～

總店位於布魯克林的BoCoCa。可以試試其他口味。

---

③ **決定是否要回烤**

剛烤好的貝果香氣馥郁，非常美味。不過，個人喜好不同。若喜歡嚼勁十足的貝果，就直接吃；希望增添香氣口感柔軟的就再回烤吧。

④ **點餐**

心中想好希望的貝果種類後，就可以跟櫃台的店員點餐了。點餐的重點是以簡明的方式傳達要項。請參考以下對話範例。

英語會話

不回烤的話
Can I have one plain bagel with strawberry cream cheese?
可以給我一個草莓奶油起司原味貝果嗎？

要回烤的話
Can I have one toasted plain bagel with strawberry cream cheese?
可以給我一個烤好的草莓奶油起司原味貝果嗎？

不想夾配料的話
Can I have one toasted plain bagel with strawberry cream cheese on the side?
可以給我一個烤好的原味貝果，旁邊附上草莓奶油起司嗎？

---

⑤ **完成！**

完成專屬貝果。店家通常會把貝果切成兩半方便顧客食用。加了配料厚度增加，就大口咬下咀嚼吧。

$8.95

Chelsea Club
(Plain Bagel + Chicken salad)
夾著雞胸肉、培根、巧達起司和大量蔬菜，份量十足的三明治。

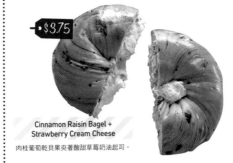
$3.75

Cinnamon Raisin Bagel +
Strawberry Cream Cheese
肉桂葡萄乾貝果夾著酸甜草莓奶油起司。

$7.25

Tuna Basic
(Everything Bagel + Tuna Salad)
鮪魚沙拉加了蘿蔓生菜、牛肉和番茄，配料豐富的三明治貝果。

Murray's Bagels

深受當地人喜愛的貝果專賣店

在店面的地下工作室一個個精心製作的傳統手揉貝果相當受歡迎。在雀兒喜（🏠 242 8th Ave.）也有分店。

🏠 500 6th Ave.（bet. 12th & 13th Sts.）
☎ 1-212-462-2830
🕘 6:00～21:00（週六、日～19:00）
🚇 從地鐵F、M線14 St站步行約1分鐘、地鐵1、2、3號線14 St站步行約3分鐘
www.murraysbagels.com
格林威治村 ▶MAP P.11 E-2

🍴 剛烤好的貝果最好吃。隨著時間經過口感變硬而咬不動，建議回烤後再吃。

曼哈頓
📷 觀光
🎨 藝術
🎵 娛樂
🍴 美食
🛒 購物
🏨 住宿

剛烤好熱呼呼的芝麻貝果。好香！

有黑麥貝果和全麥貝果等豐富種類。

紐約的代表食物
Bagel
貝果

滋味純樸令人上癮的傳統猶太麵包

烤得酥脆的表皮＋軟彈的內部。可以同時吃到兩種截然不同口感的貝果，是用麵粉加水、酵母和麥芽（有些會加砂糖或蜂蜜）等簡單食材做成風味深遠的麵包。因為不加奶油和雞蛋，也是頗受歡迎的低膽固醇麵包。現在雖是眾所周知的紐約代表食物，不過，據說其原型來自400多年前的波蘭。19世紀後半期歐洲來的移民大量湧入紐約，猶太移民帶來這項食物。隨著時間流逝，老店消失，然而，至今仍堅守傳統以古法製作貝果的店深受紐約人喜愛。

貝果製作過程

Hi!

我是貝果小子。現在要潛入Baz Bagel了。

1 靜置醒麵

混合所有材料，放入專用機器仔細揉捏成麵團，再由職人一一手捏成形。接著進行二次發酵，將貝果排在托盤上放進專用發酵室。

Zzz

充分醒麵是美味的祕訣。

2 燙麵團

這道程序可以讓貝果表面緊繃呈現特有的光澤感。麵團放入大鍋中，短暫燙過沸水後，用濾網迅速撈起。

要泡熱水澡喔♪

這家就是貝果小子潛入的店！

Baz Bagel & Restaurant

小義大利的小型專賣店

以傳統方法製成的道地手揉貝果很受歡迎。店內洋溢復古風情，令人彷彿回到美國的古老美好時代。

🏠 181 Grand St.（bet. Boxter & Mulberry Sts.）
☎ 1-212-335-0609
🕐 7:00～16:00（週六、日8:00～17:00）
🚇 從地鐵J、N、Q、R、W、Z、6號線Canal St站步行約4分鐘
bazbagel.com
小義大利
▶MAP P.9 D-2

Please come

店前招牌寫著固定口味。　　成排的貝果抹醬。　　可以坐在復古吧台享用。　　前來尋求傳統美味的當地人。

3 放涼

剛燙好熱騰騰的貝果。入鍋前先迅速過冷水降溫，方便後續進行排列或撒配料的作業。有些店家會省略這道步驟。

急速降溫。好冷喔〜

↓

4 撒配料

這階段是在貝果表面撒上芝麻或罌粟籽等配料。大量芝麻撒在尚未乾透的貝果表面。

今天是芝麻〜

↓

5 烘烤

在長方形木條上排好貝果後放進高溫烤箱。烤箱內部設計成旋轉式烤爐，可以隨時提起烤好的貝果。

正反面都要烤得恰到好處。

6 完成

做好的貝果放在托盤上，一次從烤箱中取出。仔細確認烘烤狀態後，放進店面的販售籃。

TA-da!!

YA，完成！

貝果的種類

**芝麻、罌粟籽等
種類豐富的紐約貝果**

基本口味有原味、芝麻、肉桂葡萄等，不過街上也看到季節性口味貝果。雖說這不算是正統口味，就當成紐約的多元化商品，嘗試一下吧。

LOX是什麼？

**必吃的代表
貝果三明治**

LOX是意第緒語（Yiddish，交雜德語口音的猶太語），指的是用鹽、砂糖和油醃漬的鮭魚片。夾著醃漬鮭魚（有時是煙燻鮭魚）和奶油起司的貝果，就叫Lox on Bagel。

最近流行吃蒙特婁貝果

**貝果的另一處聖地，
加拿大蒙特婁**

加拿大蒙特婁是紐約以外的知名貝果聖地。特色是體積略小，口味簡單微甜。即便在紐約也多了不少間蒙特婁貝果店，可以預見流行風向。

貝果和其他麵包不同的是「燙煮」作業。因為不加雞蛋和奶油，也是適宜的瘦身食品。　99

EAT
10

速食or上餐廳？
漢堡試吃評比大會

到了美國一定要吃正宗漢堡。
紐約聚集了多種特色十足的漢堡。不管怎樣，每種都試試吧。

速食形式

不用小費

BURGER JOINT
Cheese Burger
$8.50
起司漢堡

剛烤好的多汁漢堡排加上新鮮番茄&生菜！只接受現金結帳。

Burger Joint

隱身於高級飯店大廳旁的漢堡店

行家才知道的私房漢堡專賣店。光靠口耳相傳就紅透半邊天，並開了第2家分店。目前午餐時刻仍要排隊。

🏠 119 W. 56 St.（bet. 6th & 7th Aves.）Le Parker Meredien Hotel內
☎ 1-212-708-7414
🕙 11:00～23:30（週五、六～24:00）
🚇 從地鐵N、Q、R、W線5th St-7 Av站步行約3分鐘
www.burgerjointny.com
曼哈頓中城 ▶MAP P.18 C-3

沒人想得到飯店大廳旁還藏有店家。

we ♥ hamburger

午餐時刻大排長龍！
鎖住美味的隱藏版美食

Photos：Burger Joint

加點這些

配餐當然要選薯條
$4.13

速食形式

不用小費

ShakeShack
ShackBurger
$5.55
招牌漢堡

Shake Shack

在全美各地展店經營，紐約引以為傲的美味

知名人氣餐廳老闆丹尼·梅爾經營，以紐約為起點的漢堡連鎖店。使用天然牛肉製成的漢堡瞬間在紐約占據指標地位。

🏠 23rd St. at Broadway
地址（麥迪遜廣場公園內）
☎ 1-212-889-6600
🕙 7:30～23:00（週六、日8:30～）
🚇 從地鐵R、W線23 St站步行約1分鐘
www.shakeshack.com/food-and-drink/
格拉梅西公園 ▶MAP P.11 F-1

到了紐約必吃的美食。

也進駐日本！
從紐約推向全世界的
人氣天然漢堡

I'm hungry!

加點這些

波浪狀的風味薯條各$2.95。

奶昔各$5.25。

Photos：Evan Sung

鬆軟的馬鈴薯麵包夾著多汁漢堡排和起司等豐富餡料。美味到連女性都能瞬間掃光。

standard
基本

使用和牛漢堡排、松露奶油、金箔和魚子醬等多種高級食材做成頂級漢堡。

餐廳形式

需付小費

gorgeous

奢華

Serendipity3
Le Burger Extravagant
$295
金箔漢堡

榮獲金氏世界紀錄認定為世界最貴的珍饌漢堡

Serendipity3

連名人也微服拜訪
數度登上電影的名店

安迪·沃荷和瑪麗蓮·夢露也來過的超級名餐廳。在電影《美國情緣》中出現的冰沙熱可可（frozen hot chocolate）很受歡迎。

🏠 225 E. 60th St.（bet. 2nd & 3rd Aves.）
☎ 1-212- 838-3531
🕐 11:30～24:00（週五、六～凌晨1:00）
🚇 從地鐵N、R、W線Lexington Av/59 St站步行約3分鐘
www.serendipity3.com
上東城
▶MAP P.19 E-2

Photos：Serendipity3

一到週末，店門前就會大排長龍，相當受歡迎。

不要忘了點熱狗

這裡還有獲金氏世界紀錄認定長達30cm的熱狗$69。

餐廳形式

需付小費

plus!
加點這些

Community Food & Juice

健康取向的餐廳製作的
美味漢堡

主打有機&永續發展的餐廳。使用近郊食材製作漂亮的改良式美式料理。每一種都是味道柔和不會造成身體負擔的菜色。顏受歡迎的漢堡是招牌菜之一。

▶ P.84

Community Food & Juice
Natural Grass Fed Beef Burger
$15
招牌漢堡

滋味豐厚的漢堡排相當美味。附薯條$15。多加$10則附血腥瑪麗。

鎖住大地恩賜的漢堡

最適合追求健康的人。

餐廳形式

需付小費

plus!
加點這些

brgr
Beautiful Day
$8.50
BLT漢堡

brgr

嚴選草飼牛肉

以善待身體和環境的漢堡為目標，專賣草飼牛肉的漢堡店。配料選項豐富，接受專屬口味的客製化漢堡。量量飽足也是受歡迎的原因之一。

🏠 287 7th Ave.（bet. 26th & 27th Sts.）
☎ 1-212-488-7500
🕐 11:00～23:00（週五、六～24:00、週日～21:00）
🚇 從地鐵1號線28 St站步行約2分鐘
www.brgr.com
雀兒喜
▶MAP P.11 D-1

顏受歡迎的奶昔$5.75。

布里歐許麵包是漢堡排的最佳拍檔。喜歡清爽味的可以來杯檸檬汁$3.50。

加料享受原創漢堡。

Photos：brgr

友善地球沁入脾胃的味道

reasonable

平價

unique

獨特

🔭 也很推薦布魯克林彼得魯格牛排館（P.182）的漢堡。只有午餐時間才吃得到。　101

感受Now & Than！

到老店休憩片刻

即便在瞬息萬變的紐約，也有數十年如一日的地方。
前往子承父業，古老美好的餐廳吧。

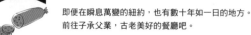

在長達100年的老店品嘗古老美好的美國味

Hello!

第4代老闆Josh Russ Tupper（左）
和Niki Russ Federman（右）。家族
經營的傳統餐廳。

NOW

1914年創業

井然有序的店內陳設原封不動地保留下來！

歷史悠久的懷舊招牌。

現在繼續維持創業當時的模樣。

THEN

Russ & Daughters

紐約傳承猶太傳統飲食文化的代表地點

這家小菜店位於猶太移民人口多的下東城。以優質鮭魚或鯡魚等魚類為主的猶太風味小菜最有名。在2014年也開了咖啡館（▶MAP P.9 E-2）。

$16

也有用優質鮭魚和特製貝果做成的LOX。

想用餐的人可以到姊妹店咖啡館。

Open a café!

🏠 179 E. Houston St.（bet. Orchard & Allen Sts.） ☎1-212-475-4880
🕐 8:00～20:00（週六～19:00、週日～17:30）
🚇 從地鐵F線2 Av站步行約2分鐘
www.russanddaughters.com
下東城 ▶MAP P.9 E-1

1892年創業

Old Town Bar Restaurant

停滯在19世紀紐約的空間

電影畫面中經常出現的傳統酒吧。因為禁酒法令生效，到了現代，完整保留當時情景的里程碑，受到眾多粉絲喜愛。

🏠 45 E. 18th St.（bet. Broadway & Park Ave.）
☎ 1-212-529-6732
🕐 11:30～凌晨1:00（週六12:00～凌晨2:00、週日～24:00）
🚇 從地鐵L、N、Q、R、W、4、5、6號線14 St-Union Sq站步行約4分鐘
www.oldtownbar.com
格拉梅西公園 ▶ MAP P.12 A-2

傳統酒吧的吧台區及包廂區。

曼哈頓是經典雞尾酒款。

窗戶玻璃上寫有創業年份1892年。

一到週六晚上就擠滿當地人。

這裡發生的事都封存下來。

牆壁上掛著一世紀以來，顧客留下的紀錄。

昔日的糖果店變成餐廳。

陳設復古的店面。

至今仍保有舊街角及當時的景致。

傳統白脫奶鬆餅。

1925年創業

Lexington Candy Shop

古老美好時期，美國社區居民的休閒場地

佇立在雅致的住宅區附近的餐廳。擠滿前來品味古早料理和氣氛的人們。現在是第3代老闆John Frith在經營。

🏠 1226 Lexington Ave.（at 83rd St.）
☎ 1-212-288-0057
🕐 7:00～19:00（週日8:00～18:00）
🚇 從地鐵4、5、6號線86 St站步行約3分鐘
lexingtoncandyshop.net
上東城 ▶ MAP P.21 E-2

曾是電影《當哈利遇上莎莉》的取景地而聲名大噪。

歷史上的名人也常光顧。

滿足地區居民味蕾的人氣店家。

下東城的地標。

1888年創業

Katz's Delicatessen

夜晚霓虹燈閃爍氣氛滿點的熟食老店

向來以潔食（Kosher）形式提供傳統猶太料理，家族經營的熟食店。招牌菜是份量十足的燻牛肉三明治。

🏠 205 E. Houston St.（at Ludlow St.）
☎ 1-212-254-2246
🕐 8:00～22:45（週四～凌晨2:45、週五、六～翌日8:00）
🚇 從地鐵F線2 Av站步行約3分鐘
www.katzdelicatessen.com
下東城 ▶ MAP P.9 E-1

紐約因為房租高漲，餐廳頻頻關店或轉讓。長年來深受歡迎至今仍在營業的老字號餐廳，十分值得一看。

103

品嘗全世界美味
yummy異國料理！

紐約聚集了世界各國移民。
品嘗一下在台灣難得看到的世界美味吧。

$9

法棍麵包

★ Vietnam　豬排三明治
Pork Chop Sandwich

法棍麵包夾著烤熱的醃豬肉和大量蔬菜，是頗受歡迎的輕食餐點。

A

紅蘿蔔或小黃瓜

豬排

$9.69

高麗菜

孜然羊肉炒麵　China
Spicy Cumin Lamb
Hand-Ripped Noodles

C 中國古都西安的家常菜。Q彈的手工麵和羊肉、高麗菜一起加孜然等拌炒成香氣十足的一道菜。

羊肉

Q彈手工麵

泡菜

辣炒豬肉

$6.50

Korea　辣炒豬肉便當
Spicy Pork &
Veg Over White Rice

豬肉加辣醬拌勻後和洋蔥一起翻炒，與煎蛋一起放在白飯上做成便當。附泡菜。

B

煎蛋

A. Saigon Shack

擠滿當地學生的道地越南菜館

位於半夜也很熱鬧的街角一隅。價格&口味受到學生歡迎。每次來都客滿。

🏠 114 Macdougal St.（bet. Bleecker & 3rd Sts.）
☎ 1-212-228-0588
🕐 11:00～23:00（週五、六～凌晨1:00）
🚇 從地鐵A、B、C、D、E、F、M線W4 St-Washington Sq Park站步行約3分鐘
saigonshacknyc.com
格林威治村 ▶MAP P.8 B-1

B. Woorijip Korean Restaurant

空腹族最愛來的佛心價人氣餐廳

從自助餐到每日便當，輕鬆就能吃到韓國家常菜。午餐時人聲鼎沸。

🏠 12 W. 32nd St.（bet. 5th Ave. & Broadway）
☎ 1-212-244-1115
🕐 8:00～凌晨3:00
🚇 從地鐵B、D、F、M、N、Q、R、W線34 St-Herald Sq站步行約4分鐘
woorijipnyc.com
愛哈頓中城 ▶MAP P.16 A-3

C. Xi'an Famous Foods

年輕企業家重現故鄉西安的傳統料理

原本是皇后區的人氣手工麵店。師傅的兒子到曼哈頓開店成為話題焦點。

🏠 81 St. Mark's Pl.（bet. 1st & 2nd Aves.）
☎ 1-212-786-2068
🕐 12:00～21:30（週五、六～22:30）
🚇 從地鐵L線1 Av站步行約7分鐘
xianfoods.com
東村 ▶MAP P.12 C-3

口袋餅　$7.75

✡ Israel
Falafel Sandwich
法拉費三明治

用口袋餅夾著炸鷹嘴豆泥球、生菜或番茄的三明治。搭配芝麻醬非常對味。 **D**

白醬／芝麻醬和炸鷹嘴豆泥球

口袋餅　$7.99

雞肉盤
Chicken Platter

E 雞肉飯淋上是拉差香甜辣椒醬（Sriracha sauce）和辣醬。份量十足。

烤雞肉串

印度烤餅

$5.35

雞肉

🇮🇳 India　印度雞肉捲
Chicken Tikka Roll

孟加拉地區的家常菜。烤雞塊放在印度烤餅（薄餅）上捲包起來的輕食。 **F**

D. Taïm

大受養生人士的歡迎中東輕食三明治

常見的街頭小吃法拉費三明治進駐時髦咖啡館。

🏠 222 Waverly Pl.（near Perry St.）
☎ 1-212-691-1287
🕙 11:00～22:00
🚇 從地鐵1號線Christopher St-Sheridan Sq站步行約4分鐘
taimfalafel.com
格林威治村 ▶MAP P.11 D-3

E. Halal Guys

營業到早上4點的人氣伊斯蘭小吃攤

開在希爾頓飯店旁的伊斯蘭小吃攤。價格實惠經常大排長龍。

🏠 地址 53rd St. & 6th Ave.的西南角
☎ 1-347-527-1505
🕙 10:00～凌晨4:30（週五、六～凌晨5:30）
🚇 從地鐵B、D、E線7 Av站步行約2分鐘
thehalalguys.com
曼哈頓中城 ▶MAP P.18 C-3

F. Kati Roll Company

只有8個座位的小印度咖啡館

一到下午就有當地人前來解饞的超迷你咖啡館。也很適合當散步小吃。

🏠 99 MacDougal St.（bet. Bleecker and W. 3rd Sts.）☎ 1-212-420-6517
🕙 11:30～凌晨2:00（週五、六～凌晨5:00）
🚇 從地鐵A、B、C、D、E、F、M線W4 St-Washington Sq Park站步行約3分鐘
www.thekatirollcompany.com/index.html
格林威治村 ▶MAP P.8 B-1

曼哈頓

📷 觀光

🎨 藝術

🎵 娛樂

🍴 美食

🛒 購物

🏨 住宿

EAT

13

可愛無敵
迷人的杯子蛋糕

成為紐約指標的杯子蛋糕。
杯子蛋糕只有甜的！這種說法已成過去式。
最近陸續推出味道造型皆上乘的蛋糕。
前去尋找令甜點控都讚不絕口的必吃品吧。

A. Magnolia Bakery

掀起杯子蛋糕熱潮的源頭！

知名影集《慾望城市》中
耳熟能詳的人氣烘焙坊。
進駐日本等各國展店。

🏠 1000 3rd Ave.（Bloomingdale's內）
☎ 1-212-265-5320
🕐 7:00～21:00（週六、日8:00～20:00）
🚇 從地鐵N、R、W線Lexington Av/59 St站步行
約1分鐘
www.magnoliabakery.com
上東城
▶MAP P.19 E-2

Red Velvet
紅絲絨

•$3.50

Mixed Berry
綜合莓果

•$3.75

推薦商品！

A 美國的必吃口味，味道奇妙的紅絲絨蛋糕。在
微苦的巧克力蛋糕上，擠上濃郁的奶油起司糖
霜。

B 加了覆盆子&藍莓的酸甜糖霜。香草蛋糕中也
奢侈地放進大塊水果。

Blueberry on Chocolate
藍莓巧克力

•$3.25

Triple Cinnamon
肉桂三重奏

•$3.75

C 微甜的苦甜巧克力蛋糕搭配香氣爽朗的藍莓糖
霜，十分對味。成熟的風味頗受歡迎。

D 如名稱所示，加了大量肉桂的蛋糕。和份量驚
人的外觀相反，糖霜及蛋糕本身的滋味清爽宜
人。

B. Molly's Cupcakes

餡料豐富令人高興。來自芝加哥的人氣商店

整體甜味控制得宜頗受
當地人喜愛。裡面塞了滿
滿的餡料也是受歡迎的
原因之一。

🏠 228 Bleecker St.（near Carmine St.）
☎ 1-212-414-2253
🕐 8:00~22:00（週一~12:00~、週五、六~
24:00、週日9:00~）
🚇 從地鐵A、B、C、D、E、F、M線W4
St-Washington Sq Park站步行約4分鐘
mollyscupcakes.com
格林威治村 ▶MAP P.8 B-1

C. Butter Lane Bakery

奶油講究的蛋糕深受達人肯定！

堅持使用有機奶油的烘
焙坊。店內開設的杯子蛋
糕教室也頗受旅客歡
迎。

🏠 123 E. 7th St.（bet. 1st Ave. & Ave A）
☎ 1-212- 677-2880
🕐 11:00~22:00（週五、六~23:00）
🚇 從地鐵線1 Av站步行約7分鐘
butterlane.com
東村 ▶MAP P.12 C-3

D. Sprinkles Cupcakes

誕生於西岸的當紅蛋糕

來自比佛利山，進軍全美各
地的話題名店。堅持選用
馬達加斯加生產的香草莢
或比利時巧克力等優質食
材。

🏠 780 Lexington Ave.（bet. 60th & 61st Sts.）
☎ 1-212-207-8375
🕐 9:00~21:00（週日10:00~20:00）
🚇 從地鐵4、5、6號線59 St站步行約1分鐘
sprinkles.com
上東城 ▶MAP P.19 E-2

香草香草

$3.25

藍莓起司蛋糕

$3.75

推薦商品！

A 香草口味的杯子蛋糕擠上香草味糖霜。可愛的
外觀與令人上癮的甜味，忍不住就伸手拿第二
個。

B 加了奶油起司的濕潤蛋糕，放上新鮮藍莓和全
麥麵包塊。冷藏後食用更美味。

Peach on Banana

甜桃香蕉

$3.25

推薦商品！

Lemon Meringue

檸檬蛋白霜

$3.75

C 加了大量香蕉的蛋糕上，擠上微帶甜桃柔和香
氣的糖霜。可以嚐到水果的清新感，且甜度控
制得宜。

D 鬆軟甜蜜的蛋白霜擠在充滿檸檬香的可愛蛋糕
上。享受得到清爽的柑橘香氣與棉花糖般的口
感。

EAT
14

想吃美味麵包！
上知名烘焙坊開動了！

除了必嘗的傳統美式麵包外，還有法式及義式等多種知名麵包師傅製作的
人氣麵包。空著肚子一起去吃吧！

推薦商品！

Chocolate Babka

Maple Walnut Scone

CSD Stencil Boule

Vegan Raspberry Bran Muffin

Demi Baguette

Seasonal Bomboloni

Are you ready to order?

A. Amy's Bread

有益身體的天然滋味

製作傳統美國麵包的烘焙坊。感受得到老闆Amy Schaper對食材的堅持。

🏠 75 9th Ave.（bet. 15th & 16th Sts.）雀兒喜市場內
☎ 1-212-462-4338
🕐 7:00～20:00（週六8:00～、週日8:00～19:00）
🚇 從地鐵A、C、E線14 St站步行約5分鐘
www.amysbread.com
肉品包裝區 ▶MAP P.10 C-2

B. Sullivan Street Bakery

首創「免揉麵包」的超人氣商店

寫出暢銷食譜的義大利師傅Jim Lahey開的烘焙坊。吃得到滋味飽滿的麵包。

🏠 236 9th Ave.（bet. 24th & 25th Sts.）
☎ 1-212-929-5900
🕐 7:00～19:00（週六、日7:30～19:00）
🚇 從地鐵C、E線23 St站步行約4分鐘
www.sullivanstreetbakery.com
雀兒喜 ▶MAP P.10 C-1

C. Birdbath Bakery

善待人類和環境的環保烘焙坊

頗受歡迎的The City Bakery姊妹店。以環保為訴求的裝潢及樸實麵包深得人心。

🏠 160 Prince St.
（bet. Thompson St. & W. Broadway）
☎ 1-646-556-7720
🕐 8:00～20:00（週六9:00～、週日9:00～19:00）
🚇 從地鐵C、E線Spring St站步行約4分鐘
www.thecitybakery.com/birdbath
蘇活區 ▶MAP P.8 B-1

How to 買麵包

1 自助式或有專人服務
有自己拿托盤夾取麵包再結帳，以及店員幫忙夾取2種方式。

2 鹹麵包和甜麵包
和日本一樣，有鹹口味可當正餐的麵包和味道香甜的甜麵包。

❶ **Pretzel Croissant $3.75** `C`
椒鹽捲餅麵團烤成可頌般的麵包。特色是扎實的口感和偏鹹的滋味。撒在表面的芝麻也很香。

❷ **Fig & Hezelnut $4.50** `A`
麵團中揉入Fig（無花果）和榛果的硬式鄉村麵包。堅果香氣和濕潤的無花果融為一體，美味十足。

❸ **Potato Pizza $3.75** `B`
和招牌商品巧克力豆餅乾人氣相當的葡萄乾燕麥餅乾。酥脆口感讓人上癮。

❹ **Oatmeal Raisin Cookie $4** `E`
和招牌商品巧克力豆餅乾人氣相當的葡萄乾燕麥餅乾。酥脆口感讓人上癮。

❺ **Lemon Cake $3** `E`
清爽的檸檬香氣和滋味酸甜的磅蛋糕。旁邊淋上一層薄糖霜。口感濕潤堪稱絕品。

❻ **Maple Walnut Scone $3.25** `D`
這款酥鬆的司康特色在於，越嚼越香的核桃香氣與楓糖柔和的甜味。更令人開心的是甜度控制得宜。

❼ **Demi Baguette $1.95** `D`
如名稱Demi（一半）所示，是小尺寸的迷你法棍麵包。體積雖小，香氣及滋味卻不遜色。適合搭配湯品或沙拉一起品嘗。

❽ **Vegan Raspberry Bran Muffin $3.75** `C`
不添加雞蛋的素食馬芬。酸酸甜甜的覆盆子和食物纖維含量豐富的小麥麩皮，形成甜味柔和的絕妙組合。

❾ **Seasonal Bomboloni (Peach) $3** `C`
Bomboloni是眾所皆知的義大利炸甜甜圈。最常見的口味是覆盆子或卡士達醬，不過這裡使用的是當季水果甜桃！

❿ **Chocolate Babka $12.95** `F`
不僅是猶太人，連紐約人也很愛吃巴布卡（Babka）甜麵包。使用大量奶油和巧克力，滋味濃郁。

⓫ **I ♥ NY CSD Stencil Boule $4.50** `A`
用模板撒上「I Love NY」字樣的法國圓麵包。雖是硬質麵包卻擁有柔軟的口感。因為體積大，適合多人分享品嘗。

推薦商品！

Potato Pizza

Pretzel Croissant

Fig & Hazelnut

Oatmeal Raisin Cookie

推薦商品！

Lemon Cake

yummy!!!

D. Silver Moon Bakery

位於街角頗受當地居民喜愛的小烘焙坊

老闆Judith Norell之前是音樂家。滋味優雅層次豐富的法棍麵包或塔點堪稱絕品。

🏠 2740 Broadway（at 105th St.）
☎ 1-212-866-4717
🕐 7:30～20:00（週六、日8:00～19:00）
🚇 從地鐵1號線103 St站步行約2分鐘
silvermoonbakery.com
上西城 ▶MAP P.22 A-3

E. Levain Bakery

店內總是擠滿顧客！飄散香甜氣息的人氣店家

剛烤好的餅乾和麵包大受好評。店面雖小，卻是從開門顧客就絡繹不絕的名店。

🏠 167 W. 74th St.
（bet. Columbus & Amsterdam Aves.）
☎ 1-212-874-6080
🕐 8:00～19:00（週日9:00～）
🚇 從地鐵1、2、3號線72 St站步行約2分鐘
levainbakery.com
上西城 ▶MAP P.18 A-1

F. Breads Bakery

2國傳統在紐約合而為一的滋味！

麵包師傅是Uri Sheft。店內擺滿源自以色列和丹麥，國際色彩濃厚的麵包。

🏠 18 E. 16th St.（bet. 5th Ave. & Broadway）
☎ 1-212-633-2253
🕐 6:30～21:00
（週六～20:00、週日7:30～20:00）
🚇 從地鐵L、N、Q、R、W、4、5、6號線14 St-Union Sq站步行約3分鐘
www.breadsbakery.com
東村 ▶MAP P.11 F-2

☀ Birdbath Bakery是友善環境的麵包店。店內採風力發電，並使用廢材裝修。

曼哈頓　觀光　藝術　娛樂　美食　購物　住宿

$10以下就能吃到
最愛速食

美國的速食餐廳種類眾多。店面空間就算獨自旅行也能自在進入，應該有很多機會光顧。
無論是走健康取向的餐點或是常見的基本食物，每種都試試看吧。

SOUP

配料豐富令人滿意
溫暖的美國家庭味

> 沁入脾胃的柔和滋味。
> 冬天就想喝一碗！

> 都會附沾取用的麵包或
> 餅乾。可自行選擇。

Hale & Hearty Soups

來自紐約的
手工湯品專賣店

1996年開業，以製作高品質美食
為目標。運用當季食材做成的多
款湯品很受歡迎。

🏠 462 7th Ave. (bet 35th & 36th Sts.)
☎ 1-212-971-0605 🕙 10:30～20:00
🚇 從地鐵1、2、3號線34 St-Penn
Station站步行約4分鐘
www.haleandhearty.com
曼哈頓中城 ▶MAP P.15 E-2

Three Lentil Chili $8.69
以3種扁豆加辣椒調味煮成成份
一定的滋品

配上啤酒就
停不下來的好滋味！

CHICKEN

> 超辣的Tabasco
> 辣椒醬！沒有骨頭
> 吃起來很方便！

Sticky's Finger Joint

輕鬆品嘗
嚴選雞柳條

這家雞柳專賣店使用不施打荷爾
蒙劑的雞肉，淋上各式醬料品
嘗。沒有骨頭方便食用。

🏠 484 3rd Ave.(at 33rd St.)
☎ 1-646-490-5856
🕙 11:30～23:30（週四～凌晨1:30、週
五、六～凌晨3:30）
🚇 從地鐵6號線33 St站步行約3分鐘
www.stickys.com
格拉梅西公園 ▶MAP P.16 C-3

$8.95
3 Fingers Buffalo
Blue（3塊裝）
酥脆的雞肉淋上辛辣的水牛城
雞翅辣醬

PIZZA

餅皮外表酥脆，內部鬆軟

$4

Pepperoni Pizza
放了起司和義式臘腸的
基本口味披薩。

Two Boots Pizza

說到披薩，就是這個！

1987年創業的披薩專賣店。特有
的薄餅皮、幽默十足的品名及豐
富配料頗受歡迎。

🏠 42 Avenue A (at 3rd St.)
☎ 1-212-254-1919 🕐 11:30～
24:00（週五、六～凌晨2:00、週
日～二～23:00） 🚇 從地鐵F線
2 Av站步行約5分鐘
twoboots.com
格林威治村 ▶MAP P.9 F-1

HOT DOG

滿足感100%的輕食
選用上等食材的熱狗

Cannibal

**以優質肉製品贏得
口碑的人氣店家**

除了人氣商品熱
狗外，還有薩拉米
腸及火腿組成的
「冷肉盤」，可搭
配精醸啤酒或雞
尾酒一起享用。

$15（2個）

Cannibal Dog
在肉質扎實的熱狗上放
上辛辣的豬肚和青蔥。

🏠 600 11th Ave.（bet. 44th &
45th Sts.）Gotham West
Market內 🕐 11:00～23:00
🚇 從地鐵A、C、E線42-St
Port Authority Bus Terminal
站步行約11分鐘
www.cannibalnyc.com
曼哈頓中城 ▶MAP P.14

Photo by Daniel Krieger

DOUGHNUT

味道優雅的樸實甜甜圈

$3.75

DOUGHNUT PLANT

**必吃當季
水果口味**

1994年開業。創業者Mark以祖
父的食譜為基礎研發而成。完
全不加雞蛋，使用嚴選天然食
材。

Tres Leches
蕃佟添加3種鮮奶油。

🏠 379 Grand St.（bet. Essex & Norfolk
Sts.） ☎ 1-212-505-3700 🕐 6:30～
20:00（週日～21:00） 🚇 從地鐵
F、J、M、Z線Delancey St-Essex St站步
行約4分鐘 doughnutplant.com
下東城 ▶MAP P.9 F-2

FRENCH FRIES

香氣與甜味交織成的無敵美味

Cajun Style Fry (Little Size)
用花生油炸的辛辣
薯條。

$4.19

Five Guys Burgers
and Fries

**在全美各地
開設1000多家分店**

來自華盛頓特區的人氣連鎖
店。在各州數度獲選為「最佳漢
堡」。辣薯條頗受歡迎。

🏠 690 3rd Ave.（bet. 43rd & 44th Sts.）
☎ 1-646-783-5060 🕐 11:00～22:00
🚇 從地鐵S、4、5、6、7號線
Grand Central-42 St站步行約5分鐘
www.fiveguys.com
曼哈頓中城 ▶MAP P.16 C-1

PRETZEL

越嚼越香的
德國麵包

$1.50～

Pretzel
顆粒粗鹽，味道純樸口
感偏硬的麵包。

小吃攤等地

SANDWICHES

單手就能吃
頗受歡迎的方便輕食

Egg Sandwich
夾有雞蛋+蕃茄+生菜的
早餐三明治。

$25

Lenwich by Lenny's

**來自紐約，
首創客製三明治**

配料豐富的客製化三明治專賣
店。價格實惠且服務親切，頗受
當地人歡迎。

🏠 613 9th Ave.（bet. 43rd & 44th
Sts.） ☎ 1-212-957-7800
🕐 7:00～19:00（週六、日8:00～
18:00） 🚇 從地鐵A、C、E線42
St-Port Authority Bus Terminal站
步行約3分鐘
lennysnyc.com
曼哈頓中城 ▶MAP P.15 D-1

近年來，像LOS TACOS NO.1（P.83）的墨西哥速食也很受歡迎。

.GREEN.

代表蔬菜有羽衣甘藍、小麥草及菠菜等。味道清爽宜人。

A 羽衣甘藍加熱帶水果製成的Mean Green。
B 加入辛辣生薑提味的Doctor Green。
C Green Juice中加了小黃瓜。
D 用大量綠色蔬菜製成的Supa Dupa Greens。

A $8
B $10.99
C $9
D $7.95

推薦商品！

EAT
16

GREEN or ORANGE

喝杯果汁補充體力

再忙也要攝取足夠營養。
冷壓果汁擄獲了養生人士的心。
看看有哪些方便且時髦的人氣飲品店吧。

Photos：Juice Press, Juice Generation

what!?

What is

冷壓果汁

以慢速搾壓法（冷壓法）製成的100%純蔬果汁。不破壞養分直接萃取出來，可以完整攝取到蔬果營養。

$5.95

D

推薦商品！

C
$9

B
$7.99

A
$8

.ORANGE.

用柳橙、紅蘿蔔或芒果等製成，特色是口感圓潤柔和。

A 現搾柳橙汁。
B 葡萄柚、檸檬及柳橙混合成的glo。
C 以柳橙和紅蘿蔔為基底。
D 葡萄柚中加了柳橙及薄荷的Citrus Super C™。

A

Liquiteria

以蔬菜昔贏得口碑的果汁吧。
🏠 402 6th Ave.（at 8th St.）
☎ 1-212-561-3386
🕐 7:00～21:00（週六、日9:00～19:00）
Ⓜ 從地鐵A、B、C、D、E、F、M線 W 4 St-Washington Sq站步行約2分鐘
www.liquiteria.com
格林威治村 ▶MAP P.11 E-3

B

Juice Press

顧問是生食減肥研究家。
🏠 122 Greenwich Ave.
（bet. 13th & 14th Sts.）
☎ 1-212-777-0034
🕐 8:00～22:00
Ⓜ 從地鐵A、C、E線14 St站步行約1分鐘
www.juicepress.com
格林威治村 ▶MAP P.11 D-2

C

The Butcher's Daughter

果汁品項頗受矚目。
🏠 19 Kenmare St.（at Elizabeth St.）
☎ 1-212-219-3434
🕐 8:00～23:00
Ⓜ 從地鐵J、Z線Bowery站步行約1分鐘
thebutchersdaughter.com
諾利塔 ▶MAP P.9 D-2

D

Juice Generation

擁有100種以上的食譜而自豪。
🏠 117 W. 72nd St.（bet. Columbus & Amsterdam Aves.）
☎ 1-212-531-1110
🕐 8:00～21:00
Ⓜ 從地鐵1、2、3號線72 St站步行約4分鐘
juicegeneration.com
上西城 ▶MAP P.18 A-1

以前喝冷壓果汁是為了補充營養。最近，越來越多人是為了排毒效果而喝。

紐約「購物」事件簿

紐約是購物天堂，從服飾到包包、鞋子、雜貨及美妝品，應有盡有。學習如何購物聰明採購戰利品吧！

事件1

店員態度好冷淡，我做了什麼嗎？

走進店裡買東西，打開商品，套在身上試穿後拿到櫃台。明明就有買東西，為什麼店員的態度如此冷淡。怎麼了？

解決！ 進店打招呼是王道

在名牌店、精品店或百貨公司等地，禁止沒跟店員打聲招呼就擅自觸摸或打開商品。進到店內先打招呼，要觸摸商品前先詢問店員都是基本規矩。當然特賣店另當別論。

從進店到離店

打招呼

進入店內先打招呼！

進入店內和店員視線交會後先說聲「Hi！」「Hello」，簡單打個招呼。這是不成文的規定，跟買不買東西無關。

↓

看商品

觸摸時不要忘記說一聲

和在日本一樣，任意伸手觸摸或打開商品是NG。問聲「May I see this one？」（可以看一下這個嗎？）

↓

試穿

喜歡的話務必試穿

因為體型或尺寸不同，務必要試穿。此時也要說「May I try this on？」（可以試穿這件嗎？），問過後再試。

↓

付錢

到櫃台或是原地結帳

這邊換櫃台人員服務。最近利用平板電腦等工具，也能在原地刷卡結帳。

↓

離店

打完招呼後離開

包裝等相當簡單。最後說聲「Thank you」就結束了。不像日本的店員會送顧客到門口，直接離開即可。

購物刷卡最明智

紐約購物不可欠缺的物品

在紐約（美國），比起付現，刷卡更普遍。舉例來說，結帳時櫃台前大排長龍，排在後面的人等得很不耐煩，此時計算不常用的外幣現金壓力很大。刷卡的話就能有效縮短時間。另外，在紐約（美國），能刷卡的人=社會地位高的人，尤其是在高級名牌店等，比起付現，刷卡更明智。

地鐵IC卡也刷卡付費的話，就不用算得很複雜，相當方便。

事件2

買來的商品沒有扣子！
可以退貨嗎？

在快時尚店或折扣店買衣服，回來一看有的扣子掉了，有的破洞！還髒髒的。就算試穿確認過了，還可以退貨嗎？

解決！ 有瑕疵的話馬上退換貨！

在保障消費者權利的美國，退換貨是很常見的。相關條件（Return/Exchange Policy）大多寫在發票上。各家店規定不同，但主要條件都是①附上發票、②未使用及③附上吊牌。

■ 各項退貨規定

快時尚品牌 休閒品牌	最常見的條件是，退貨期限30天、依發票規定、未使用及附吊牌。若是在連鎖店購買，就算不回原店也能辦理退換貨。
名牌店	很多店家的退貨期限是從購買日起30～90天內。和快時尚品牌或大型超市不同，因為比較沒有彈性，請仔細確認後再購買。
折扣店	須注意服飾和雜貨的退貨期限不同。折扣店的退貨區（或是櫃台）經常大排長龍，有這項覺悟再去吧。

事件3

身上的現金全花光了……
只剩1張信用卡，可以用嗎？

買了很多東西，看看錢包，沒現金了！而且只帶一張信用卡來……怎麼辦？

解決！ 帶2張以上的信用卡吧

在紐約，幾乎每家店都能刷Visa等國際組織的信用卡。但是，因磁性或IC晶片不良無法使用時會很麻煩，所以帶2到3張信用卡出門吧。怕被偷的話，建議放在不同地方保管。另外，需要現金時，也可以用卡片提款。

NO!

在紐約（美國）的常見付款方式	
信用卡	有些私人經營的可愛雜貨店等只接受1～2家公司的信用卡。即便這樣的店家「Visa」也能用，相當方便。平常就刷「Visa」的人自是沒問題，主要使用別家公司信用卡的人，建議也帶張「Visa」去。
簽帳金融卡	刷卡時直接從帳戶扣款。使用額度就是帳戶存款，因此不用擔心過度消費。有Visa記號的話，就可以在海外所有Visa加盟店購物。付款僅限一次付清。
旅遊預付卡	只要出發前先儲值即可。不用帶大筆現金在身上，也不用擔心消費過度。和其他卡片一樣，Visa卡在海外的Visa加盟店都可以購物。
現金（美元）	100美元等高面額紙鈔，觀光區以外的地方可能不接受。因為帶著現金走動很危險，建議從ATM提領最低額度即可。

在ATM提領當地貨幣很方便

在ATM提領當地貨幣很方便

若有Visa等大型國際組織的卡片（信用卡、簽帳金融卡、旅遊預付卡），就能在ATM領出美元。出發前先確認卡片可否提領現金及預借額度。因為確認時間大約要2週，請提早進行。
※詳細使用方法請見P213。

超多好貨！
暢遊200%的波道夫古德曼
百貨公司

歷任第一夫人和名媛都是這裡的顧客。徹底驗證紐約首屈一指，頂級老字號百貨公司的逛法吧！

魅惑名媛，
血統高貴的百貨公司

Fabulous!

7樓的電梯大廳掛滿名人照片或插圖。
可以感受到歷經100多年的華麗歷史。

1901年開業

老字號百貨公司
波道夫古德曼

1901年開業，1928年起進駐第五大道旁的頂級名店。從商品到服務都很特別。節日展示常是話題焦點。

位於2樓的女鞋沙龍區。奢華空間的動線配置寬敞。

1928年起佇立於第五大道上，古典樣式的莊嚴建築物。聖誕節前的櫥窗展示顏負盛名。

針對各品牌精心設計的展示區顏受矚目。

地下1樓的美妝賣場，話題專櫃林立。

不遺餘力地發掘新秀設計師。

here is Bergdorf Goodman

POINT 1 Bobbi Brown的原點

廣受全世界化妝人士支持的Bobbi Brown，源自1991年在這裡推出的10色口紅。開賣當日創下100條以上的業績。

POINT 2 海洋拉娜免費臉部保養

購買2樣商品以上即可免費體驗30分鐘的臉部美容。令人開心的是在專屬的個人美容室進行。電話1-212-872-2749，須電話預約。

波道夫古德曼百貨公司的
最佳賣點！

POINT 3 新銳設計師的時裝專區

在5樓的新銳時裝區，集結了Rag & Bone、Derek Lam、Rebecca Taylor等話題潮牌。特色十足的展示區值得一看。

POINT 4 曾是好萊塢電影的舞台

《把骨灰撒在波道夫》
供應商：Showgate
發行／販售商：Albatross
3800日圓（未稅）

在紀錄片《把骨灰撒在波道夫》（Scatter My Ashes at Bergdorf's）中，有Christian Louboutin、馬克‧雅各布斯（Marc Jacobs）、湯姆‧福特（Tom Ford）及Tory Burch等多位知名設計師共同參與演出。

POINT 5 明明是百貨公司，食譜書卻大賣

可在 7 樓買到同樓層「BG餐廳」的食譜書。從調酒到前菜、主餐、甜點等，紀錄了100道食譜。尤其必讀人氣餐點Gotham Salad的食譜。

POINT 6 還有品味男士館

位於第5大道東側別館的男士館也是必逛區。1樓是領帶、包包等配件區，2樓是西裝或大衣區，3樓是設計師精品區。

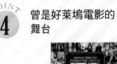

happy

cute!

名流人士御用，
名門中的名門百貨公司

Bergdorf Goodman
波道夫古德曼百貨公司

🏠 745 5th Ave.（at 58th St.）
☎ 1-800-558-1855
🕙 10:00～19:00
（週日11:00～）
🚇 從地鐵N、R、W線5 Av/59 St站步行約3分鐘
www.bergdorfgoodman.com
曼哈頓中城 ▶MAP P.19 D-3

Gorgeous

⊱ Floor Guide ⊰

樓層指南 女士館	
7	居家用品、餐廳
6	運動用品
5	新銳時裝
4	高級服飾
3	設計師精品
2	設計師鞋款
1	包包、珠寶
BL	美妝品、咖啡館

👠 波道夫古德曼百貨公司也在《慾望城市2》的電影版開場畫面，4位女主角的購物場景中出現。

應有盡有的珠寶盒
在百貨公司優雅購物

從美妝到時裝、廚房用品等商品種類齊全的百貨公司，是令人放心的高檔場所。
在特色豐富的紐約百貨公司舒適購物吧。

Just looking

$12

$24

在露天區的遊客中心出示護照，可以拿到10% off的折價券。

以店面門面為圖案的化妝包。

跟商店紙袋同款設計的包包是人氣商品。

$210

堅持高品質的自有品牌針織外套。

8樓的大型鞋子賣場有名到擁有專屬的郵遞區號。品項齊全精良，價格範圍廣泛。

Bloomingdale's
布魯明戴爾百貨公司

在全美各地展店超過40間的老字號高級百貨公司總店

各式商品齊全的9間樓店內，雖說是高級商店，氣氛卻相當親切。位於露天區的原創商品頗受歡迎。在蘇活區也有分店。

🏠 1000 3rd Ave.（at 59th St.）
☎ 1-212-705-2000
🕐 10:00~20:30（週六~22:00、週日~19:00）
🚇 從地鐵N、R、W線Lexington Av/59 St站步行約1分鐘
www1.bloomingdales.com
上東城 ▶MAP P.19 E-2

Saks Fifth Avenue
薩克斯第五大道百貨公司

立於第五大道的理想位置與優質精品深具魅力

位於洛克斐勒中心前方的高級百貨公司。沉穩的氣氛散發出老店風格。各樓層精心布置的展示空間也是矚目焦點。

🏠 611 5th Ave.
（bet. 49th & 50th Sts.）
☎ 1-212-753-4000
🕐 10:00~20:30
（週日11:00~19:00）
🚇 從地鐵B、D、F線47-50 Sts-Rockefeller Ctr站步行約5分鐘
www.saksfifthavenue.com
曼哈頓中城 ▶MAP P.16 A-1

$750

特色是經常提出最新時尚方案。自有品牌擁有眾多支持者。

$210

掌握潮流的自有品牌背心。

自有品牌皮衣。

$26

在遊客中心出示護照，就能拿到10% off的折價券。30天內有效。

$15

以紐約為圖案的陶杯。

點綴星星標誌的廚房手套。

Barneys New York
巴尼斯紐約精品店

以高品味精品自居的風格空間

品味精準的嚴選設計師商品專賣店，店裡共9層樓。話題品牌齊全的地下美妝賣場是必逛重點區。

🏠 660 Madison Ave.（at 61st St.）
☎ 1-212-826-8900
🕐 10:00~20:00（週六~19:00、週日11:00~19:00）
🚇 從地鐵N、R、W線5 Av/ 59 St站步行約3分鐘
www.barneys.com
上東城 ▶MAP P.19 D-2

Macy's
梅西百貨公司

世界最大的賣場面積！當地人愛逛的百貨公司

全美各地都有分店，此處為旗艦店。9層樓的寬敞店內擁有多家咖啡館，可以逛上一整天。舉辦的感恩節遊行也很有名。

🏠 151 W. 34th St.（bet. 6th & 7th Aves.）
☎ 1-212-695-4400
🕐 10:30~22:00（週五9:00~、週六10:00~、週日11:00~21:00）
🚇 從地鐵B、D、F、M、N、Q、R、W線34 St-Herald Sq站步行約1分鐘
www1.macys.com
曼哈頓中城 ▶MAP P.15 E-3

可愛又奢華
沉淪於Henri Bendel的世界

在紐約女性間擁有廣大人氣的Henri Bendel。以前是百貨公司，最近以原創品牌的面貌重新出發。
在可愛又豪華的時髦世界，盡情享受貴婦氣氛。

歡迎來到女性專屬的世界！

寬敞的空間內陳列著原創商品。

單肩包和托特包等各式包款齊全。

刺繡3個字以內$10。
之後每加1字多$5。

有好多挑逗少女心的商品。
第五大道的奢華空間

1895年開業。2014年起推出自有品牌，店內僅陳列自家的原創商品，販售可愛雅致的包包或手帕等。也在影集《花邊教主》中登場，顏負盛名，擁有不少名媛支持者。註冊商標是HB的字樣。

$278

泰勒絲也愛用的都會型背包。

$35

包裝
也很可愛！

熱門禮物唇膏鑰匙圈。

Henri Bendel

🏠 712 5th Ave.
（bet. 55th & 56th Sts.）
☎ 1-212-247-1100
🕙 10:00～20:00（週日12:00～19:00）
🚇 從地鐵F線57 St站步行約4分鐘、E、M線5 Av/53 St站步行約4分鐘
www.henribendel.com
曼哈頓中城 ▶MAP P.19 D-3

比大家搶先一步
入手當季美式休閒風！

美國休閒品牌在台灣也很受歡迎。紐約網羅了許多來自全美各地價格實惠的
魅力潮牌。搶購尚未進駐台灣的流行單品吧。

TOPS

雖說都是上衣，
風格卻各不相同！
換件上衣就能扭轉整體印象，
是亮麗穿搭的好幫手！

T-SHIRT

波浪紋T恤
凸顯日常穿搭特
色的最佳單品。

$34.50

素色T恤
色彩鮮艷吸睛的紅T恤，
簡潔俐落。

$17.99

織紋圖樣T恤
風格鮮明成熟的潮流
單品。

$98

A

G

A

$17.50

紐約圖案T恤
以時代廣場為背景。

F

$14.99

NEW YORK
CITY

LIVE YOUR LIFE

紐約圖案T恤
印上曼哈頓摩天高樓的
大圖案。

圖案T恤
閃耀華麗感的Logo亮
片。

AERO
ROSTALE

$24.50

F

D

$12.5

墨鏡T
印上許多色彩繽紛的
墨鏡，好可愛。

F

SLEEVELESS

吊帶背心
百搭單品。

$78

無袖襯衫
簡約設計適合工作場合。

$39.50

坦克背心
可愛的螢光色系，是運動風穿搭單品。

$26.95

坦克背心
有別於一般的橫條紋設計。

$49.50

坦克背心
亮片自由女神像增添華麗感。

$39.95

SHIRT

長版襯衫
時下正夯的長版襯衫適合微涼秋季。

$65

條紋襯衫
適合搭配牛仔褲或白褲的清爽單品。

$29.99

SWEAT SHIRTS

連帽T恤
仔細一看發現幾何學圖案中藏有NYC字樣。

$44.50

運動毛衣
個性十足的特殊花紋，彰顯存在感。

$49.95

A. Madewell

頗受年輕人歡迎的
J. Crew副牌

設計簡練優雅的時尚品牌。從休閒西裝外套到適合工作場合的單品等，品項齊全。尚未引進日本。

🏠 115 5th Ave.（bet. 18th & 19th Sts.）
☎ 1-212-228-5172
🕙 10:00～20:00（週日11:00～19:00）
🚇 從地鐵L、N、Q、R、W、4、5、6號線14 St-Union Sq站步行約6分鐘
www.madewell.com
雀兒喜 ▶MAP P.11 F-2

B. Urban Outfitters

想找特色
潮流單品

用實惠價格買到當季單品。服飾風格廣泛，有復古風、波西米亞風及運動風等。尚未引進日本。

🏠 1333 Broadway（bet. 35th & 36th Sts.）
☎ 1-212-239-1673
🕙 10:00～22:00（週日11:00～21:00）
🚇 從地鐵B、D、F、M、N、Q、R、W線34 St-Herald Sq站步行約2分鐘
www.urbanoutfitters.com
曼哈頓中城 ▶MAP P.15 F-2

C. Free People

柔美浪漫中
露出性感魅力

Urban Outfitters旗下另一品牌。特色是復古式剪裁。讓設計簡單的單品穿出美感。

🏠 79 5th Ave.（bet. 15th & 16th Sts.）
☎ 1-212-647-1293
🕙 10:00～21:00（週日11:00～20:00）
🚇 從地鐵L、N、Q、R、W、4、5、6號線14 St-Union Sq站步行約4分鐘
www.freepeople.com
雀兒喜 ▶MAP P.11 F-2

D. American Eagle Outfitters

已進駐日本，
專找紐約限定單品

穿著舒適，風格俐落頗受年輕人歡迎。格紋襯衫、T恤或牛仔褲等價格實惠。還有很多寫著NY字樣的商品。

🏠 599 Broadway（at E. Houston St.）
☎ 1-212-219-4600
🕙 9:00～21:00
🚇 從地鐵B、D、F、M線B' Way-Lafayette St站步行約1分鐘
www.ae.com
蘇活區 ▶MAP P.8 C-1

BOTTOMS

從百搭牛仔褲到色彩鮮豔的穿搭主角，
尋找特色豐富的褲裝吧。

SHORTS

$39.50

短褲
色調明亮的可愛
單品。

F

LONG PANTS

蕾絲牛仔短褲
女性化蕾絲和刷破處理，
甜美性感兼具。

$88

C

短褲
為基本穿搭增添
畫龍點睛之效。

$54.50

G

$39.50

B

牛仔短褲
必備的基本款單品。

NEW YORK CITY

D

$89.50

A

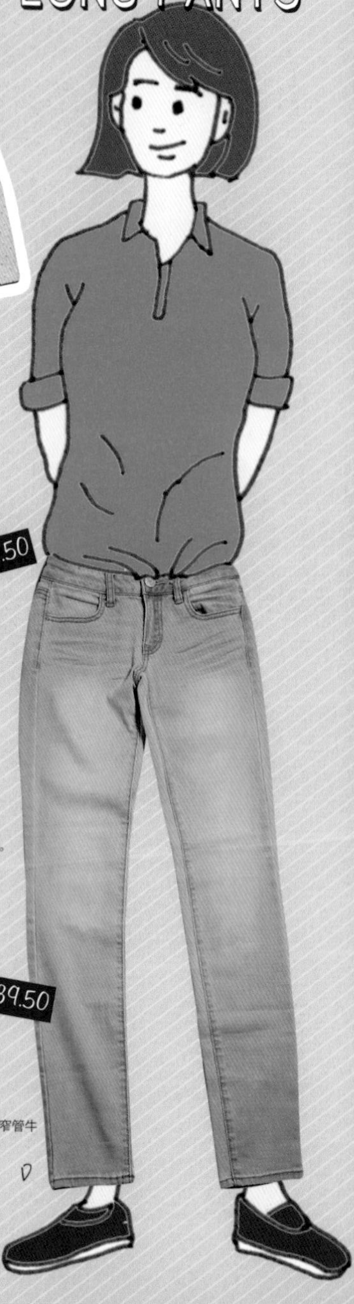

長褲
單寧材質的可愛寬褲。

Check!

還有這些

J. Crew

**尚未引進日本的
超人氣美國品牌**

受到前總統歐巴馬全家的青睞
而聲名遠播。可以找到俐落得
體的高質感休閒服飾。

🏠 91 5th Ave.（near 17th St.）
☎ 1-212-255-4848
🕐 11:00～20:00（週日～19:00）
🚇 從地鐵L、N、Q、R、W、4、5、6
號線14 St-Union Sq站步行約4分鐘
雀兒喜
▶ MAP P.11 F-2

$148

七分寬褲
俐落優美的剪裁配上亮麗
色調。

T恤
J. Crew的基本款商
品。樣式簡單，剪
裁與材質卻很出
色。

$32.50

$39.50

牛仔褲
配色活潑時髦的窄管牛
仔褲。

D

ONE-PIECE

美式休閒品牌擅長存在感強烈的設計。看到喜歡且日常也穿得到的連身裙就下手吧!

連身短裙
民族風圖案搭配暗色系的單品。
$59 — A

連身裙
大碎花圖案打造出搶眼且優雅的風格。
$69.50 — G

連身褲
亮麗的橘色和民族圖案展現成熟風味。
$148 — C

連身裙
深藍色底加白色圖案是夏天的必備款!
$39.95 — E

E. Hollister Co.

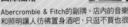

洋溢美國西岸風格

Abercrombie & Fitch的副牌。店內的音樂和照明讓人彷彿置身酒吧,只逛不買也很有趣。

⌂ 600 Broadway (bet. E. Houston & Prince Sts.)
☎ 1-212-334-1922
🕙 10:00~21:00 (週六11:00~)
🚇 從地鐵B、D、F、M線B' way – Lafayette St站步行約1分鐘 www.hollisterco.com
蘇活區 ▶MAP P.8 C-1

F. Aéropostale

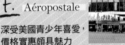

深受美國青少年喜愛,價格實惠頗具魅力

以青少年為對象,提供平價潮流單品。有很多色彩鮮豔活潑的洋裝。尚未引進日本。

⌂ 901 6th Ave. (bet.32nd & 33rd Sts.) Manhattan Mall內
☎ 1-212-239-5201
🕙 9:00~22:00
🚇 從地鐵B、D、F、M、N、Q、R、W線34 St-Herald Sq站步行約1分鐘
www.aeropostale.com
曼哈頓中城 ▶MAP P.15 F-3

ACCESSORIES

SUNGLASSES

配件的有無會影響到穿搭的整體形象。擁有再多也不夠!不可思議的是每個都想要!

NECKLACES

$14
圓形墨鏡
一戴上,時髦指數就上升的圓形墨鏡。
B

$12.5
墨鏡
適合當伴手禮的星條旗圖案墨鏡。
F

$55
項鍊
為單調的上衣帶來率性風格。
A

G. LOFT

職業女性強而有力的夥伴,多款辦公室穿搭單品

廣受20~30歲上班族女性歡迎的品牌。設計端莊卻不失休閒。強力推薦給職業女性。尚未引進日本。

⌂ 1230 6th Ave. (near 49th St.)
☎ 1-212-757-4408
🕙 8:00~21:00
(週六9:00~、週日10:00~20:00)
🚇 從地鐵B、D、F、M線47-50 Sts - Rockefeller Ctr站出站即達
www.loft.com
曼哈頓中城 ▶MAP P.15 F-1

H. PINK

休閒單品或運動服飾種類豐富

維多利亞的祕密副牌。有棉質家居服或瑜珈服等多款運動服飾。

⌂ 565 Broadway (at Prince St.)
☎ 1-212-219-9812
🕙 10:00~21:00 (週日11:00~20:00)
🚇 從地鐵R、W線Prince St站步行約1分鐘
www.victoriassecret.com/pink
蘇活區 ▶MAP P.8 C-1

在美國,店員會說「發票放在袋子內」(Receipt in the bag),將發票和結帳商品一起遞給顧客。

曼哈頓
📷 觀光
🎨 藝術
🎵 娛樂
🍴 美食
🛒 購物
🏨 住宿

令人著迷的質感品味

在概念店買到
最新時尚單品

在展現特定風格的概念店，充滿時尚潮流感。在商品與家飾整體搭配得宜的空間，迅速找到話題中的單品吧。

每次上門都有新發現

和Dress Bar的合作企畫「Her STORY」

Concept

以類似雜誌的視角做特定主題的特輯。每4～8週替換全店商品與裝潢。

店內就像藝廊。

酷帥新穎的展示經常蔚為話題。

依主題全數更換每次商品，相當有趣。

每次翻新的標示也值得注目。

What is

概念店

以單一概念為基礎，挑選各式商品的店鋪。特色是觀點相同的個性化商品齊全，多數附設有符合該風格的咖啡館。

STORY

根據主題
翻新商品與裝潢

擔任TOMS等多家成功品牌顧問的女性於2011年開的店。如雜誌特輯般，在一定期間內更換商品及裝潢的經營型態，一躍成為人氣潮店。

🏠 144 10th Ave.（at 19th St.）
☎ 1-212-242-4853
🕐 11:00～20:00（週一～二～17:30、週四～21:00、週日～19:00）
Ⓜ 從地鐵A、C、E、L線14-St-8 Av站步行約9分鐘
雀兒喜 ▶MAP P.10 B-2

Photos：STORY, Project No.8, Dover Street Market

Ace Hotel的時髦選品店

I ONLY GET OUT OF BED BECAUSE OF COFFEE

Cute!!

$48
用羊駝毛做成的鳥，觸感絕佳。

SO THAT HAPPENED

各$15
寫上留言的流行鑰匙圈

PROJECT NO. 8

Project No. 8

位於諾瑪德的話題飯店內

從旅行用品到禮品，嚴選設計風格明顯，時尚且可愛的單品。適合來此尋覓與眾不同的伴手禮。

🏠 22 W. 29th St.（near Broadway） ☎ 1-212-725-0008 🕘 9:00～21:00（週六、日10:00～20:00） Ⓜ 從地鐵R、W線28 St站步行約1分鐘 projectno8.com
雀兒喜 ▶MAP P.16 A-3

Concept

顛覆以往旅館商店的既有觀念。陳列設計簡練的單品。

在明亮寬敞的空間慢慢挑選。

皮革製成的多用途皮套。

$50～

Nice goods!

豐富的COMME des GARÇONS服飾。

Concept

以「美麗的混沌空間」為主題，展示多家品牌。附設來自巴黎的咖啡館。

時尚界人士專用的藝術空間

Dover Street Market

外觀也閃爍著品味光芒的時尚建築

由COMME des GARÇONS的川久保玲企畫。巧妙配置各式精品打造成的空間蔚為話題。尤其是7樓的Prada值得一看。

🏠 160 Lexington Ave.（bet. 30th & 31st Sts.）
☎ 1-646-837-7750
🕘 11:00～19:00（週日12:00～18:00）
Ⓜ 從地鐵6號線28 St/ 33 St站步行約4分鐘
newyork.doverstreetmarket.com
曼哈頓中城 ▶MAP P.16 B-3

嶄新的陳設空間光看就很開心。

寬敞的店內擺滿現代商品！

Concept

3層樓，展示生活風格的全系列商品。也有種類豐富的男士單品。

都會式休閒的生活風格店

Urban Outfitters

全美都有分店的人氣品牌旗艦店

2014年開幕的旗艦店。除了服飾外，也販售美妝、唱片及居家用品等。附設咖啡館和美髮沙龍，也有紐約伴手禮專區。

🏠 1333 Broadway（bet. 35th & 36th Sts.） ☎ 1-212-239-1673
🕘 10:00～22:00（週日11:00～21:00）
Ⓜ 從地鐵B、D、F、M、N、Q、R、W線34 St-Herald Sq站步行約2分鐘
www.urbanoutfitters.com
曼哈頓中城 ▶MAP P.15 F-2

可當作穿搭參考的展示品。

Urban Outfitters的品牌概念店，Space Ninety 8（P.180）位於布魯克林。

125

SHOPPING 05

全身行頭只要這個價格！

到名牌折扣店化身為名媛

有很多人夢想著和名媛穿戴相同的時尚行頭吧？
就算不能全數相同，也能在折扣店實現夢想♥

莎拉非常喜歡鞋子。服裝整體採用基本設計及色調，以鞋子呈現跳色效果。

Sarah Jessica Parker

莎拉‧潔西卡‧派克
1965年3月出生
代表作：影集&電影
《慾望城市》等

女演員、製作人。莎拉自己的穿著風格就是話題焦點，並經營自有品牌的鞋子與包包等。

離觀光區很近的曼哈頓下城，交通方便。

化身莎拉‧潔西卡‧派克的訣竅

Sarah Jessica Parker
Narikiri-Celeb

高跟鞋 $99 ➔ **$49.97**

項鍊 $40 ➔ **$18.97**

➔ **$29.97** ← T恤 $64

褲子 $158 ➔ **$44.97**

包包 $325 ➔ **$159.97**

TOTAL $686 ➔ **$303.85**

化身蕾頓‧米斯特的訣竅

Leighton Meester
Narikiri-Celeb

連身裙 $150 ➔ **$79.99**

頭飾 $40 ➔ **$19.99**

手拿包 $58 ➔ **$29.99**

高跟鞋 $64 ➔ **$39.99**

TOTAL $312 ➔ **$169.96**

種類齊全的日常單品

T.J. Maxx

店內販售多種美式休閒品牌。也有豐富的廚房及居家用品等。

🏠 14 Wall St.（bet. Broadway & Nassau St.）☎ 1-212-587-8459
🕐 8:00～21:00（週日或10:00～19:00）🚇 從地鐵4、5號線Wall St站出站即達　tjmaxx.tjx.com
曼哈頓下城 ▶MAP P.6 C-2

蕾頓喜歡千金風服飾。她的經典風格就是選用基本色系單品！

Leighton Meester

蕾頓‧米絲特
1986年4月出生
代表作：影集《花邊教主》等

女演員、歌手、時尚模特兒。飾演《花邊教主》布萊兒一角成名。

連身裙
$58 → **$29.99**

Jennifer Lopez
Narikiri-Celeb

墨鏡
$235 → **$39.99**

What is
折扣店　便宜名牌精品！

從頂級名牌到休閒品牌，以低於50%～80%的折扣價販售各種庫存商品（全新未拆封）。不僅是服飾，還有多項廚房用品或生活雜貨。

夾腳鞋
$30 → **$15.99**

化身珍妮佛‧洛佩茲的訣竅
走大膽性感風格的J. Lo。選用豹紋或閃亮素材，打造名媛感！

Jennifer Lopez

珍妮佛‧洛佩茲
1969年7月出生
代表作：CD《如果你擁有我的愛》、電影《來跳舞吧》等
來自紐約布朗克斯的歌手、女演員。經營香水品牌。眾所皆知是戀愛史豐富的女性。

手拿包
$62 → **$36.99**

TOTAL $385 → **$122.96**

因為顧客眾多，下午開始收銀台或試衣間就會很擁擠。

花時間慢慢挖寶

Century 21
21世紀百貨公司

狹窄的空間內掛滿高級品牌服飾。店內經常擠滿人群，若想順利逛完全店，建議一開門就進場。

🏠 22 Cortlandt St.（bet. Church St. & Broadway）
☎ 1-212-227-9092
🕐 7:45～21:00（週四、五～21:30、週六10:00～21:00、週日11:00～20:00）
🚇 從地鐵R、W線Cortlandt St站步行約1分鐘
www.c21stores.com
曼哈頓下城 ▶MAP P.6 C-2

連身裙搭配小包包，泰勒絲風格指數上升。當然還要畫上指標性的大紅唇膏！

化身泰勒絲的訣竅

Taylor Swift

泰勒絲
1989年12月出生
代表作：CD《絕對絕對分定了》等
歌手。時尚好女孩的發言常成為矚目焦點。歌曲幾乎取材自實際生活體驗。

連身裙
$168 → **$49.99**

Taylor Swift
Narikiri-Celeb

頭飾
$34 → **$14.99**

包包
$288 → **$169.99**

在寬敞的店內逛累了，可以到3F咖啡館喝杯茶。

TOTAL $490 → **$234.97**

認識多少?

NY Brand A to Z

紐約名牌型錄A to Z

從業界人士到一般人，吸引全世界目光的紐約品牌

　　如同「征服紐約就是征服全世界」所言，以這座城市為起點，發展為世界級品牌的例子不勝枚舉。從早期的Tiffany & Co.、Coach、Ralph Lauren，最近的Marc Jacobs、Tory Burch、Rag & Bone等，至今無人不知的知名品牌就來自紐約。

　　說到紐約時尚，最重要的是每年2月和9月舉辦的紐約時裝週。和巴黎、米蘭、倫敦、東京並列為5大時裝展，這期間來自全世界的時尚界人士齊聚一堂。紐約時裝週的特色是，多是以職業女性為對象的實穿時尚服飾。以綁帶洋裝深獲職業女性青睞的黛安・馮・佛絲登寶格（Diane von Furstenberg，簡稱DVF），也在1997年以參加紐約時裝週的形式重返一線品牌。說到DVF，因為常出現在影集《慾望城市》的主角們身上而聲名遠播。像這樣，以紐約為作品舞台的名牌成為全世界的矚目焦點，可說是這座城市才有的特色吧。

A

since : 2007

Alexander Wang
王大仁

 103 Grand St.（bet. Greene & Mercer Sts.） ☎ 1-212-977-9683 ⏰ 11:00～19:00（週日12:00～18:00） 🚇 從地鐵J、N、Q、R、Z、6號線Canal St站步行約3分鐘
www.alexanderwang.com
蘇活區
▶MAP P.8 C-2

王大仁在24歲時創建自己的同名品牌。如今在紐約時裝界占有一席之地。優質素材和簡潔設計，實現一衣多穿的功能頗受好評。

---

since : 1981

Anna Sui
安娜蘇

🏠 484 Broome St.（near Wooster St.） ☎ 1-212-941-8406 ⏰ 11:00～19:00（週日12:00～18:00） 🚇 從地鐵N、W線Prince St站步行約7分鐘
www.annasui.com
蘇活區
▶MAP P.8 C-2

以黑色、紫色為基調，蝴蝶和玫瑰為圖案打造出亞洲風情的世界觀。是年輕女性相當喜愛的品牌。在擺滿服裝、包包及化妝品的蘇活區總店，必看限定品項。近年來也和Coach等品牌合作。

C

since : 1941

Coach
蔻馳

🏠 595 Madison Ave.（at 57th St.） ☎ 1-212-754-0041 ⏰ 10:00～20:00（週日12:00～19:00） 🚇 從地鐵N、5、6號線59 St站步行約7分鐘
www.coach.com
曼哈頓中城
▶MAP P.19 D-3

側肩包
皮革材質堅固，裝再多物品也放心。

從一間小型手工皮革製品工作室起家。創業當時以年長的男性為對象。使用優質皮革或布而，廣受各年齡層的喜愛。堅持品質，採用經典不失現代潮流的設計。

D

since : 1972

Diane Von Furstenberg
黛安馮佛絲登寶格

以展現女性柔美曲線的綁帶洋裝風靡一世紀的品牌。甜美優雅的設計頗受歡迎。有多款適合職場、休假或派對等場合穿著的單品。

 874 Washington St.（near 14th St.） ☎ 1-646-486-4800 ⏰ 11:00～19:00（週日12:00～18:00） 🚇 從地鐵A、C、E線14 St-8 Av站步行約5分鐘
www.dvf.com
肉品包裝區
▶MAP P.10 C-3

洋裝
大膽且優雅的印花圖案。一件就能穿出時尚風格。

K

Kate Spade
凱特絲蓓
since : 1993

連身褲裝
穿著舒適，剪裁
得宜。

曾是雜誌編輯的凱特·絲蓓，和丈夫安迪·絲蓓共同開創的品牌。特色是造型簡潔用色多彩亮麗。除了高人氣的手提包外，還推出服裝、鞋子及雜貨等廣泛商品。

托特包
圖案可愛的包包能提昇穿搭效果。

$12.5

🏠 454 Broome St.（at Mercer St.）
☎ 1-212-274-1991 🕙 10:00～20:00（週日11:00～19:00）🚇 從地鐵R、W線Prince St站步行約5分鐘
www.katespade.com
蘇活區 ▶MAP P.8 C-2

Photo：Kate Spade

Rebecca Minkoff
since : 2001

🏠 96 Greene St.（bet. Prince & Spring Sts.）☎ 1-212-677-7883 🕙 11:00～19:00（週四、五～20:00、週日12:00～18:00）🚇 從地鐵R、W線Prince St站步行約3分鐘
www.rebeccaminkoff.com
蘇活區 ▶MAP P.8 C-2

代表性品項手提包的支持者眾多，當中不乏名媛。因為包包大受歡迎，暫停服飾設計，不過2009年時再度推出。特色是用色成熟亮麗。風格鮮明又可愛的實力派包款品項齊全。

M

Marc Jacobs
馬克雅各布斯
since : 1986

紐約出生的馬克·雅各布斯創建的品牌。在高級時裝中帶入頹廢搖滾風格造成話題。2001年成立休閒&平價的副牌Marc by Marc Jacobs。

🏠 113 Prince St.（bet. Wooster & Greene Sts.）☎ 1-212-343-1490 🕙 11:00～19:00（週日12:00～18:00）🚇 從地鐵N、R、W線Prince St站步行約2分鐘
www.marcjacobs.com
蘇活區 ▶MAP P.8 C-1

連身裙
加入潮流元素，
打造俐落&可愛
風格。

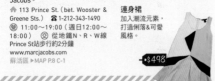
$498

T

Theory
since : 1997

🏠 47 Greene St.（bet. Broome & Grand Sts.）☎ 1-212-334-5071 🕙 11:00～18:00 🚇 從地鐵C、E線Spring St站步行約4分鐘
www.theory.com
曼哈頓下城 ▶MAP P.8 C-2

無袖針織背心
白色針織衫是可從春天穿到
秋天的優質單品。

$190

品牌概念「新經典款」是在經典系列中默默地帶入潮流元素。提昇品味的設計頗受歡迎。並追求穿著舒適，成為日常實穿單品大受好評。是上班族必備的品牌。

Michael Kors
邁可寇斯
since : 1981

$278

托特包
設計簡練，還有實用的大開
口設計。

🏠 520 Broadway（near Spring St.）
☎ 1-212-336-4501 🕙 10:00～21:00（週日11:00～20:00）🚇 從地鐵R、W線Prince St站步行約2分鐘
www.michaelkors.com
蘇活區 ▶MAP P.8 C-2

紐約出身的設計師邁可·寇斯經營的品牌。以手提包、錢包和手錶最受歡迎。商品展現知性成熟的風格頗受好評。合理的售價也是魅力之一。推薦給尋找優雅日常單品的人。

Tiffany
蒂芙尼
since : 1837

$480

項鍊
造型婉約相當漂亮。帶起來
也輕盈舒適。

🏠 727 5th Ave.（at 57th St.）☎ 1-212-755-8000 🕙 10:00～19:00（週日12:00～18:00）🚇 從地鐵E、M線5 Av-53 St站步行約4分鐘 www.tiffany.com
曼哈頓中城 ▶MAP P.19 D-3

品牌成立當時是賣文具和裝飾品。位於第五大道的總店，因為電影《第凡內早餐》成為觀光景點。畫上自由女神或黃色計程車等紐約標誌的紐約限定馬克杯（$35）是人氣伴手禮。

R

Rag & Bone
since : 2002

$258

🏠 119 Mercer St.（bet. Prince & Spring Sts.）
☎ 1-212-219-2204 🕙 11:00～21:00（週日11:00～19:00）🚇 從地鐵R、W線Prince St站步行約2分鐘
www.rag-bone.com
蘇活區 ▶MAP P.8 C-2

牛仔夾克
黑色單寧材質的夾克質地不
笨重，穿著舒適。

Marcus Wainwright和David Neville兩人創建的品牌。以「做自己每天都想穿的衣服」為概念，從製作牛仔褲開始。不被潮流左右，簡單經典的設計頗受歡迎。

P

3.1 Phillip Lim
since : 2005

🏠 48 Great Jones St.（bet. Lafayette St. & Bowery）☎ 1-212-334-1160 🕙 11:00～19:00（週日12:00～18:00）🚇 從地鐵6號線Bleecker St站步行約4分鐘
31philliplim.com
蘇活區 ▶MAP P.9 D-1

Phillip Lim 31歲時和同為31歲的商業夥伴兼友人Wen Zhou一起創立。提出適合男女的「率性」、「簡約」、「灑麗」設計概念。雅致設計中帶有時尚簡約的新奇感，頗受好評。打造創意十足的衣櫥。

3項重點全愛
最愛
超市&食品店！

逛超市是旅行的樂趣之一。混入當地人群間購物，就有住在這裡的感覺。每家超市各具特色，找出喜歡的地方吧。

傍晚時的店內景象，擠滿下班後的當地居民採買晚餐。

What is

超市

超市是販售食品或日用品的商店。規模小只賣食品的店又稱作雜貨店（grocery store）。

認識紐約人的生活型態！

全食超市的
3點check point

商品的質、量、種類都大受好評。也是重視區域團體間互動連結的人氣店家。

架上貨品種類齊全。

各式各樣的巧克力。

Check2

關注在地商品！

經營概念是地產地銷，所以有很多支持當地產業的在地商品。因此輕易就能找到紐約生產的伴手禮。

Check3

驚人的熟食份量

超市廚房準備的新鮮沙拉或小菜份量堆積如山。也有不少單人份量，適合當輕食吃。

Whole Foods Market
全食超市

**掀起有機熱潮，
大受歡迎的健康超市連鎖店**

以德州奧斯汀為根據地在全美開設200多家門市。以地產地銷為主題，從各地採購多種當地產品。自有品牌商品的種類也很豐富。

🏠 10 Columbus Circle,
（bet. 58th & 60th Sts.）
☎ 1-212-823-9600
🕐 7:00～23:00
🚇 從地鐵A、B、C、D、1號線59 St-Columbus Circle站步行約2分鐘
www.wholefoodsmarket.com
上西城 ▶MAP P.18 B-2

Check1

有機保養品！

和食品一樣直接接觸到肌膚，所以相當重要。以基礎保養品為首的洗髮精或香皂等日常用品，也是天然＆有機產品，種類豐富。

$9

Rosewater
全身都能使用的全能玫瑰化妝水。香氣宜人。

水果種類也很豐富

排列成方便消費者拿取的方式。

喬氏超市特有的手寫告示。

可愛易懂的標示 讓店家更具魅力

多樣自有品牌商品 擺放得井然有序

喬氏超市的 3點check point

Check1

全部都是自有品牌

果汁、點心及加工食品，全部都是自有品牌商品。美味值得肯定。價格比其他商店便宜，並陸續推出新商品。

這家超市最大的魅力在於休閒平價。另外也有多項極力壓低價格的高價有機商品。

$2.99

Orange Peach Mango Juice
柳橙＋甜桃＋芒果的100%果汁。

$5.99

Shortbread Cookies
用大量水果製成的奶油酥餅。

$3.99

Yogurt Covered Raisins
表面包上優格的葡萄乾。

Raspberry

Apricot

Check2

有機食品愛好者必看！

積極引進有機商品。像香蕉就同時販售有機產品和普通產品。由消費者自行挑選。

$3.99

Cranberry Juice
使用100%有機蔓越莓製成的新鮮果汁。

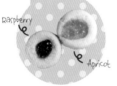

Trader Joe's
喬氏超市

來自西岸的人氣連鎖店 加工食品的種類特別豐富

來自加州帕薩迪納，以當地居民為主客群的食品店，不久在全美各地展店，成為大型連鎖店。店員穿著夏威夷花襯衫，活力十足地接待顧客。

🏠 675 6th Ave.（bet. 21st & 22nd Sts.）
☎ 1-212-255-2106
🕐 8:00～22:00
🚇 從地鐵F、M線23 St站步行約2分鐘
www.traderjoes.com

雀兒喜 ▶MAP P.11 E-1

Check3

適合採購分送用伴手禮

有多項價格便宜、體積小且外觀可愛的商品。在這裡可以輕鬆買到送給同事或朋友的伴手禮。

$1.99

Lemon Pepper
檸檬風味的粗胡椒粒。烹調時撒一下，就能提升食物風味。這個價格一次多買幾瓶也OK！

位於1樓的起司區。種類齊全，多樣商品皆提供供單人份，可以放心購買。

what is

食品店

超市販售的消費型商品量大且種類廣泛，相較於此，食品店是提供優質商品的小規模店家。可以買到其他地方沒有的商品也是一種魅力。

充滿平民生活氣息的老字號食品店

Zabar's的3點check point

創業至今始終秉持「以適當的價格販售優質商品」的理念。深受當地人信賴。

Check1

關注原創商品！

很多紐約人喜歡寫上ZABAR'S可愛橘色商標字樣的商品。也是人氣伴手禮的選項之一。可在2樓的日用品賣場購得。

Zabar's

支撐當地居民的飲食生活 1934年開業的老店

深受上西城居民喜愛的食品老店。1樓是生鮮及加工食品區，2樓是品項齊全的廚房用品區，連專業主廚也會前來採購。

🏠 2245 Broadway（at 80th St.）
☎ 1-212-787-2000
🕒 8:00～19:30（週六～20:00、周日9:00～18:00）
🚇 從地鐵1號線79 St站步行約1分鐘
www.zabars.com
上西城 ▶MAP P.20 A-3

Totebag
品牌色橘色小托特包。
•$2.99

Bottle
印上熟悉商標的不銹鋼杯。
•$9.98

在咖啡館休息一下

Check2

店鋪旁附設的人氣咖啡館，有招牌三明治、熟食、自有品牌咖啡等輕食，供顧客享用。

最適合坐下來休息片刻

馬芬的種類也很豐富。

Mug Cup
畫上紐約街景圖的大容量馬克杯。
•$3.98

堅果類比台灣便宜。

人氣商品咖啡

Check3

豐富的自有品牌商品

堅果、點心、麵包或熟食等種類廣泛的自有品牌商品。品種齊全的咖啡豆也很適合當伴手禮。

Photo : Zabar's

可以只選
喜歡的食物

Eli's Zabar的
2點check point

用智慧的姿勢夾取小菜
到專用盤上。

Check1

領先其他店一步，處處展現Eli Zabar巧思的魅力
商店。

Eli's Zabar

附設餐廳
約185m²的旗艦店

Zabar's創辦人的么兒Eli Zabar在上
東城開設的名店。地下1樓是生鮮食
品，地上1樓是加工食品賣場。烘焙
坊及各門市積極展店中。

🏠 1411 3rd Ave. (at 80th St.)
☎ 1-212-717-8100
🕐 7:00～21:00
🚇 從地鐵6號線77 St站步行約5分鐘
www.elizabar.com
上東城 ▶MAP P.21 F-3

驚人的沙拉吧！

配合消費者的需求，一到午餐時間1
樓自助區迅速擺出現做的小菜和新鮮
沙拉。店內也有用餐區，可以坐下來
慢慢吃。

$8.95

Salad Bar
有胡蘿蔔、綠花椰等蔬
菜棒。

迷人的水果

Check2

還有將各式水果切成
適口大小的水果自助
區。適合肚子有點餓
時解饞一下。

$4.59

Fruit
吃些新鮮水果補
充維生素吧。

Check1

用品類頗受歡迎

位於店內後方的用品
區，從專業廚房用品到
適合當伴手禮的小物
等，有多樣點綴廚房的
優質用品。

汀恩德魯卡的
2點check point

重視認真傳遞食物的美味一事，並
投注心力開發自有品牌商品。

whimsy&spice

$7.50

花朵餅乾，一口一
個剛剛好。

Check2

Dean & Deluca
汀恩德魯卡

誕生自提供美味食物的念頭

由當時仍是高中老師的Giorgio Deluca在1973年
成立。開幕之初是蘇活區的小型起司專賣店。後
來，1977年黟同常客兼朋友Joel Dean在現址開
店。

🏠 560 Broadway（at Prince St.）
☎ 1-212-226-6800　🕐 7:00～21:00（週六、日8:00～）
🚇 從地鐵R、W線Prince St站步行約1分鐘
www.deandeluca.com
蘇活區 ▶MAP P.8 C-2

$9.50

少見的瘦高型風格
馬克杯。

可愛的餅乾！

味道外觀都很可愛的餅乾，種類豐
富。送人也好，自己吃也好，忍不住
伸手拿個不停。搭配店內的咖啡一起
品嘗。

全部$10以下！

尋找便宜可愛的伴手禮

想買伴手禮送給家人、朋友、同事！
以下介紹低預算、外觀也可愛的紐約風商品。
分送便宜可愛令人讚不絕口的伴手禮吧。

E

Memo

以早期黃色計程車為圖的復古造型記事本。尺寸小攜帶方便。

•$6.50

D

Mug

印上I ♥NY圖案的馬克杯。光看就覺得朝氣十足，適合日常使用。

•$8.95

•各$3.50

E

Key Holder

為1970年代舉辦的紐約觀光宣傳而設計的標誌。至今依舊人氣不減。

紐約專屬

I ♥NY或自由女神等經典商品，是色彩豐富&可愛的必選商品。

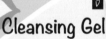

•99¢

D

Nail Polish

便宜可愛有口碑的美妝品牌NYC的指甲油。顏色種類豐富，多質一些分送親友吧。

D

Cleansing Gel

紐約年輕人最愛的凱蒂貓手部消毒液，2盒裝。是台灣沒有的必買商品。

•$4.99

It's Cute!

分送用

推薦藥妝店或超市。有美妝品等多項價廉物美不容錯過的商品。

Hello Kitty

A

On Nail Set

在糖果店發現閃閃發亮的特殊美甲貼片！跟店家用色相同的圖案相當可愛。

•$6.50

wonderful!

•$4

零食系

傳統點心或引起話題的茶葉品牌等，挑選包裝精美可愛的美味零食吧。

C

Tea

手掌大小的小圓罐裝有3包茶包。挑選以洋甘菊為基底的YELLOW & BLUE。手掌大小的小圓罐裝有3包茶包。挑選以洋甘菊為基底的YELLOW & BLUE。

A Dylan's Candy Bar

狄倫糖果吧
名人小孩愛逛的
糖果專賣店

Ralph Lauren的女兒Dylan Lauren開設的糖果店。
可以找到許多商標與包裝都很可愛的平價點心。

🏠 1011 3rd Ave.（at 60th St.）
☎ 1-646-735-0078
🕐 10:00～21:00（週五、六～23:00、週日11:00～）
🚇 從地鐵N、R、W線Lexington Av /59 St站步行約2分鐘
www.dylanscandybar.com
上東城 ▶MAP P.19 E-2

B M&M'S® WORLD New York

時代廣場的
地標商店

除了巧克力外，還有T恤、運動服、布偶
等，充滿M&M商品的旗艦店。

🏠 1600 Broadway（bet. 48th & 49th Sts.）
☎ 1-212-295-3850　🕐 9:00～24:00
&交通 從地鐵N、R、W線49 St站步行約1分鐘
www.mmsworld.com
曼哈頓中城 ▶MAP P.15 E-1

C Harney & Sons
→詳見 P.138

D Duane Reade
→詳見 P.143

E Tenement Museum
移民公寓博物館
→詳見 P.140

F Greenwich Letterpress
→詳見 P.73

$4.75

Nice to meet you!

F Card
中間有「I heart new york city」（最愛
紐約）醒目字樣的卡片。適合用來裝飾
房間。

i heart new york city*

*well, technically new jersey

$9.99

E Purse
在釉亮的螢光粉紅底色上印有I ♥NY
商標，相當搶眼。口金式開口適合當
零錢包。

$5

Subway
Brooklyn Bridge
City Hall Station
J M Z 4 5 6

very good!!

D Lip Balm
常見的媚比琳護唇膏。雖然台灣也有
賣，但紐約比較便宜，建議旅行時購來
囤貨。

各 $2.49

wow!

E Magnet
複製地鐵剪票口標示的磁鐵。各車站品
項齊全，找出喜歡的商品吧。

各 $2.49

D Lip Balm
藥妝品牌NOS推出的護唇膏。微微的潤
色效果和味道令人開心。

雖然超過10…

$21.95

DYLAN'S CANDY BAR

$3.25

so sweet

A Whirly Pop®
巨大尺寸的棒棒糖。色彩雙富讓人捨不
得吃掉。大人也務必試試。

B Chocolate
在台灣也很常見的MM，推出的紐約限
定巧克力。站在盒子中間的MM女神，
發呆的表情很可愛。

實用又亮麗
點綴廚房的用品

廚房是日常生活的場所。
收集紐約亮麗可愛的日用品,為平凡的烹飪時刻增添樂趣。

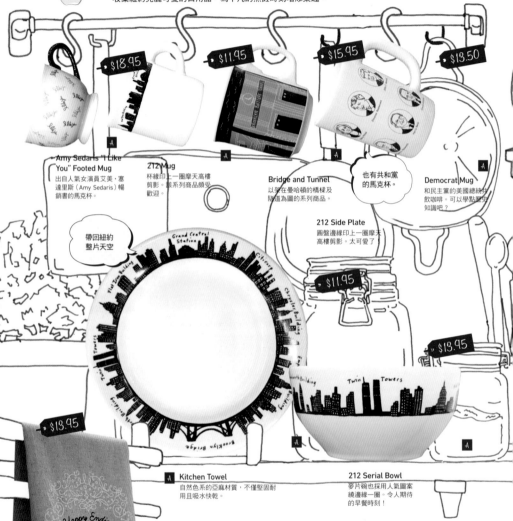

$18.95

$11.95

$15.95

$13.50

Amy Sedaris "I Like You" Footed Mug
出自人氣女演員艾美‧塞達里斯(Amy Sedaris)暢銷書的馬克杯。

212 Mug
杯緣印上一圈摩天高樓剪影。該系列商品頗受歡迎。

Bridge and Tunnel
以架在曼哈頓的橋樑及隧道為圖的系列商品。

也有共和黨的馬克杯。

Democrat Mug
和民主黨的美國總統在飲咖啡。可以學點歷史知識吧?

212 Side Plate
圓盤邊緣印上一圈摩天高樓剪影。太可愛了。

帶回紐約整片天空

$11.95

$13.95

$13.95

Kitchen Towel
自然色系的亞麻材質,不僅堅固耐用且吸水快乾。

212 Serial Bowl
麥片碗也採用人氣圖案繞邊緣一圈。令人期待的早餐時刻!

A. Fishs Eddy

帶回最愛的紐約!
以紐約為主題的多種圖案系列餐具頗受歡迎。店內也有種類齊全的亞麻製品或廚房小工具。除了曼哈頓,還陸續推出布魯克林及隔壁紐澤西州的商品。

🏠 889 Broadway(at 19th St.) ☎ 1-212-420-9020
🕐 9:00~21:00(週五、六~22:00、週日10:00~20:00) 🚇 從地鐵L、N、Q、R、W、4、5、6號線14 St- Union Sq站步行約6分鐘 www.fishseddy.com
雀兒喜 ▶MAP P.11 F-2

B. Global Table

蘇活區的小百寶盒
販售廚房及餐桌配件、餐具、居家用品的專賣店。有多款設計簡潔俐落、順手好用的商品。《ELLE DÉCOR》和《VOGUE》等雜誌都介紹過。

🏠 107 Sullivan St.(bet. Spring & Prince Sts.)
☎ 1-212-431-5839 🕐 12:00~19:00(週日~18:00) 🚇 從地鐵C、E線Spring St站步行約3分鐘 globaltable.com
蘇活區 ▶MAP P.8 B-2

Polka Dot Jar with Lid
繽紛圓點跳躍的可愛玻璃罐。

可裝砂糖
或醃菜！

Small bowl
用來裝堅果類小零食。

用來裝堅果類
小零食。

$6

$8

212 Storage Bowl
可以看到紐約天際線的
超酷附蓋玻璃容器。

$7

Side Plate
色彩豐富的餐盤。每一個
的圖案都有細微差異，仔
細看清後再買。

$16

Egg Stand
母雞造型的置蛋盒
光擺著就很可愛。

用色
可愛的碗。

$14

$14

Elka Bowl
民族圖案的餐碗為餐桌
增添華麗感。共3色。

C Anthropologie

造型時髦特殊的商品

來自賓州的人氣品牌。雖然主力商品是服飾
類，但也販售生活用品。特色是摩登鄉村風
格，也有網羅自世界各地、種類豐富的美麗餐
具。

🏠 85 5th Ave.（near 16th St.）　☎ 1-212-627-5885
🕐 10:00～20:00（週四、五、六～21:00、週日11:00～
19:00）🚇 從地鐵L、N、Q、R、W、4、5、6號線14
St- Union Sq站步行約4分鐘　www.anthropologie.com
雀兒喜 ▶MAP P.11 F-2

Kitchen Goods

美國的
商用廚房用品

餅乾模
切出蘋果造型的
可愛餅乾。

$5.99

Bowery Kitchen Supplies

餐廳主廚也光臨

位於雀兒喜市場內。販售專業鍋具及糕點
工具，餐具類的品項也很齊全。

實用的簡單基本款
餐具。

$4.50

🏠 88 10th Ave.（bet. 15th & 16th Sts.）在雀兒喜
市場裡　☎ 1-212-376-4982　🕐 9:00～20:00
（週六10:00～、週日10:00～19:00）🚇 從地鐵
A、C、E線14 St站步行約5分鐘
肉品包裝區 ▶MAP P.10 B-2

ABC Carpet & Home（P.140）也有優質餐具。必逛！

紐約引以為傲的茶葉品牌
潔訪 Harney & Sons

在咖啡熱潮背後默默翻紅的紅茶。
前往持續傳遞時髦耀眼紅茶文化的話題商店！

Harney & Sons

促使紐約紅茶文化開
花結果的話題名店

從世界各地的紅茶園採購最高級茶葉，再加上
獨特創意茶品博得人氣的紅茶專賣店旗艦門
市。在蘇活區門市設有輕鬆品茶的吧台區及座位
休息區。

🏠 433 Broome St.（bet. Broadway & Crosby St）
☎ 1-212-933-4853
🕙 10:00～19:00（週日11:00～）
🚇 從地鐵6號線Spring St站步行約3分鐘
www.harney.com
蘇活區 ▶MAP P.8 C-2

茶具
鍋茶和烤餅

$12

Harney
實測排行榜

從多項人氣茶品（茶包20
入裝）中，介紹編輯部最推
薦的5種品項！

NO.1

$10

NO.2

NO.3

$5.99

$8.50

can I
pleare
compi!

可以試喝中意的
口味喔！

Hot
Cinnamon Spice

香氣馥郁的肉桂加上清新橙皮及
甜味柔和的丁香，搭配出滋味絕
妙的超熱賣商品。是冬天熱飲、
夏天冷飲的最佳茶品。

Soho
(Chocolate + Coconut)

巧克力加椰子、香草混合莧菜優
雅的香氣調製成創意十足的風味
茶。

HT Blueberry
Green

中國綠茶暗藏氣息清新的藍莓、
檸檬草及香草。味道爽朗輕盈。

在雅致&時尚的店內
尋找紅茶珍品

整面牆上排滿超過250種紅茶的展示區，相當壯觀。
找出自己中意的茶品吧。

擔任蘇活店店長的第3代成員Emeric Harney。

What is
Harney的歷史

1983年，John Harney在紐約州米勒頓（Millerton）成立的茶葉店。之後，因紅茶品質精良躍身為人氣商店。目前在Harney家族的經營下，成為眾所皆知代表紐約的名店。

創辦人John Harney先生。

試喝後
再買

最重要的是先試味道。告知自己喜歡的口味，試喝後再購買吧。

挑選喜歡的茶

吧台有紅茶專家可諮詢。先告訴他們喜歡的香氣與味道吧。

英語會話例句
What do you recommend ?
有推薦的茶款嗎？

細心倒入熱水

在試喝專用壺中倒入計量正確的茶葉。慢慢注入熱水沖泡茶葉。

英語會話例句
It smells delicious.　聞起來好香啊。

數分鐘後倒入杯中

用計時器確認沖泡狀態。茶湯倒入預熱的杯中。

英語會話例句
Thank you.　謝謝。

享用完專家沖泡Harney & Sons才有的紅茶香氣與味道後再買吧。

英語會話例句
I'll take it.
我要買這個。

NO.4
$8.50

Classic Peppermint Herbal

選用奧勒岡州生產的優質辣薄荷製成清涼的風味茶。味道清爽暢快，適合當餐後茶。

NO.5
$13

Wedding
(White Tea + Rosebuds)

白茶加粉紅玫瑰、檸檬及香草調出優雅風味。適合當結婚回禮。白茶具有美肌效果。

留住茶香的保存方式是：①不要接觸到空氣，②盡量避開濕氣。

不管有多少 好貨就是讚！
尋找喜歡的托特包

服飾店、博物館、超市、舊書店等各種場所都買得到。找出非買不可的托特包吧。

$16.95

呈現民族大熔爐的風貌。

$18

來自布魯克林的托特包品牌，MAPTOTE。以全世界的都市為主題。

$6.98

老字號食品店的Logo包。採用堅固的塑膠材質製作。

A.

B.

D.

捕捉各民族齊聚紐約畫面的包包。

全部創作於布魯克林的工作室

$9.99

印上移民公寓博物館標誌的塑膠托特包，下雨天也不怕。

$24

$23.95

打造小島曼哈頓成為世界級都市的橋梁與隧道。

知名度高的Bridge & Tunnel系列。

F.

B.

G.

以紐約別名大蘋果為圖案。

A. Strand Books

商品也受歡迎的老牌書店

位於聯合廣場附近的書店。不僅賣書，還有日用品、廚房用品等各式商品。除了新書外也賣舊書。可以在這裡買到簡單的紐約伴手禮。

🏠 828 Broadway（bet. 12th & 13th Sts.）
☎ 1-212-473-1452
🕐 9:30～22:30（週日11:00～）
🚇 從地鐵L、N、Q、R、W、4、5、6號線14 St-Union Sq站步行約4分鐘
www.strandbooks.com
雀兒喜 ▶MAP P.12 A-2

B. Tenement Museum
移民公寓博物館

認識移民歷史的博物館

在博物館禮品店有各種豐富的紐約商品。推薦來這裡買此處才有的伴手禮。

🏠 103 Orchard St.（near Delancey St.）
☎ 1-877-975-3786
🕐 10:00～18:30（週四～20:30）
🚇 從地鐵F、J、M、Z線Delancey St-Essex St站步行約3分鐘
www.tenement.org
下東城 ▶MAP P.9 E-2

C. ABC Carpet & Home

母公司是地毯店的大型居家用品店

附設環境舒適、口碑良好的餐廳。日用品、廚房用品及美妝品種類齊全。光是逛一圈就很費時，多預留點時間逛吧！

🏠 888 & 881 Broadway（at 19th St.）
☎ 1-212-473-3000
🕐 10:00～19:00（週四～20:00、週日12:00～18:00）※假日營業時間不定
🚇 從地鐵L、N、Q、R、W、4、5、6號線14 St-Union Sq站步行約5分鐘
www.abchome.com
雀兒喜 ▶MAP P.11 F-2

D. Zabar's

深受當地居民喜愛的食品店

1934年以煙燻魚專賣店起家。1樓是食品賣場，2樓販售原創商品及廚房用品。

→DATA詳見P.132

E. Trader Joe's

來自南加州的有機超市

自有品牌的塑膠Logo包價格便宜頗受好評。娜塔莉·波曼等名媛也愛用！

→DATA詳見P.131

F. Fishs Eddy

1987年創業的美式風格餐具店

多款畫上紐約街景或地名標誌等時髦圖案的餐具、雜貨。造型可愛頗受好評。

→DATA詳見P.136

G. Urban Outfitters

加入流行元素的都會風設計頗受歡迎

販售服飾、家居用品及文具等的商店。可以用實惠價格買到流行單品。

→DATA詳見P.121

時髦商店或咖啡館的原創托特包是熱賣商品。尤其是布魯克林特別多。

Beautiful

網羅優質商品
利用USA美妝成為亮麗女性！

名媛也愛用的USA美妝，
有很多效果明顯且CP值高的優質品項！
而且包裝可愛令人心情愉悅。
找出中意的美妝極品吧。

RECOMMEND!

Q. 告別乾燥的頭髮⋯

A. 使用加了精華油的護髮產品，充分保濕。推薦免沖洗類。

MOROCCANOIL
TREATMENT ORIGINAL

CP值 ★★★ ▶ **$15** (25ml)
保濕力 ★★★
受損修復力 ★★

添加具抗氧化作用的摩洛哥堅果油。質地清爽不黏膩，頗受名媛喜愛。

John Masters Organics
lavender & avocado intensive conditioner

CP值 ★★ ▶ **$22** (7fl oz)
保濕力 ★★
受損修復力 ★★★

除了添加薰衣草&酪梨精華油外，還有大豆蛋白及白茶。香味清爽。

Carols Daughter
Healthy Hair Butter

CP值 ★★★ ▶ **$17** (8 oz)
保濕力 ★★★
受損修復力 ★★

添加荷荷芭及杏仁等7種，幫助秀髮保濕增加光澤的護髮霜。

AMAZING!

Q. 擁有淨白肌膚！成為素顏美人的品項是？

A. 洗臉是美麗肌膚的保養基礎。利用溫和不刺激肌膚，成分天然的產品，洗淨同時保濕。

John Masters Organics
linden blossom face creme cleanser

CP值 ★★ ▶ **$22** (4fl oz)
保濕力 ★★★
透明感 ★★

添加玫瑰花及菩提花精油，洗後濕潤不緊繃。敏感肌也適用！

bliss
multi-'face'-eted all-in-one anti-aging clay mask

CP值 ★★ ▶ **$50** (2.3oz)
保濕力 ★★
透明感 ★★★

添加10%甘醇酸和石英的面膜。洗淨後肌膚光滑透亮！

boscia
Makeup-Breakup Cool Cleansing Oil

CP值 ★★ ▶ **$30** (150ml)
保濕力 ★★
透明感 ★★★

成分天然，含薔薇果、綠茶及酪梨等，能徹底帶走彩妝。

PERFECT!

Q. 想擁有完美的肌膚！

A. 想擁有光澤肌膚，需借助身體保養品。挑選就算每天使用也放心的安全品項！

bliss
fatgirlslim® skin firming cream

CP值 ★★★ ▶ **$36** (6oz)
保濕力 ★★★
效果 ★★★

人氣SPA館推出的全身緊緻護膚霜。約按摩30秒就能消除橘皮組織！

C.O. Bigelow
Village Perfumer Body Cleanser - Rosemary Mint - No. 1520

CP值 ★★★ ▶ **$12** (10fl oz)
保濕力 ★★
效果 ★★

添加天然保濕因子Sodium PCA與香精油。細滑綿密的泡沫溫和洗淨全身。

Kiehl's
Creme de Corps Light-Weight Body Lotion

CP值 ★★★ ▶ **$25** (8.4fl oz)
保濕力 ★★★
效果 ★★★

為容易乾燥的肌膚帶來潤澤感，保持水潤柔滑。容易被肌膚吸收的潤膚品。

Where is 購買

1 想仔細挑選的話

如果有品牌直營店，會是最佳場所。那裡的店員會幫忙解答疑問，可以仔細挑選。並且容易買到新產品。

2 便宜且方便！要買很多的話

要買物美價廉的品牌，就到藥妝店。杜安里德、CVS、沃爾格林、來德愛等就像台灣的便利商店般到處都有。

3 還想買化妝品的話

就到美妝專賣店絲芙蘭或百貨公司的美妝區。化妝品會教顧客挑選適合的彩妝及化妝技巧。

GOOD!

Q. 想擁有性感的水潤雙唇！

A. 利用潤澤產品補充雙唇水分。因為是敏感細緻的部位，更要嚴格檢視成分。

C.O. Bigelow
Lemon Lip Cream – No. 1420

CP值　　　▶ $7.5
潤澤度 ★★★
抗UV效果 ★

添加2%的天然檸檬精油，保濕效果卓越。也可以疊擦在口紅上。

Kiehl's
Lip Balm #1

CP值　　　各 $7
★★★
潤澤度 ★★★
抗UV效果 ★★★

保濕成分是角鯊烯、小麥胚芽油及維生素E。擁有柔軟健康的嘴唇。

Josie Maran
Argan Love Your Lips Hydrating Lipstick

CP值　　　$22
★★★
潤澤度 ★★★
抗UV效果 ★★★

加了天然的墨西哥堅果油。讓唇膏加口紅的雙層構造，既保濕又有上色效果。

SWEET!

Q. 刷出動人雙眸的好用睫毛膏是？

A. 最好能維持濃密度且妝感自然。好刷也很重要！

Marc Jacobs Beauty
Lash Lifter - Gel Definition Mascara

CP值 ★★　　　$26
濃密度 ★★★
持久性 ★★★

產品特有的三角形刷頭連眼尾都好刷。實現睫毛纖長捲翹且效果持久！

Maybelline
VOLUM' EXPRESS THE COLOSSAL CHAOTIC LASH WATERPROOF

CP值 ★★★　　　$7.99
濃密度 ★★★
持久性 ★★

頂端彎曲的大刷頭瞬間提升濃密度！持久力超群。

Too Faced
Better Than Sex Mascara

CP值 ★★★　　　$23
濃密度 ★★★
持久性 ★★★

刷毛凹凸的彎細刷頭刷出根根分明捲翹的睫毛，展現華麗雙眸！

John Masters Organics

使用100%的天然成分

髮型設計師在自家廚房開發出的產品。如今已成為世界級品牌。以自然素材實現光澤秀髮！

🏠 77 Sullivan St. (bet. Spring & Broome Sts.)
☎ 1-212-343-9590
🕐 11:00～18:00
🚇 從地鐵C、E線Spring St站步行約1分鐘
www.johnmasters.com
蘇活區 ▶MAP P.8 B-2

Kiehl's
契爾氏

以藥局起家開業至今超過160年

嚴選天然成分，追求效果及安全性。美髮、美體、美膚等品項齊全。

🏠 109 3rd Ave.（bet. 13th & 14th Sts.）
☎ 1-212- 677-3171
🕐 10:00～21:00（週日11:00～19:00）
🚇 從地鐵L線3 Av站步行約2分鐘
www.kiehls.com
東村 ▶MAP P.12 B-2

C. O. Bigelow

全美最早的藥局推出自有品牌美妝

1838年成立。從保養品到化妝品、香水等，擁有多項跨時代仍廣受喜愛的產品。

🏠 414 6th Ave. (bet. 8th & 9th Sts.)
☎ 1-212-533-2700
🕐 7:30～21:00（週六8:30～19:00、週日8:30～17:30、假日9:00～16:00）
🚇 從地鐵A、B、C、D、E、F、M線W 4 St-Wash Sq站步行約3分鐘
www.bigelowchemists.com
格林威治村 ▶MAP P.11 E-3

Sephora
絲芙蘭

可自由試用話題品牌產品

集合多家人氣品牌的彩妝百貨公司。睫毛膏、口紅等所有彩妝都能試用！

🏠 555 Broadway (bet. Prince & Spring Sts.)
☎ 1-212-625-1309
🕐 10:00～21:00（週日11:00～20:00）
🚇 從地鐵R、W線Prince St站步行約1分鐘
www.sephora.com
蘇活區 ▶MAP P.8 C-2

Duane Reade
杜安里德

如便利商店般普及的藥妝店

店內有多款不傷錢包美價廉的品牌，如媚比琳、封面女郎、露華濃等。

🏠 661 8th Ave.（bet. 42nd & 43th Sts.）
☎ 1-212-977-1562
🕐 24小時
🚇 從地鐵A、C、E線42 St-Port Authority Bus Terminal站步行約1分鐘
www.duanereade.com
曼哈頓中城 ▶MAP P.15 E-1

全食超市（P.130）或ABC Carpet & Home（P.140）也有多項有機保養品或紐約美妝品。　143

紐約「住宿」事件簿

挑選飯店前，最重要的是先了解紐約飯店的注意須知。配合旅行型態，聰明選出適合的飯店。

事件1

比網路訂房的價格高出許多！是在敲竹槓嗎？

上網找到理想的飯店後直接訂房。明明房價顯示打六折，實際付款的金額卻比想像中還高。好不容易找到便宜的飯店卻這麼莫名其妙……

解決！ 房價要另外加稅

紐約市的飯店住宿費除了Room Charge（房價），還要加上14.375%的Room Tax（稅金）及每晚$3.50的Occupancy Tax（入住稅）。在飯店訂房網上，要再加上線上訂房的手續費。

RESERVE $300

$500!!

紐約飯店昂貴且不好訂房

在紐約，除了超高級飯店外，很少有像日本服務這麼周到的。總是一團亂難以訂房，即便是一流飯店房間也很小，住宿費又貴，這就是紐約飯店的現狀。住宿費不像日本有正式定價，是依訂房情況變動的收益管理制。房價也不像日本採人數計價，而是房間單位制。有時在一定的價格下住滿房間規定的人數會比較便宜。套房每晚要另加$5.50。

依飯店等級預估的房價

	等級	房價
	設計師飯店 由設計師規畫飯店的裝潢及擺設，呈現時尚現代風格。房間數少且內部空間狹小，但有別於連鎖式的風貌，住起來相當舒適，因此近年來頗受歡迎。又稱作精品飯店。	房價一晚 $300～
	高級飯店 地理位置優越、服務親切且設備完善的飯店。像四季飯店、君悅飯店、希爾頓飯店、喜來登飯店等，還有旅行團也會住的連鎖飯店。	房價一晚 $400～
	中級飯店 差別在於房間裝潢簡單。附設的盥洗用品少。房間大多很狹窄。不過，該等級的房間大小與提供的服務範圍廣泛。仔細尋找或許能發現自己喜歡的飯店。	房價一晚 $250～
	經濟飯店 只提供基本設備的飯店。大多建築老舊，房間狹窄。就算翻修後的房間寬敞嶄新，但也會有熱水出水量小、排水差、周邊治安不好等問題，要特別留意。	房價一晚 $150～

Photos：Ace Hotel, Nomad Hotel, The Pod Hotel 51

■ 床型尺寸

King Size	寬約193×長約203cm
Queen Size	寬約152×長約203cm
Full	寬約135×長約190cm
Twin	寬約97×長約190cm
Single Size	寬約99×長約190cm（兒童床）
日本的單人床	寬約98×長約195cm

■ 房間類型

單人房	一張單人床，房客1人
雙人房	2人同睡一張大床
雙床房	2張床，房客2人
三人房	3個人同睡 雙人床或雙床

事件2

要求支付1000美元…
該報警嗎!?（淚）

Check in時，櫃台人員要求出示信用卡，卻發現沒帶。訂房時就已經付清了，為什麼現在還要付？

解決！ 押金和身分證明都是必要的

在美國（紐約），入住飯店時，會要求做信用卡預授權。沒帶卡的話，押金就要付現，請留意這點。

注意取消政策

訂房時，一定要事先確認取消政策（取消條件）。舉例來說，私人經營的小旅館，臨近入住日才取消訂房，會造成空房無人住的困擾，所以有些旅館會提前要求取消費用。另外，還有必須事先付訂金、訂房時房價全額付清等各種情況。訂房前請先確認清楚。

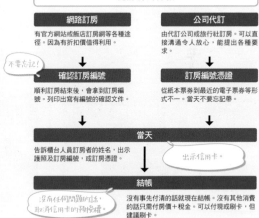

從訂房到付款

網路訂房	公司代訂
有官方網站或飯店訂房網等各種途徑。因為有折扣價值得利用。	由代訂公司或旅行社訂房。可以直接溝通令人放心，能提出各種要求。

↓ *不需忘記！* ↓

確認訂房編號	訂房編號憑證
順利訂房結束後，會拿到訂房編號。列印出寫有編號的確認文件。	從紙本票券到最近的電子票券等形式不一。當天不要忘記帶。

↓ ↓

當天

告訴櫃台人員訂房者的姓名，出示護照及訂房編號，或訂房憑證。

出示信用卡。

結帳

沒有任何問題的話，取消信用卡的預授權。

沒有事先付清的話就現在結帳。沒有其他消費的話只需付房價＋稅金。可以付現或刷卡，但建議刷卡。

事件3

電梯內有人對我笑，
是搭訕嗎？

搭電梯前往房間時，和共乘者視線交會。那時，對方微笑了。明明只是一起搭電梯，為什麼會這樣？

解決！ 美國人特有的普通表現

這種習慣在美國是「我很正常喔」「我沒有敵意」的表現。當然不是所有人都這樣，不過在美國視線交會時互相微笑是種禮貌。不是對誰有意思，請放心。

微笑後的英語會話

Going up/down？
上樓還是下樓？

It's nice weather today.
今天天氣不錯。

Have a nice day!
說你有美好的一天！

STAY 01

控制預算的好住處！
高CP值飯店

在住宿費昂貴的紐約，有很多「物超所值的房間」。
以下是嚴選高CP值飯店。慎選一間來住吧。

Hi! Check in, please.

飯店對旅行印象的影響很大。

Midtown
$75~
充滿創意的簡練設計

高質感空間及絕佳地點充滿魅力。

地點佳，到曼哈頓中城景點步行只要10分鐘。

The Pod Hotel 51
輕鬆抵達市內觀光景點！

風格十足的裝潢和可眺望高樓群的空中花園頗受歡迎。雖然部分房間共用衛浴，但每層樓有3間以上，並隨時保持清潔。也有使用中燈號。設有免費Wi-Fi，住起來相當舒適。

🏠 230 E. 51st St.
（bet. 2nd & 3rd Aves.）
☎ 1-212-355-0300
🚇 從地鐵6號線51 St站步行約4分鐘
www.thepodhotel.com
曼哈頓中城 ▶MAP P.19 F-3
IN 15:00
OUT 12:00

Upper West Side
$179~
新舊交雜的浪漫氣氛

盥洗用品是紐約品牌C.O.Bigelow！

有別於外觀風情的現代化房間。

Hotel Belleclaire
大廳有免費咖啡和紅茶

雖然是1903年興建的舊建築物，卻翻修得很漂亮。館內到處掛有紐約街景的黑白照，就像藝廊。中央公園和自然歷史博物館都在步行範圍內。提供免費Wi-Fi。

🏠 250 W. 77th St.
（bet. West End Ave. & Broadway）
☎ 1-212-362-7700
🚇 從地鐵1號線79 St站步行約2分鐘
www.hotelbelleclaire.com
上西城 ▶MAP P.20 A-3
IN 15:00
OUT 12:00

Midtown
附近有多家咖啡館和餐廳。
$110~
要在中城玩到很晚的話就選這裡！

The Pod Hotel 39
飯店賣點是摩登裝潢和優越的地理位置

走路到中央車站只要5分鐘。房間小而美，還有免費Wi-Fi。

🏠 145 E.39th St.（bet. 3rd & Lexington Aves.）
☎ 1-212-865-5700
🚇 從地鐵S、4、5、6、7號線Grand Central-42 St站步行約5分鐘
www.thepodhotel.com
曼哈頓中城 ▶MAP P.16 B-2
IN 15:00
OUT 12:00

Chelsea
乾淨可愛的裝潢。
$279~
曼哈頓少見的 Bed & Breakfast

Chelsea Pines Inn
走路到雀兒喜市場只要5分鐘

早餐美味有口碑的時髦B&B。在大廳，提供點心和飲料到23點。有免費Wi-Fi。

🏠 317 W. 14th St.（near 8th Ave.）
☎ 1-212-929-1023
🚇 從地鐵A、C、E線14 St-8 Av站步行約1分鐘
www.chelseapinesinn.com
雀兒喜 ▶MAP P.11 D-2
IN 15:00
OUT 12:00

投幣式洗衣機，請準備
25¢ 硬幣。

入住期間上健身房做體
能訓練。

How to
實惠住宿法

1 上網訂房
可以從飯店的官方網站，或是Booking.com、
Expedia等線上旅遊業（OTA）的網頁訂房。

2 分租房間
也可以利用空屋出租網Airbnb，入住當地人的
房屋。和屋主取得聯絡，建立信任感後使用。

在紐約很少有附設廚房
的飯店。

Upper West Side
$235~

房間附設小廚房，
可以簡單煮食

備有微波爐
及簡單的
烹飪器具。

可以悠哉放鬆的寬敞房間。經常有海外旅客或
長期住宿者使用。

Hotel Beacon
能體驗
「在地生活旅遊」的飯店

曼哈頓少見的附廚房、空間寬敞
的公寓式飯店。飯店前面就是超
市，環境也不錯。能充分體驗紐
約居民的生活氣息，所以有很
多回頭客。提供免費Wi-Fi。

🏠 2130
Broadway（at 75th St.）
☎ 1-212-787-1100
🚇 從地鐵1、2、3號線72 St站步
行約2分鐘
www.beaconhotel.com
上西城▶MAP P.20 A-3

IN 15:00
OUT 12:00

Midtown
$272~

百老匯劇場街
就在步行範圍內

從室內泳池
看出去的
景色絕美。

就算行李箱打開，也有足夠的活動空間，在曼
哈頓中城算是很寬敞的房間。

Skyline Hotel
服務親切環境舒適，
也接待團體客的飯店

位於曼哈頓中城西側。從劇場可
以走回飯店，看完音樂劇後輕鬆
就能回飯店。設有曼哈頓少見的
室內泳池。平常開到22點，假日
到21點，可以在此賞夜景。提供
付費Wi-Fi。

🏠 725
10th Ave.（at 49th St.）
☎ 1-212-586-3400
skylinehotelny.com
曼哈頓中城▶MAP P.14 C-1

IN 15:00
OUT 12:00

Midtown
$80~

去時下最熱門的諾瑪德
區也很方便。

到哪都方便的地點
適合觀光客

Hotel 31
附近有多家餐廳，
不必擔心用餐問題

陳設古典，部分房間共用浴室，
但打掃得很確實，相當乾淨。有
免費Wi-Fi。

🏠 120 E. 31st St.（bet. Lexington
& Park Aves.）　☎ 1-212-685-
3060　🚇 從地鐵6號線33 St站步
行約2分鐘　www.hotel31.com
曼哈頓中城▶MAP P.16 B-3

IN 15:00
OUT 12:00

Lower East Side
$119~

除了臥室還有客廳。

全部都是套房式客房！
在沉穩的空間舒適居住

Off Soho Suites Hotel
購物最佳位置
建議和朋友一起入住

所有房間都是附廚房的套房式客
房。中國城、小義大利、蘇活區都
是步行10分鐘內可達。有免費Wi-
Fi。

🏠 11 Rivington St.（bet. Bowery &
Chrystie St.）　☎ 1-212-979-9815
🚇 從地鐵J、Z線Bowery站步行
約3分鐘　www.offsoho.com
下東城▶MAP P.9 E-2

IN 15:00
OUT 12:00

👀 說到紐約著名的代表性飯店就是PLAZA HOTEL（P.80），地下有美食廣場，可以過去逛逛。　147

曼哈頓
📷 觀光
🎨 藝術
🎵 娛樂
🍴 美食
🛒 購物
🏨 住宿

STAY 02

團體客也常來的

曼哈頓
精選飯店

從人人都憧憬的知名飯店到休閒飯店，接著介紹團體客常來的飯店。挑選符合旅遊型態及預算的飯店，度過美好的住宿時光！

高級

在飯店嚴選的床鋪上睡個好覺

Sheraton New York Times Square
紐約時代廣場喜來登飯店

入住當代藝術空間

位於曼哈頓中城的中心區，到劇場街或第五大道都很方便。備有浴袍和拖鞋。寢具也很講究。

$219~

只有大廳區有免費Wi-Fi。

IN 15:00
OUT 12:00

🏠 811 7th Ave.（at 53rd St.）
☎ 1-212-581-1000
Ⓜ 從地鐵B、D、E線7 Av站步行約1分鐘
www.sheratonnewyork.com
曼哈頓中城 ▶MAP P.18 C-3

高級

客房種類齊全

New York Hilton Midtown
紐約市中心希爾頓飯店

適合重視地點的人

以擁有紐約最多客房數1980間而自豪的大型飯店。位於曼哈頓中城的市中心，交通方便。房間設備新穎完善，乾淨簡潔。

$199~

Check Out後寄行李須自費（$3.50）。

IN 15:00
OUT 12:00

🏠 1335 Ave. of Americas（bet. 53rd & 54th Sts.）
☎ 1-212-586-7000
Ⓜ 從地鐵B、D、E線7 Av站步行約1分鐘
www.hilton.com
曼哈頓中城 ▶MAP P.18 C-3

高級

地點絕佳和房間寬敞

New York Marriott Marquis
紐約馬奎斯萬豪飯店

部分房間看到時代廣場

位於劇場街，時代廣場就在眼前，適合想貼近感受紐約的人。從頂樓旋轉餐廳「The View」看出去的景致堪稱絕景。

$215~

接待櫃台位於8樓。附設劇場。

IN 15:00
OUT 12:00

🏠 1535 Broadway（at 45th St.）
☎ 1-212-398-1900
Ⓜ 從地鐵N、R、W線49 St站步行約4分鐘
www.marriott.com
曼哈頓中城 ▶MAP P.15 E-1

高級

到哪都方便

Grand Hyatt New York
紐約君悅飯店

位於紐約市中心的飯店

緊鄰中央車站的高級飯店。離紐約的觀光勝地很近，飯店前面就是地鐵站，交通方便令人開心。

$154~

寬敞的大廳豪華乾淨。

IN 16:00
OUT 11:00

🏠 109 E. 42nd St.（at Lexington Ave.）
☎ 1-212-883-1234
Ⓜ 從地鐵S、4、5、6、7號線Grand Central-42 St站步行約1分鐘
www.grandnewyork.hyatt.com
曼哈頓中城 ▶MAP P.16 B-2

高級

離時代廣場近

Millennium Broadway Hotel
百老匯千禧飯店

住在紐約的正中心

離時代廣場或第五大道很近，對愛逛街的人地理位置超棒。劇場街步行即達。房間老舊，但簡潔乾淨。

$267~

時代廣場的指標飯店。

IN 16:00
OUT 11:00

🏠 145 W. 44th St.（bet. 6th Ave. & Broadway）
☎ 1-212-768-4400
Ⓜ 從地鐵N、Q、R、W、S、1、2、3、7號線Time Sq-42 St站步行約4分鐘
www.millenniumhotels.com
曼哈頓中城 ▶MAP P.15 F-1

中級

商務觀光皆宜

Wellington Hotel
威靈頓飯店

擁有113年歷史的飯店

位於曼哈頓中城市中心的老飯店。1樓的咖啡館營業到深夜2點。上網訂房的話，網路免費。

$258~

飯店的設備及服務完善。

IN 16:00
OUT 12:00

🏠 871 7th Ave.（at 55th St.）
☎ 1-212-247-3900
Ⓜ 從地鐵N、Q、R、W線57 St-7 Av站步行約1分鐘
www.wellingtonhotel.com
曼哈頓中城 ▶MAP P.18 C-3

中級

隔一條街就是紐約市區

Hotel Stanford
斯坦福飯店

附早餐且設備齊全

走路到帝國大廈、麥迪遜廣場花園只要幾分鐘，地理位置佳。中城少見的附早餐服務，令人開心。

$228~

距離百老匯劇場街很近。

IN 15:00
OUT 23:00

🏠 43 W. 32nd St.（bet. 5th Ave & Broadway）
☎ 1-212-563-1500
Ⓜ 從地鐵B、D、F、M、N、Q、R、W線34 St-herald Sq站步行約3分鐘
www.hotelstanford.com
曼哈頓中城 ▶MAP P.15 F-3

中級

在市中心散步的絕佳地點

Washington Square Hotel
華盛頓廣場飯店

知名的爵士俱樂部就在步行圈內

位於華盛頓廣場，開幕超過100年的老字號飯店。散步就能到小義大利及中國城。提供C.O. Binelow的盥洗用品。

$290~

1909年開幕，但內部翻修過。

IN 15:00
OUT 12:00

🏠 103 Waverly Pl.（near MacDougal St.）
☎ 1-800-652-1212
Ⓜ 從地鐵A、B、C、D、E、F、M線W 4 -St-Washington Sq站步行約2分鐘
washingtonsquarehotel.com
格林威治村 ▶MAP P.11 E-3

How to 付小費

美國理所當然的禮儀

有人幫忙時一定要給小費。整理床鋪的小費是每床$1。Check in時幫忙行李，每件$2～3。

經濟

環境安全

Hotel Wolcott

推薦給普羅大眾的飯店

外觀及大廳陳舊，但房價相對便宜。位於曼哈頓中城中心，地點佳，盥洗用品和設備齊全。

附咖啡或馬芬等早餐。

$195～

🏠 4 W. 31st St.（bet. 5th Ave. & Broadway）
☎ 1-212-268-2900
🚇 從地鐵R、W線28 St站步行約5分鐘
www.wolcott.com
曼哈頓中城 ▶MAP P.16 A-3

IN 15:00
OUT 12:30

最佳旅行據點

The Watson Hotel

度過沉靜時光

位於林肯中心旁的幽靜住宅區，環境優閒。不荷包的低房價令人放心。

提供網路及免費Wi-Fi

$255～

🏠 440 W. 57th St.（bet. 9th & 10th Aves.）
☎ 1-212-581-8100
🚇 從地鐵A、B、C、D、1號線59 St Columbus Circle站步行約3分鐘
www.ihg.com/hotels
曼哈頓中城 ▶MAP P.18 A-3

IN 15:00
OUT 11:00

中級

同樣推薦給商務人士

Comfort Inn Times Square West

提供多項便利服務

精品國際酒店集團（Choice Hotels）的連鎖飯店。設備齊全適合商務人士或家庭遊客，就算一個人來住也很自在。

盥洗用品齊全，令人開心。

$169～

🏠 343 W. 44th St.（bet. 8th & 9th Aves.）
☎ 1-212-767-0223
🚇 從地鐵A、C、E線42 St-Port Authority Bus Terminal站步行約2分鐘
www.choicehotels.com
曼哈頓中城 ▶MAP P.15 D-1

IN 15:00
OUT 11:00

公寓式房間

Best Western Plus Hospitality House

體驗紐約人的生活

Best Western系列的連鎖飯店。套房內附廚房或微波爐等設備，就像當地居民般在此生活。

設備齊全，讓不習慣紐約的人也能放心。

$352～

🏠 145 E. 49th St.（bet 3rd & Lexington Aves.）
☎ 1-212-753-8781
🚇 從地鐵6號線51 St站步行約3分鐘
www.bestwestern.com
曼哈頓中城 ▶MAP P.16 B-1

IN 15:00
OUT 11:00

中級

摩登時尚飯店

Hampton Inn Times Square North

賣點是種類豐富的自助式早餐

位於曼哈頓中心區的Hampton旗下的連鎖飯店。賣點是寬敞的房間和種類豐富的免費自助式早餐。

步行幾分鐘就到劇場街的絕佳地點。

$179～

🏠 851 8th Ave.（at 51st St.）
☎ 1-212-581-4100
🚇 從地鐵C、E線50 St站步行約1分鐘
hamptoninn3.hilton.com
曼哈頓中城 ▶MAP P.18 B-3

IN 15:00
OUT 12:00

雅致沉穩的客房

Hilton Garden Inn Times Square
時代廣場希爾頓花園飯店

位於劇場街的時尚旅館

FAX或印表機等商務需求設備齊全。晚上可到頂樓酒吧「The Attic」暢飲。裝潢沉穩，令人心情放鬆。

24小時開放的健身房及商務中心。

$199～

🏠 790 8th Ave.（at 48th St.）
☎ 1-212-581-7000
🚇 從地鐵C、E線50 St站步行約2分鐘
hiltongardeninn3.hilton.com
曼哈頓中城 ▶MAP P.15 E-1

IN 15:00
OUT 12:00

高級

位於時代廣場旁

The Gallivant Times Square

洋溢高級感的Wyndham系列飯店

提供幫忙預定館內餐廳等優質服務，設備及盥洗用品也很齊全。緊鄰時代廣場。

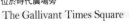
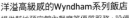

裝飾藝術風格的飯店。

$314～

🏠 234 W. 48th St.（bet. Broadway & 8th Ave.）
☎ 1-212-246-8800
🚇 從地鐵N、R、W線49 St站步行約3分鐘
www.wyndham.com
曼哈頓中城 ▶MAP P.15 E-1

IN 15:00
OUT 12:00

36層樓高的優雅飯店

InterContinental New York Times Square
紐約時代廣場洲際飯店

頗受忙碌的商業人士青睞

以奢華客房和寬敞優閒的空間頗受好評的飯店。從客房眺望曼哈頓，景色一覽無遺。華麗的裝潢相當漂亮。

可在Todd English用餐。

$492～

🏠 300 W. 44th St.（bet. 43rd & 44th Sts.）
☎ 1-212-803-4500
🚇 從地鐵A、C、E線42 St-Port Authority Bus Terminal Station站步行約1分鐘
interconny.com
曼哈頓中城 ▶MAP P.15 E-1

IN 16:00
OUT 11:00

 曼哈頓的飯店就算是高級飯店也幾乎不附冰箱。要外帶需冷藏的食品時請留意。

❶ 美國人喜歡做日光浴。晴天的中央公園，有很多人穿泳裝或打赤膊享受日光浴。　❷ 紐約是爭取女同性戀Lesbian、男同性戀Gay、雙性戀 Bisexual、跨性別者Transgender的權利，LGBT權利運動的發源地。　❸ 2011年紐約州同性婚姻合法化。2015年6月，美國聯邦最高法院裁定承認同性婚姻。

BROOKLYN

Brooklyn

布魯克林

布魯克林是紐約市的5區之一。
是娛樂產業發達，
孕育新文化與潮流的地區。

大海彼岸是無限延伸的曼哈頓摩天高樓。

尖端潮流與懷舊氛圍融合的城市

原本是移民城市，綠意無邊的地區。房價比曼哈頓便宜，有不少藝術家移居此處。目前時髦商店林立，是紐約新文化的誕生地。

行駛在曼哈頓區以外的綠色計程車

綠色計程車是2013年夏天取得紐約市營業許可的「包羅計程車」。為布魯克林等曼哈頓區以外的大眾提供便捷的交通方式。

鮮明的綠藏果色！

0　1km

N

河德遜路
Hadson River

曼哈頓 Manhattan

東河
East River

3 綠點區 Greenpoint

🚇約7分鐘
🚗約6分鐘

🚇約5分鐘
🚗約10分鐘

🚇約12分鐘
🚗約15分鐘

2 威廉斯堡 Williamsburg

布魯克林 Brooklyn

🚗約10分鐘

1 丹波 Dumbo

🚇約30分鐘
🚗約15分鐘

🚇約20分鐘
🚗約15分鐘

4 布希維克 Bushwick

🚗約10分鐘

🚇約5分鐘

5 Bococa

🚇約10分鐘
🚗約6分鐘

7 雷德胡克 Red Hook

6 公園坡 Park Slope

Attention

1）步行費時！
布魯克林位於曼哈頓東側，面積251平方公尺，地緣遼闊，路況複雜，不好辨認。另外，各街道距離稍遠，走路費時。

2）有時會再回到曼哈頓
從曼哈頓可搭地鐵、巴士、計程車、渡輪（冬季停駛）過來。區域間的移動不太順暢，有時候非得再回到曼哈頓才行。

3）最好一天逛一區
地鐵路線沒有遍及全區，巴士班次也少。因此，若是相鄰的區域，如威廉斯堡～綠點區、威廉斯堡～雷德胡克、丹波～Bococa等地可以當天走完，然而要逛其他地區的話，以一天停留一區為佳。

🚇：地鐵
🚗：計程車

1 DUMBO
丹波

→P.174

拍攝美照的藝術地區

放眼望去是石板路、東河和曼哈頓摩天大樓交織成的絕景。廣告或電視劇經常來此取景。

布魯克林大橋壓倒性的存在令人無法忽視。

2 Williamsburg
威廉斯堡

→P.178

帶動布魯克林熱潮的地區

原是工廠林立的地區，如今成為新秀藝術家的移居地。飲食、藝術、時尚等吸引全世界的目光聚集。

目前有很多名人遷居於此，進階為高級住宅區。

3 Greenpoint
綠點區

→P.186

傳統氛圍和新文化的混合區

該區保有傳統波蘭商店街的氣氛，並與來自威廉斯堡的新文化交織成魅力地區。

布魯克林街兩旁的商店相當吸睛。

4 Bushwick
布希維克

→P.190

目前最受矚目的藝術區

擁有多位新秀藝術家，畫廊陸續開幕的焦點藝術區。在充滿塗鴉藝術的街上走走看看十分有趣。

邊看巨大壁畫邊走到布希維克吧。

5 Bococa

→P.194

空氣中洋溢著沉靜的庶民風情

取相鄰的3個地區名稱第一個字母為名，稱作BoCoCa。沉靜的氣氛中也有數家質感商店林立。

NBA布魯克林籃網的主場。

6 Park Slope
公園坡

→P.194

感受古老美好紐約的住宅區

位於展望公園附近寬敞開闊的住宅區。有很多紐約人全家遷居至此。環境好，適合生活。

展望公園內也有美麗的日式庭園。

7 Red Hook
雷德胡克

→P.198

佇立在海岸邊的特色區域

和布魯克林其他地區風情截然不同的港灣。可看到自由女神像的正面，是最佳觀光地。

IKEA和FAIRWAY等大型商店相當醒目。

其他地區

底蘊深遠的布魯克林。目前仍未退燒。

還有很多魅力區域！

布魯克林基本上屬於住宅區。但是，除了這裡介紹的區域外，還有很多魅力場所。從曼哈頓搭地鐵就到的知名海灘康尼島是夏季推薦景點。從布魯克林高地步道眺望摩天高樓的景致場稱一絕。深受觀光客歡迎的Dyker Heights聖誕燈景值得一看。每區都是移民村，形成保有各民族特色的街區。

隨時景色如畫

從外圍眺望曼哈頓

曼哈頓島的周圍河流環繞。站在對岸，眼前是一望無際如明信片般的絕景。
盡情欣賞從丹波和皇后區長島市看出去的絕佳美景吧。

stunning view!!

DUMBO

丹波

保有早期的工業區景象，是欣賞對岸美景的熱門景點，很受歡迎。
也有多家話題商店。

{ ☀ *Daytime* }

布魯克林大橋

世界貿易中心
一號大樓

在被譽為世界最美的橋梁，布魯克林
大橋背後，是清晰可見的金融街天際
線。

{ 🌅 *Sunset* }

金融街亮起燈光，是能拍到美照的瞬
間。以夕陽天邊為背景的浪漫景致，
精采絕倫。

From Dumbo

丹波

兩座橋墩下的寬廣腹地

位於曼哈頓下城對岸。除了布魯克林大
橋外，還能眺望全美最高的世界貿易中
心一號大樓及金融街。

🚇 從地鐵F線York St或A、C線High St站步
行約8分鐘

丹波▶MAP P.24A B-1

{ 🌙 *Night* }

布魯克林大橋也點亮燈光，呈現在眼
前的是宛如珠寶盒打翻後掉落的百萬
美元夜景。

注意　不少商店晚上很早關門，獨自前
往地鐵站時要特別小心。避開人
煙稀少的巷弄。

交通　地鐵F線York St或A、C線High St
站。也可以走路通過布魯克林大
橋。

How to

搭渡輪

丹波
從東河渡輪航線的Wall St/ Pier 11往曼哈頓中城的第一站。

長島市
從東河渡輪航線的E.34th St/ Midtown往下城（Downtown）的第一站。

連結曼哈頓和布魯克林的NYC渡輪。

LONG ISLAND CITY

長島市

位於從曼哈頓搭地鐵的第一站皇后區。在最熱鬧的主街道Vernon Blvd.上，陸續有時髦商店開幕。

{ ☀ Daytime }

從當地人的休憩處河岸公園望出去，對岸景觀盡收眼底。櫛比鱗次的高樓大廈正中間是聯合國總部大樓！

克萊斯勒大樓

聯合國總部
←

{ 🌅 Sunset }

對岸是曼哈頓中城的商辦區，大樓密度高，可以清楚看到窗戶陸續亮燈的景致！

注意
這裡是開發中的區域，所以單獨走在夜晚的道路上要小心，不要太晚路上歸途。

交通
從中央車站搭地鐵7號線第一站Vernon Blvd-Jackson Av站下車。走向河濱。

{ 🌙 Night }

高樓林立的動人夜景。左邊可以看到帝國大廈。每天變化的美麗燈光秀值得一看！

From Long Island City

長島市

持續開發的焦點區

位於曼哈頓中城對岸，可看到聯合國總部大樓的正面。克萊斯勒大樓、帝國大廈等商辦區一覽無遺。

🚇 從地鐵7號線Vernon Blvd-Jackson Av站步行約7分鐘

長島市
▶MAP P.6 B-2

長島市也有MoMA的別館，MoMA PS1（MAP P.6 B-2）。跟同一天的MoMA入場可加參觀。 187

EAT
01

周末的美食活動
吃遍Smorgasburg市集！

小吃攤聚集的Smorgasburg市集。是邊走邊吃嘗遍當地美味的人氣活動。
出發參加布魯克林週末的美食盛會吧！

Sunday Gravy

$7

爽口就能吃完的肉球！

一定要空著肚子來喔！

果香濃郁的檸檬汁，
解渴潤喉～

Lemonade

$10

太多東西想吃，
真傷腦筋。

接著要去吃哪一
攤？

一口就能吃下的迷你點
心，真好～

BITEME
Cheesecakes

$3

yummy!!!

SMORGASBURG

What is

Smorgasburg市集

**集結75家攤商的
美食祭典**

輕鬆品嘗布魯克林在地美味的攤商活動。以威廉斯堡或展望公園為主，有時也會在曼哈頓舉辦季節限定場。還會進行快閃活動，博取人氣。

Smorgasburg

從主食類到甜點

第一場就在威廉斯堡舉辦。約有100多家攤商參加。一到15點左右，就有店家因商品賣光陸續收攤。可以遠眺曼哈頓的天際線。

週六

🏠 East River State Park（at N. 7th St.）
🕐 4～11月的週六11:00～18:00
🚇 從地鐵L線Bedford Av站步行約8分鐘
威廉斯堡 ▶MAP P.23 D-2

週日

🏠 Breeze Hill at Prospect Park地址（Lefrak
Center at Lakeside / Lincoln Rd.附近）
🚇 從地鐵Q、S線Prospect Park站步行約5分鐘
展望公園

$8
Bite Size Kitchen

剛烤好的漢堡美味多汁，香氣十足！

I love it!

$6
DuMont Burger

嗯，人越來越多了～（焦急）

可當甜點，塞到另一個胃？

$3
Dough

重量輕，體積小，適合買回去當伴手禮。

來林清爽暢快的冰茶吧。

Welcome

$9～
Dailola Granola

$4
Thirstea

最後還是要吃點麵吧？開動了！

Noodle Lane

$8

也會在這裡舉辦！
※場地依季節而異，請上官網查詢後再去吧。
www.smorgasdurg.com
■ 週五～日
🏠 76Varick St.（at Canal St.）
🚇 從地鐵1、2、5號線Canal St站步行約1分鐘
翠貝卡

〈夏季限定場〉
■ 每天
🏠 19 Fulton St.（at Front St.）
🕐 11:00～20:00
🚇 從地鐵A、C、J、Z、2、3、4、5號線Fulton St站步行約4分鐘
南街海港

以綠點區為營業根據地的Grumpy烘焙咖啡館，咖啡師正在沖煮品咖啡

Let's Drink!!

深受社群喜愛的
率性咖啡文化

What is
第三波咖啡
襲捲全美的咖啡熱潮

繼大量消費時代（第一波）、以星巴克為代表的高品質咖啡文化（第二波）之後的，就是第三波咖啡。講究咖啡豆的產地與沖煮方式。

EAT
02

布魯克林在地品牌
品味第三波咖啡

在西岸爆紅，傳到東岸的第三波咖啡。
以布魯克林為主的特色實力派品牌誕生中。

smells Good!!

Cafe Grumpy

來自倉庫街的嚴選烘豆

2005年誕生於當時尚未開發的工業區。從產地直接採購珍稀咖啡豆，在自家店內的烘豆室烘焙。在市內設有6家分店的人氣咖啡館。

🏠 193 Meserole Ave.
（at Diamond St.）
☎ 1-718-349-7623
🕐 7:00～19:30（週六、日7:30～）
🚇 從地鐵G線Nassau Av站步行約8分鐘
cafegrumpy.com
綠點區 ▶MAP P.23 E-1

↑印有Grumpy（愁眉苦臉）可當商標的咖啡豆$16～
→工作人員在烘豆室裝咖啡豆。
↓仔細確認咖啡豆的狀況。

馥芮白 $4
在橘色杯裡注入漂亮的拿鐵。是能品嘗到濃縮咖啡精華的單品。

咖啡的種類

Photo : Parlor Coffee, Champion Coffee

Enjoy Coffee!

餐後來上一杯順口的成熟滋味

濃縮咖啡
可嘗到深焙咖啡豆細緻風味的奢侈咖啡。也推薦瑪奇朵咖啡。

$3~

蓬鬆的奶泡香濃綿密

$4~

拿鐵咖啡
奶泡倒在香氣馥郁的濃縮咖啡上。拉花藝術也是觀賞重點。

為模型演出優雅的萃取法

Chemex手沖壺
此做法可萃取出風味澄淨的咖啡液。凝視咖啡萃取的模樣也很迷人。

以化學實驗燒杯為

$4.50~

進行各項嘗試找出咖啡豆的真實魅力。

$2.50~

手沖咖啡
利用濾杯、愛樂壓或法國壓等器具沖煮。

Parlor Coffee

持續追求咖啡美學

從美容院後院開始的小型烘豆室。PROBAT烘豆機烘焙出的咖啡香氣撲鼻，頗受歡迎。位於美容院後方。

🏠 11 Vanderbilt Ave.（near Flushing Ave.）
☺ なし ⏰ 8:00～14:00（週六、日9:00～15:00）休週一、二
Ⓜ 從地鐵G線Clinton-Washington Avs站步行約16分鐘　parlorcoffee.com
Fort Greene ▶ MAP P.25 E-1

Champion Coffee

位於綠點區的烘焙咖啡館

可以感受到咖啡風味。在綠點區的Nassau Ave.（MAP P.10 E-1）同樣設有門市。

🏠 1107 Manhattan Ave.
（bet. McGuinness Blvd. & Nassau Ave.）
☎ 1-718-383-3251 ⏰ 7:00～20:00
Ⓜ 從地鐵G線Greenpoint站步行約9分鐘
www.championcoffee.net
綠點區 ▶ MAP P.23 D-1

Brooklyn Roasting Company

重視和生產者的羈絆

用丹波區倉庫改裝成的咖啡館。是堅持選用公平貿易有機豆製作優質咖啡的名店。

🏠 25 Jay St.（bet. John & Plymouth Sts.）
☎ 1-718-855-1000 ⏰ 7:00～19:00
Ⓜ 從地鐵F線York St站步行約3分鐘
www.brooklynroasting.com
丹波 ▶ MAP P.24 C-1

其他還有！

Gorilla Coffee

進軍日本的精品咖啡館。令人聯想到猩猩標誌的厚實風味頗受歡迎。

🏠 472 Bergen St.
（near Flatbush Ave.）
☎ 1-347-987-3766
⏰ 7:00～21:00
（週四休）
Ⓜ 從地鐵B、D、N、R、Q、2、3、4、5號線Atlantic Av-Barclays Ctr站步行約4分鐘
gorillacoffee.com
公園坡 ▶ MAP P.25 D-3

細心手工摘取的咖啡豆！

$2

蘇門答臘阿樹之金
同時擁有煙草香甜氣息與清爽柑橘風味的印尼咖啡。

Oslo Coffee Roasters

開店宗旨是為當地居民烘焙咖啡。咖啡豆以北歐神話的眾神命名。

🏠 328 Bedford Ave.
（bet. S. 2nd & S. 3rd Sts.）
☎ 1-718-782-0332
⏰ 7:00～20:00（週六、日8:00～）
Ⓜ 從地鐵L線Bedford Av站步行約8分鐘
www.oslocoffee.com
威廉斯堡 ▶ MAP P.23 E-3

杯子比其他店大！

$2

家常咖啡豆 索爾
冠上「雷神」之名，口感滑順的咖啡。散發莓果、柑橘及巧克力香氣。

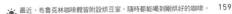

最近，布魯克林咖啡館皆附設烘豆室。隨時都能喝到剛烘好的咖啡。

CP值和氣氛都很棒
前往休閒餐廳

在布魯克林，有多家當地人喜歡的平價美味餐廳。
而且裝潢時髦漂亮，一起去看看吧。

生蠔拼盤
備有東岸和西岸的生蠔。可以自由搭配。喜歡的生蠔愛吃多少就點多少吧。

新鮮生蠔配雞尾酒

1個 $2.35～

Maison Premiere
品嘗新鮮生蠔和禁果美酒

這家生蠔吧，氣氛美好得令人聯想起夕陽下的巴黎咖啡館或陳舊的飯店大廳。隨時備有30種以上自全美各地採購來的生蠔。

🏠 298 Bedford Ave.（bet. Grand & S. 1st Sts.）
☎ 1-347-335-0446
🕐 16:00～23:00（週五～24:00、週六11:00～24:00、週日11:00～）
🚇 從地鐵L線Bedford Av站步行約7分鐘
maisonpremiere.com
威廉斯堡 ▶MAP P.23 E-3

推薦Point
重點放在每個生蠔只要1美元的歡樂時光吧（16:00～19:00、週六日11:00～13:00）。雞尾酒推薦昔日藝術家愛喝的苦艾酒，可以直接喝或加冰塊。

↑色彩繽紛的雞尾酒。調酒師站在中間吧台以純熟技巧為客人調製。
←略帶暗色調。彷彿時光倒流的鄉村風格裝潢。

使用當地食材做成的人氣漢堡

漢堡
用100%草飼牛肉製成的招牌菜。盡情享用台灣吃不到的活力餐點。

$17

在懷舊的裝潢下享用美食。對時尚風向敏感的年輕人喜歡聚集於此。

Diner
感受一世紀前的紐約

餐廳老闆是以經營複合式餐廳而聞名的Andrew Tarlow。吃得到運用當地食材製成的每日精選菜色與漢堡。

🏠 85 Broadway（bet. Wythe Ave. & Berry St.）
☎ 1-718-486-3077
🕐 午餐週一～五11:00～16:30、早午餐週六、日10:00～16:00、晚餐18:00～24:00
🚇 從地鐵L、M、Z線Marcy Av站步行約8分鐘
dinernyc.com
威廉斯堡 ▶MAP P.23 E-3

推薦Point
除了口碑良好的餐點外，運來1920年代廢棄的餐車車廂改建成餐廳，內部氣氛也很特別。店內隨處可見當時留下的設計或風貌。

Let's go out to eat!

Al di la Trattoria

佇立於住宅區的義大利小館

吃得到義大利東北部道地家常菜的話題餐廳。小巧雅致的店內氣氛輕鬆。到了午餐&晚餐時刻，經常擠滿當地饕客。

🏠 248 5th Ave.
（bet. Carol & President Sts.）
☎ 1-718-783-4565
🕐 午餐週一〜五12:00〜15:00、早午餐週六、日11:00〜15:30、晚餐18:00〜22:30
（週五〜23:00、週六17:30〜23:00、週日17:00〜22:00）
🚇 從地鐵R線Union St站步行約5分鐘
aldilatrattoria.com
公園坡 ▶MAP P.26 A-2

斯佩耳特小麥沙拉
據說自古羅馬時代就食用的斯佩耳特小麥，加上夏季蔬菜拌成的道地義大利菜。
$13.50

牛肝菌玉米粥
添加大量野生蘑菇。撒上帕馬森起司增添風味。
$13.50

義大利東北部的威尼托美味

從大窗戶照進來的自然光線，讓菜色看起來更美味，賞心悅目。遠離曼哈頓塵囂的優閒空間頗具魅力。

推薦Point

每道菜都很棒，但務必試用自製手工麵做的當季義大利麵。培根蛋麵賣得最好。麵條口感加上雞蛋的鮮美滋味，簡直是最佳拍檔。

店內照明採用蠟燭燈。在氣氛柔和的燈光下用餐。

鄉村白醬豬肉餡餅
新鮮莫札瑞拉起司加義式茴香臘腸做成的辣味單品。
$17

深受當地人喜愛的 絕品拿坡里披薩

店門口的可愛招牌。

Paulie Gee's

充滿DIY風格的披薩專賣店

利用廢棄大樓建材蓋成的時髦餐館。餅皮薄硬的拿波里披薩是這裡的特色。披薩充滿窯烤特有的香氣。

🏠 60 Greenpoint Ave.
（bet. Franklin & West Sts.）
☎ 1-347-987-3747
🕐 18:00〜23:00（週六17:00〜、週日17:00〜22:00）
🚇 從地鐵G線Greenpoint Av站步行約4分鐘
pauliegee.com
綠點區 ▶MAP P.23 D-1

Yummy!!!

推薦Point

雖說用義式番茄做的Regina披薩也不錯，但務必試用當地食材為配料的創意披薩。放上大量新鮮蔬菜的雙重蔬菜披薩料多味美。

👥 餐廳評論網站Yelp。因為採實名評論制，可信度高，很多美國人參考使用。　161

和當地人一起
優閒享用早午餐

吃頓週末早午餐是當地人的樂趣之一。
在喜歡且常去的咖啡館，與氣味相投的
同伴度過週末午後時光。
體驗一下在地風情的早午餐吧。
早午餐供應時段多半是週六、日
11:00～15:00。

please come!

WC

Ricotta Pancakes
濃郁厚實的鬆餅。楓糖漿淋
在放上大量香蕉和莓果的鬆
餅上享用。

$16

就算平日也是高朋滿座。最好提早過來。

Photos by Nicole Franzen

Five Leaves

時尚人士也愛來

新美式結合澳洲元素的餐點頗受歡迎。是已故好萊塢演
員希斯‧萊傑投資的名店。講究的裝潢也是矚目焦點。

🏠 18 Bedford Ave.（at Lorimer St.）　☎ 1-718-383-5345
🕐 8:00～凌晨1:00　🚇 從地鐵G線Nassau Av站步行約2分鐘
fiveleavesny.com
綠點區 ▶MAP P.23 E-2

What is
早午餐調酒

主要分成是
澀味酒（Dry）和甜味酒
對紐約人而言，週末早午餐一定要喝杯雞
尾酒。這時點的佐餐酒就是早午餐雞尾
酒。基本酒單是帶有清爽柑橘味的含羞草
或血腥瑪麗等。喜歡甜味的人，建議喝貝
里尼。價格都在$10上下。

含羞草是柳橙汁
＋氣泡酒調成的
雞尾酒。

血腥瑪麗是伏特
加＋蕃茄汁調成
的雞尾酒。

店內擺設雅致，以白色系為主。

egg

使用有機雞蛋做成的樸實美式料理

使用直接跟紐約郊區有機農場進貨的新鮮雞蛋製成的料理，頗受好評。也推薦自製的白脫奶油比司吉。

🏠 109 N. 3rd St.（near Berry St.）
☎ 1-718-302-5151
🕖 7:00～17:00（週六、日8:00～）
🚇 從地鐵L線Bedford Av站步行約7分鐘
www.eggrestaurant.com
威廉斯堡
▶MAP P.23 D-3

Eggs Rothko
巧達起司放在布里歐許麵包上。裡面藏了鬆軟雞蛋。附季節時蔬。

$14

Golden Tomato Focaccia
使用大量滋味酸甜的黃金番茄做成佛卡夏麵包。入口時，香草的香氣在口中擴散開來。

$7

店內格局宛如雜貨店般可愛。

Marlow & Sons

布魯克林的人氣餐廳，裝潢頗具特色

以地產地銷為主題，用當季食材做成的料理很受歡迎。可在店前的麵包坊享用輕食。

🏠 81 Broadway（near Berry St.）
☎ 1-718-384-1441
🕖 8:00～16:00（週六、日、假日11:00～）、17:30～23:00（週五、六～24:00）　🚇 從地鐵J、M、Z線Marcy Av站步行約7分鐘
marlowandsons.com
威廉斯堡　▶MAP P.23 E-3

Veggie Sandwich　$8
夾了酪梨、番茄、小黃瓜及格魯耶爾起司的蔬食三明治。

引入大量自然光的開放空間。

Kinfolk 90

感受時下布魯克林的空間

活躍於紐約、洛杉磯及東京的創意團體經營的咖啡館。附設賣場。空間寬敞頗具魅力。

🏠 90 Wythe Ave.（bet. N. 10th & N. 11th Sts.）　☎ 1-347-799-2946
🕖 8:00～24:00（週六、日11:00～）
🚇 週日、一　🚇 從地鐵L線Bedford Av站步行約7分鐘
kinfolklife.com
威廉斯堡
▶MAP P.23 D-2

紐約人假日經常和朋友共進早午餐，所以人氣餐廳常是大排長龍。建議一開店就來！

豐富多彩的美味歇腳處
歡樂咖啡吧

在街上走累時的歇腳處。
既然如此，就挑間茶飲和甜點都格外美味的場所
撫慰身心吧。

please come!

Parfait

紐約人也讚嘆的
芭菲冰品

Red White & Blueberry $12
香草冰淇淋加藍莓果醬調出
層次分明，如美國國旗般色
彩鮮豔的芭菲。

在吃得到古早味甜點的Brooklyn Farmacy，
點杯人氣芭菲。味道不像外表那麼甜膩。

古典氣氛。

Brooklyn Farmacy & Soda Fountain

加了洋芋片的
聖代，蛋頭先生
$15。

在懷舊氣氛下
品嘗美式甜點

1920年代的藥局改建成的咖啡館。提供多種
古老美好的美式甜品，如聖代或香蕉船等。

🏠 513 Henry St.（at Sackett St.）
☎ 1-718-522-6260
🕐 8:30～22:00（週五～23:00、週六
10:00～23:00、週日10:00～）
🚇 從地鐵F、G線Carroll St站步行約
9分鐘
www.brooklynfarmacyandsodafoun
tain.com
Bococa ▶MAP P.24 A-3

what's up?

從附近的小孩到打扮入時的年輕人，都來這裡吃甜點。

Blue Sky Bakery

深受當地居民喜愛的小麵包店

塞滿水果的圓形馬芬最受歡迎。搭配香氣馥郁的在地咖啡最對味。

🏠 53 5th Ave.（bet. St. Marks Ave. & Bergen St.）
☎ 1-718-783-4123
🕐 7:00～14:00
🚇 從地鐵2、3號線Bergen St站步行約分鐘
www.blueskybakery.org
公園坡 ▶MAP P.25 D-3

店面小巧雅致，氣氛溫馨。頗受當地人歡迎。

Sweetleaf

黑白裝潢醒目喝杯嚴選咖啡

在周圍都是古董家具、氣氛優雅沉靜的店內，來杯道地的咖啡或拿鐵。烘焙點心也不賴。

🏠 159 Freeman St.（near Manhattan Ave.）
☎ 1-718-987-3732
🕐 7:00～19:00（週六、日8:00～）
🚇 從地鐵G線Greenpoint Av站步行約分鐘
綠點區 ▶MAP P.23 D-1

嚴選拿鐵$4。夏天的創意冰咖啡也頗受歡迎。

Muffins

Carrot Cake

Berry & Orange Muffin
蛋糕中間塞滿酸甜甜柑橘＆藍莓，餡料飽滿的柔軟馬芬。

$2.75

Carrot Cake
美國頗受歡迎的傳統點心。在加了胡蘿蔔烤好的蛋糕上淋上糖霜。

$4.75

Strawberry Balsamic Pie
酸酸甜甜的草莓配上濃郁的巴薩米克醋，絕佳好滋味令人上癮。整塊購買要價$40

$7

Honey-Chocolate Blondies
微帶香料味的人氣布朗尼。柔和的蜂蜜甜味適合配咖啡或茶。

$3.25

Blondie

Pie

Photo:Winona Barton-Ballentine

Ovenly

以東歐飲食文化為題材的時髦烘焙坊

鹹味和甜味彼此搭配得宜的點心和甜點很受歡迎。也適合買來解饞或當作手禮。

🏠 31 Greenpoint Ave.（near West St.）
☎ 1-888-899-2213
🕐 7:30～19:00（週六、日8:00～）
🚇 從地鐵G線Greenpoint Av站步行約5分鐘
oven.ly
綠點區
▶MAP P.23 D-1

排列在玻璃櫃中的各式點心棒、餅乾及蛋糕。

紅磚外牆相當顯眼。

Photos:Mark Weinberg

正中間的大桌子總是坐滿當地居民。

靜靜佇立於住宅區一隅的小咖啡館。

Four & Twenty Blackbirds

運用當季食材的超人氣派

酥脆餅皮塞滿當季水果的派店。還有位於布魯克林中央圖書館（MAP P.26 C-2）的咖啡館。

🏠 439 3rd Ave.（at 8th St.）
☎ 1-718-499-2917
🕐 8:00～20:00（週六9:00～、週日10:00～19:00）
🚇 從地鐵R線Q 4 Av-9 St站步行約3分鐘
www.birdsblack.com
公園坡
▶MAP P.26 A-3外

多家咖啡館提供免費Wi-Fi。詢問密碼時，可以說「Could you tell me the Wi-Fi password？」。　165

從經典到珍稀

遇見布魯克林手工巧克力

在紐約使用優質可可豆製成的嚴選巧克力很受歡迎。
尤其是布魯克林到處都看得到時髦的巧克力文化。
每間店的堅持點與做法都不同，務必試吃看看。

Chocolate Bar

包裝插圖以美國中西部
為主題。

各9.50

也試試招牌
熱巧克力吧！

Fine & Raw

採用優質
生可可豆的風味

源自藝術家Daniel Slur利用公寓其中
一房開始製作巧克力起。最近，在頗
受新興藝術團體青睞的布希維克
（P.190）開設工廠兼咖啡館。

🏠 288 Seigel St.（near Bogart St.）
☎ 1-718- 366-3633
🕙 10:00～18:00（週六12:00～）
🚫 週日
🚇 從地鐵L線Morgan Av站步行約1分鐘
布希維克 ▶MAP P.27 D-1

$4

Mast Brothers Chocolate

掀起手工巧克力的熱潮

從挑選可可豆到成品都由Mast Brother一手包辦而成的巧克力珍品。在105 N 3rd St.的工作室，也能品嘗到獨特的巧克力飲品。

mastbrothers.com
威廉斯堡
▶MAP P.23 D-3

🏠 111 N. 3rd St.（near Berry St.）
☎ 1-718-388-2644
🕘 9:00～20:00
🚇 從地鐵L線Bedford Av站步行約7分鐘

Chocolate Bar
不甜的大人口味。包裝講究，採用義大利紙。

$8

MAST
GOAT MILK
CHOCOLATE
70 G

帶出極致可可豆風味的巧克力。

陸續推出特殊口味。

各$7.95

Chocolate Bar
能感受到可可豆的厚實風味。香氣飽滿，微苦味與優雅酸味搭配得宜

Raaka
virgin chocolate
coconut milk
dominican republic 60%
1.8 oz.

Raaka
virgin chocolate
dark with sea salt
bolivia/D.R. 71%
USDA ORGANIC
1.8 oz.

Raaka
virgin chocolate
vanilla rooibos
bolivia/D.R. 67%
USDA ORGANIC
1.8 oz.

Raaka Chocolate Factory

活用食材的頂級巧克力

生巧克力豆低溫加工製成優質巧克力。堅持公平貿易與有機的極致美味。工廠參觀也頗受歡迎（預約制）。

🏠 64 Seabring St.（bet. Bowne & Seabring Sts.）
☎ 1-1855-255-3354
🕘 10:00～17:00（週六・日 12:00～18:00）
🚇 從地鐵F、G線Carroll St站步行約18分鐘
www.raakachocolate.com
雷德胡克 ▶MAP P.27 E-2

Cacao Prieto

多明尼加生產的有機可可豆氣味芳香

創辦人是發明家＆太空技術人員Daniel Prieto Preston。當得到可可豆細緻香氣與味道的優質巧克力。

🏠 218 Conover St.（bet. Dikeman & Coffey Sts.）
☎ (1-347) 225-0130
🕘 9:00～17:00（週六、日11:00～19:00）
🚇 從地鐵F、G線Smith-9 Sts站，或B61巴士Van Brunt st/coffey St站下車 cacaoprieto.com
雷德胡克 ▶MAP P.27 D-3

Chocolate Bar
不論是味道或是話題焦點，都是亮眼的包裝，都能成為話題焦點。

$8

Jacque Torres Chocolate

來自丹波的必買人氣巧克力

有「巧克力先生」封號的名人雅克・托雷斯和日本主廚後藤Ken共同成立的品牌，是紐約精品巧克力的代表

🏠 66 Water St.（bet. Dock & Main Sts.）
☎ 1-718-875-1269
🕘 9:00～20:00（週日10:00～18:00）
🚇 從地鐵R線York St站步行約6分鐘
www.mrchocolate.com
丹波 ▶MAP P.24 B-1

適合送禮、種類豐富的松露巧克力。

綜合松露巧克力（12顆裝）
可以從30種口味中，挑選喜歡的巧克力。

$21

Lovebugs

布魯克林

📷 觀光

🎨 藝術

🎵 娛樂

🍴 美食

🛒 購物

🏢 住宿

最近流行Bean to Bar，從挑選生巧克力豆到製成巧克力的流程，在同家店進行一貫化作業

令人陶醉的品味精品
在選貨店購買潮貨

散發品味風采的擺設。

店內的原創商品充滿特色,頗受好評。

A. Wolves Within

精準的選貨品味

老闆是從事平面設計和造型工作的時尚夫婦。堅持挑選Made in USA和公平貿易商品。

🏠 174 Franklin St.
（bet. Java and Kent Sts.）
☎ 1-347-889-5798
🕐 12:00～20:00（週日～19:00）
🚇 從地鐵G線Greenpoint Av站步行約4分鐘
wolveswithin.com
線點區
▶MAP P.23 D-1

種類豐富的男士品項。販售話題品牌的包包或鞋子。

B. In God We Trust

挑選當地優質品項

老闆是珠寶設計師,以飾品為首,服裝、包包等質感精品種類齊全。禮品區也頗受歡迎。

🏠 129 Bedford Ave.
（bet. N. 9th & N. 10th Sts.）
☎ 1-718-384-0700
🕐 12:00～20:00（週日～19:00）
🚇 從地鐵L線Bedford Av站步行約3分鐘
ingodwetrustnyc.com
威廉斯堡
▶MAP P.23 E-2

Photo : In God We Trust

$66

針織帽
深色系與狐狸毛球呈現成熟風味。

涼鞋
$239
圓頭鞋和木製鞋跟是時下流行款!

馬克杯
$25
藝術動物圖案充滿都會感。

老字號戶外品牌的溫暖夾克

外套
$695

手錬
$25～62
細緻彩珠製成的手鍊,配戴多條搭出層次感。

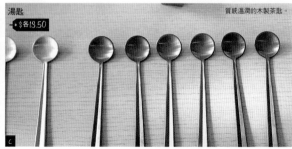

湯匙
$各13.50

質感溫潤的木製茶匙。

©Jason Goodrich
168

布魯克林的選貨店，只逛不買也很開心，
店內擺滿時尚潮貨。找出特色精品送給自己吧！

風格自然的空間，住起來很舒適。

有很多時尚穿搭的靈感來源。

C. Home Of The Brave

提供充滿藝術氣息的生活風格用品

店內擺滿以布魯克林製為主，來自世界各地
的嚴選風格居家用品。令人每天都期待回
家。

🏠 146 Franklin St.
（bet. Kent St. & Greenpoint Ave.）
☎ 1-347-889-5798
🕐 12:00～19:00（週日～18:00）
🚇 從地鐵G線Greenpoint Av站步
行約3分鐘
www.homeofthebravenyc.com
線點區
▶MAP P.23 D-1

最近頗受矚目的
溫暖陶器品項相
當豐富。

D. Bird

時尚人士御用的
高質感精品店

老闆之前是Barneys NY精品店的採
購人員。講究色彩和材質的精選品
項在業界頗有口碑。也曾被地方雜
誌票選為最佳服飾店。

奢侈地運用大片空間陳列商品。

🏠 203 Grand St.
（bet. Bedford & Driggs Aves.）
☎ 1-718-388-1655
🕐 12:00～20:00（週六、日
11:00～19:00）
🚇 從地鐵L線Bedford Av站步行
約7分鐘
shopbird.com
威廉斯堡
▶MAP P.23 E-3

Photos：Bird

包包
• $490
可取下背帶使用
的兩用包。

項鍊
• $40
刻有「超可愛」
字樣的項鍊。

手工木製可愛擺
飾品。

各$38
擺飾

夾克
• $380
100%絲質的雙
面穿夾克。

襪子
各$20

充滿設計感且穿
著舒適的襪子。

嚴選出4家！
尋訪熱門古著店

對紐約人而言，利用古著穿出時髦感是很基本的事。
在特色古著店聚集的布魯克林，尋找為日常穿搭帶出畫龍點睛效果的品項吧。

色彩及設計都
很美的摩洛哥
涼鞋。

$79

悄悄佇立在住宅區的隱密店鋪

Narnia Vintage

**賣點是跟得上流行的
自然風格**

如客廳般寬敞舒適的空間，陳
列著來自世界各地的嚴選自然
風格時尚單品。還有後花園。

🏠 672 Driggs Ave.（bet. Metropolitan Ave. & N. 1st St.）
☎ 1-718-781-4617
🕚 11:00～19:00
🚇 從地鐵L線Bedford Av站步行約7分鐘
www.narniavintage.com
威廉斯堡 ▶MAP P.23 E-3

店內採光良好，宛如日光室。

除了服飾外，鞋子和配件也是必看品項！

陳列方式便於看到眾多商品。

散發日籍老闆品味的商品琳瑯滿目。

10Ft Single by
Stella Dallas

**賣點是選貨範圍廣泛
及物品狀態良好**

以1940到60年代為主，從
名牌貨到休閒品應有盡有，
商品種類廣泛。隔壁是同
老闆經營的織品店，值得一
看！

🏠 285 N. 6th St.（bet. Havemeyer St. & Meeker Ave.）
☎ 1-718-486-9482
🕚 12:30～19:30（週六、日～20:00）
🚇 從地鐵L線Lorimer St站步行約4分鐘
威廉斯堡 ▶MAP P.23 E-3

巨大的空間內擺滿寶物！

$18

T恤款式也很豐
富。還有男士商
品。

$80

可用便宜價格買
到華麗洋裝。

有許多好穿搭的稀有單品！

what is

紐約的古著

網羅來自全世界跟得上潮流的嚴
選單品。古著店除了布魯克林
外，曼哈頓的蘇活區、諾利塔、
下東城等區也有不少家。

rabbits

業界人士也關注！
稀有單品的寶庫

小巧的店內，擠滿日籍老
闆嚴選，1940～90年代的
珍稀商品。有多項小尺碼
商品真令人開心。

🏠 120 Havemeyer St.（bet. Grand & S. 1st Sts.）
☎ 1-718-384-2181
🕐 12:30～20:00（週日、一～19:00）
🚇 從地鐵J、M、Z線Marcy Av站步行約8分鐘
www.rabbitsnyc.com
威廉斯堡 ▶MAP P.23 E-3

多樣跟得上潮流的商品。

還有種類豐富的名牌貨。擁有眾多業界粉絲

自在地進入店內仔細尋寶吧。

分門別類展示商品。也有豐富的男士用品。

FOX & FAWN

布魯克林有2家門市
販售基本款商品

賣點是從服裝到包包、鞋
子、飾品等，價格都很實
惠，令人想一次買齊。在
布希維克也有分店。

🏠 570 Manhattan Ave.（bet. Nassau & Driggs Aves.）
☎ 1-718-349-9510
🕐 12:00～20:00
🚇 從地鐵G線Nassau Av站步行約4分鐘
www.shopfoxandfawn.com
綠點區 ▶MAP P.23 E-2

價格實惠頗受當地人歡迎

$24.95

還能找到可愛的
晚宴包！

位於威廉斯堡的古著店，Beacon's Closet（MAP P.23 E-2）。在巨大的倉庫塞滿舊衣。

要買伴手禮的話
僅限Made in Brooklyn

布魯克林有很多當地生產，天然又時髦的品項。
入手特色商品，送份與眾不同的伴手禮給重要的人吧。

APOTHEKE の

A 液體皂　$22

使用木炭製成的液體皂。

Photo : White Moustache

FIELD TRIP の

C 牛肉乾　$6.50

堅持選用當地天然食材製成的牛肉乾。

WHITE MOUSTACHE の

C 優格　$6

用紐約近郊生產的牛奶製成的優格。

Granola Lab の

A 燕麥片　$9

最受健康人士歡迎。
種類多樣。

Photo : Granola Lab

A. Whole Foods Market
全食超市

有多種在地商品

這家威廉斯堡分店，有許多布魯克林製的產品。逛街時可以順道進去看看。

🏠 238 Bedford Ave.（at N. 4th St.）
☎ 1-718-734-2321
🕗 8:00～23:00
🚇 從地鐵L線Bedford Av站步行約4分鐘
wholefoodsmarket.com
威廉斯堡
▶ MAP P.23 E-3

B. Brooklyn Slate Company

簡單實用的板岩直營店

以板岩杯墊及起司盤等商品一躍成名。風格自然的廚房用品也很受歡迎。

🏠 33 Bowne St.（near Richards St.）
☎ 1-877-648-8333
🕗 9:00～17:00（夏季週六12:00～18:00）
🚫 週六、日
🚇 從地鐵F、G線Smith-9 Sts站步行約19分鐘
www.brooklynslate.com
雷德胡克
▶ MAP P.27 E-2

C. Gourmet Guild

在地食品專賣店

寬敞的店內擺滿當地生產的食品。可在附設的麵包咖啡館內用。

🏠 110 Broadway（bet. Berry St. & Bedford Ave.）
☎ 1-718-388-7726
🕗 8:00～20:00（週六、日9:00～18:00）
🚇 從地鐵J、M、Z線Marcy Av站步行約8分鐘
gourmetguildusa.com
威廉斯堡
▶ MAP P.23 E-3

加了玫瑰及羅勒
的花茶。

E　*Morris Kitchen*の　●$10.99
薑糖漿

添加蔗糖，可兌
水喝也可調成雞
尾酒。

C　*Mullein & Sparrow*の　●$18
紅茶

使用高級美國
棉製造。

板岩材質，冷熱
皆可使用。

F　*Brooklyn Denim*の　●$275
T恤

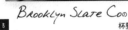
B　*Brooklyn Slate Co*の　●$24
杯墊

奶昔口味的
軟糖。

做成購物袋外
型，方便好用。
顏色種類豐富。

A　*SALTY ROAD*の　●$6.50
太妃糖

D　*Baggu*の　●$9
環保袋

D. Baggu

各式造型及材質應有盡有

風靡一世的購物袋造型包，成為時尚標籤。
皮革或帆布材質等種類豐富。

🏠 242 Wythe Ave.（bet. N. 3rd & N. 4th Sts.）
地點 ※入口在 N. 3rd St.旁
☎ 1-800-605-0759
🕐 11:00～19:00
🚇 從地鐵L線 Bedford Av 站步行約7分鐘
baggu.com
威廉斯堡
▶MAP P.23 D-3

E. Brooklyn Larder

當地人愛去的天然食品店

火腿、果醬或自製小菜等品項豐富。原創商
品也頗受歡迎。

🏠 228 Flatbush Ave.
　（bet. Bergen St. & St Marks Pl.）
☎ 1-718-783-1250
🕐 8:00～21:00（週日9:00～20:00）
🚇 從地鐵2、3號線 Bergen St 站步行約1分鐘
www.bklynlarder.com
公園坡
▶MAP P.25 D-3

F. Brooklyn Denim Co.

寬敞且品味獨具的店內附設工作室

可在店內看到職人工作的身影。襯衫或包包
等商品種類廣泛，頗受歡迎。接受客製品。

🏠 85 N. 3rd St.（near Wythe Av.）
☎ 1-718-782-2600
🕐 11:00～19:00（週日12:00～18:00）
🚇 從地鐵L線 Bedford Av 站步行約7分鐘
brooklyndenimco.com
威廉斯堡
▶MAP P.23 D-3

🏠 在雀兒喜市場（P.82）也找得到 Made in Brooklyn 的商品。　173

眺望河岸寬闊絕景的熱門景點

DUMBO
丹波

〔交通方式〕

地鐵 從F線York St或A、C線High St站步行約5〜10分鐘。走布魯克林橋公園南側的話，從2、3號線Clark St站步行約10分鐘。

渡輪 從11號碼頭搭東河渡輪第一站下。約5分鐘。費用平日$4，週末$6。www.eastriverferry.com

優閒的觀光氣氛！

日：◎
夜：◎

欣賞兩座橋對面的曼哈頓美景，樂於探索時髦商店。

丹波（DUMBO）由Down Under the Manhattan Bridge Overpass每個字的第一個字母組成。位於曼哈頓大橋和南端的布魯克林大橋，兩座橋墩下的寬敞腹地。以前是工廠和倉庫區，但近年來因為藝術家移居此地而迅速崛起。藝廊、咖啡館及商家林立，轉型為時尚區。也被指定為紐約的歷史地區。

B 從這附近可以看到美麗的高樓景觀！

E

J River Café
>>>P.177

想隨意逛逛的話就來這一帶。

D Jacques Torres Chocolate
>>>P.167

A

在河濱公園享受野餐樂趣
布魯克林橋公園
Brooklyn Bridge Park **A**

包含布魯克林福頓碼頭州立公園（Empire-Fulton Ferry State Park）及1〜6號碼頭的公園。夏季會舉辦多場免費活動，頗受當地人歡迎。

🏠 1 Water St.（Empire-Fulton Ferry State Park）
🕐 6:00〜凌晨1:00（2、5、6號碼頭〜23:00）
※冬季時間不同
🚇 從地鐵F線York St站步行約8分鐘
www.brooklynbridgepark.org
丹波 ▶MAP P.24 B-1

DUMBO 01
在丹波感受
紐約生活氣息

在丹波，沿著河岸邊的石板路，是頗受當地人歡迎的休憩處。感受一下紐約人的心情吧。

曼哈頓下城的風光一覽無遺

在多部電影中登場，象徵紐約的吊橋
Brooklyn Bridge
布魯克林大橋 **B**

1883年開通，全美最古老的吊橋之一。全長約1.8km，可以走在2層橋的上層通道過河（約30分鐘）。

🚇 從地鐵F線York St站步行約10分鐘
丹波
▶MAP P.24 B-1

哈林區
中央公園
Manhattan
曼哈頓中城
蘇活區
威廉斯堡
曼哈頓下城 ★丹波
Brooklyn

假日就想到丹波放鬆一下　　位於布魯克林橋公園內

C

K Brooklyn Roasting
Company
>>>P.159

John St.

Plymouth St.

H One Girl Cookies
>>>P.177

東河上的吊橋
Manhattan Bridge
曼哈頓大橋 **C**

F Power House
Arena
>>>P.176

必看的旋轉木馬 **E**
位於布魯克林橋公園的古早式旋轉木馬。
由Jane Walentas女士購買送給公園放在這裡。

位於布魯克林大橋北邊的吊橋。除
了汽車道、單車道、行人步道外，地
鐵B、D、N、Q線也通過此處。1909
年開通。

Water St.

Front St.

從地鐵F線York St站步行約10分鐘
丹波 ▶MAP P.24 C-1

G Brooklyn Industries
>>>P.176

Jay St.

■ York St站

York St.

I 丹波廚房
→P.177

步行5分鐘

N

Brooklyn Queens Expy

還有知名的
巧克力總店 **D**
老字號巧克力名店Jacques Torres的總店
就在這裡。很多人專程過來喝杯濃醇的熱
巧克力。
>>>P.167

■ High St站

在布魯克林大橋附近想上廁所的話，就到Brooklyn Bridge Park's Education Center。　175

可當伴手禮！
尋找可愛雜貨

質感商店林立的丹波，也很適合找伴手禮。
找出自用留念的單品吧！

here you go!

定期舉辦現場表演或演出等特別活動。

Powerhouse Arena **F**

豐富的紐約主題雜貨！

藝術書籍出版社經營的獨立書店。也會舉辦出版活動或藝術品展覽。還有種類豐富的時髦雜貨。

🏠 28 Adams St.
☎ 1-718-666-3049
🕙 11:00～19:00
（週六、日～18:00）
🚇 從地鐵F線York St站步行約6分鐘
www.powerhouse
arena.com
丹波 ▶MAP P.24 C-1

紙模型
以黃色計程車為圖樣的紙模型。

$12.5

馬克杯
馬克杯的配色及把手部分都有可愛的布魯克林星星圖案。

$15.95

T恤
以線條畫出布魯克林大橋。

$34

$78

T恤
老鼠和鴿子在天際線前擁抱的圖案。

$98

BROOKLYN

連帽外套
正面簡單寫上BROOKLYN的商標。

Brooklyn Industries **G**

復古風設計

1998年開業。是布魯克林當地的休閒服飾品牌。男裝女裝都有。

🏠 70 Front St.
（at Washington St.）
☎ 1-718-797-4240
🕙 11:00～20:00（週日～19:00）
🚇 從地鐵F線York St站步行約4分鐘
www.brooklynindustries.com
丹波
▶MAP P.24 B-1

後背包
使用方便的後背包採用好搭配的黑色。

$88

受紐約文化的影響，沒忘了考量環境因素。

Photos : Brooklyn Industries

可愛的藍色盤子。店內統一採用藍色和白色調裝潢，呈現清爽甜美的空間。菜單上還有葡萄酒和啤酒！

巧克力蛋糕
巧克力和樸實的磅蛋糕相當對味。

在香甜氣息包圍下，裝潢可愛的店內。也能外帶，但就想坐在店內放鬆一下。

One Girl Cookies

可愛風咖啡館

位於科布爾山的手工餅乾店2號分店。有皇冠狀杯子蛋糕或屋比派等多種造型可愛的甜點。

🏠 33 Main St.（at Water St.），Brooklyn
☎ 1-212-675-4996
🕐 8:00〜19:00（週六、日9:00〜）
🚇 從地鐵F線York St站步行約6分鐘
www.onegirlcookies.com
丹波 ▶MAP P.24 B-1

DUMBO 03
在可外帶的休閒咖啡館歇息片刻

味道柔和的起司蛋糕。

走累的話，就到丹波居民也常去的時髦咖啡館歇息片刻。也建議外帶到河岸附近享用。

漢堡
多汁的漢堡搭配啤酒！

$15

Dumbo Kitchen 🅘
丹波廚房
輕鬆自在、空間寬敞的熟食店

位於地鐵站前的熟食店。用便宜價格就能品嘗到義大利麵或漢堡等休閒菜色。

🏠 108 Jay St.（at York St.），Brooklyn
☎ 1-718-797-1695
🕐 7:00〜22:00（週六9:00〜19:00、週日9:00〜16:00）
🚇 從地鐵F線York St站步行約1分鐘
dumbokitchen.com
丹波 ▶MAP P.24 C-1

Here you go!

採用點餐和結帳完畢後再入座的速食模式。精緻的天花板造型也是注目焦點。夏季推薦戶外座位區。

特別的日子⋯

River Café 🅙
知名求婚場所

開在東河岸邊的高級餐廳。在摩天大樓美景的襯托下，度過浪漫時刻。須訂位。著正式服裝。

位於布魯克林大橋的橋墩下。景觀超棒。

🏠 1 Water St.
☎ 1-718-522-5200
🕐 8:30〜11:30、17:30〜23:00（週六、日11:30〜14:30、17:30〜23:00）
🚇 從地鐵York St站步行約9分鐘
therivercafe.com
丹波 ▶MAP P.24 B-1

布魯克林
📷 觀光
🎨 藝術
🎵 娛樂
🍴 美食
🛒 購物
🏢 住宿

布魯克林的流行風向發射站

Williamsburg
威廉斯堡

〔 交通方式 〕

地鐵 從L線Bedford Av站下車。

渡輪 從曼哈頓過來在34 St，或是從Wall St / 11號碼頭搭東河渡輪。在N.6th St / North Williamsburg或Schaefer Landing / South Williamsburg下船。

近距離感受藝術文化！

日：◎
夜：◎

多位藝術家、青年創業家遷居至此，成為潮流發源地。

多元歷史發展的地區。以前，新秀藝術家無法負擔曼哈頓的高房價，搬來這裡從事創作活動，帶起此區的知名度。但是，隨著這幾年的地區開發，近10年內的商業設施增加，轉變成年輕人間的時髦重鎮。在最熱鬧的大街Bedford Ave.上，雅致的咖啡小館和時尚店鋪林立，打造出獨特的流行文化。

在電影《高年級實習生》中登場
Toby's Estate **B** 馥芮白咖啡

在紐約相當流行的馥芮白咖啡。

來自雪梨的人氣自家烘焙咖啡館。收銀機旁放有烘豆機。喝得到技術純熟的咖啡師煮的優質咖啡。

$3.50

🏠 125 N. 6th St. (near Berry St.)
☎ 1-347-586-0063
🕐 7:00〜19:00
（週六、日8:00〜）
🚇 從地鐵L線Bedford Av站步行約2分鐘
www.tobysestate.com
威廉斯堡 ▶MAP P.23 E-2

Williamsburg *01*
到傳說中的美味咖啡館喝杯咖啡

最先在紐約引進第三波咖啡風潮的地區。
來杯烘豆師嚴選的精品咖啡吧。

Berry St.

S. 6th St.

Broadway

S. 4th St.

步行2分鐘

G Swords-Smith >>>P.181

N

這附近又稱作南威廉斯堡

點燃第三波咖啡熱潮的先驅
Blue Bottle Coffee **A**
藍瓶咖啡

手沖咖啡
在顧客面前一杯杯手沖而成。

$3

來自加州的咖啡品牌，一進軍日本就造成轟動。風味極致的咖啡在紐約也很受歡迎。

H 彼得魯格牛排館 >>>P.182

🏠 160 Berry St.
(bet. 4th & 5th Sts.)
☎ 1-718-387-4160
🕐 6:30〜19:00（週二〜18:00、週六、日7:00〜19:30）
🚇 從地鐵L線Bedford Av站步行約4分鐘
bluebottlecoffee.com
威廉斯堡 ▶MAP P.23 E-3

社區咖啡館
Oslo Coffee Roasters **C**

原本是為地方居民提供優質咖啡而開設的在地咖啡館。氣氛優閒頗受歡迎。

🏠 133 Roebling St. (at N. 4th St.)
☎ 1-718-782-0332
🕐 7:00〜18:00（週六、日8:00〜）
🚇 從地鐵L線Bedford Av站步行約7分鐘
www.oslocoffee.com
威廉斯堡 ▶MAP P.23 E-3

哈林區
中央公園
Manhattan
曼哈頓中城
蘇活區
曼哈頓下城 丹波
★威廉斯堡
Brooklyn

在馬路上公開創作的藝術家

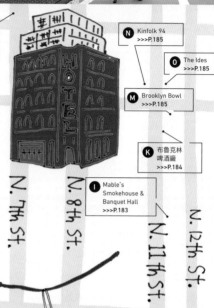

沿著河岸走就到
布希維克。

Kinfolk 94
>>>P.185

O The Ides
>>>P.185

M Brooklyn Bowl
>>>P.185

E Space
Ninety 8
>>>P.180

K 布魯克林
啤酒廠
>>>P.184

I Mable's
Smokehouse &
Banquet Hall
>>>P.183

Wythe Ave.

Metropolitan Ave.

N. 5th St.

N. 6th St.

N. 7th St.

N. 8th St.

N. 11th St.

N. 12th St.

A

B

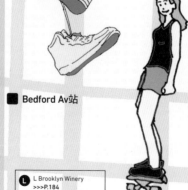

郊外人氣咖啡館
Gimme! Coffee D

F

Bedford Ave.

這裡是主街道

最熱鬧的大街Bedford
Ave.。餐廳、咖啡館及精
品店櫛比鱗次。

以長春藤聯盟的康乃爾大學所在
地綺色佳（Ithaca）為根據地的自
家烘焙咖啡館。和阿拉卡比咖啡
豆的研究團隊合作充滿話題。可
以品嘗到濃郁的濃縮咖啡。

🏠 107 Roebling St.（near N. 6th St.）
☎ 1-718-388-4595
🕐 7:00～18:00（週六、日8:00～19:00）
🚇 從地鐵L線Bedford Av站步行約3分鐘
www.gimmecoffee.com
威廉斯堡 ▶MAP P.23 E-3

■ Bedford Av站

J Fette Sau
BBQ
>>>P.183

C

L L Brooklyn Winery
>>>P.184

Roebling St.

D

Havemeyer St.

整棟樓都是
Urban Outfitters
的概念店

店內裝潢走懷舊時尚風。全身行頭都買得到也是店家的魅力之一。

Williamsburg *02*
前往當紅時髦商店
培養美感

提到紐約的精品店,就是名人出沒率最高的地方。
買下中意的時尚潮貨吧!

擺放話題商品的臨時櫃
也很受歡迎。

這裡最棒!

不但有購物區,還附設高質感餐廳和酒吧。夏天可以端杯飲料到頂樓的空中花園休息片刻。

除了服裝,還有種類豐富的唱片及藝術書籍。

Great!

Space Ninety 8 Ⓔ

集結紐約「最潮」的概念店

除了當地設計師的服裝或雜貨外,還有餐廳、酒吧、書廊及花店進駐。男裝種類也很豐富。

🏠 98 N. 6th St.
(bet. Wythe Ave. & Berry St.)
☎ 1-718-599-0209
🕚 11:00~20:00(週日11:00~21:00)
🚇 從地鐵L線Bedford Av站步行約4分鐘
www.spaceninety8.com
威廉斯堡
▶MAP P.23 D-2

除了服裝外，還有飾品、包包等配件或雜貨。

Awoke Vintage **F**

販售古著和原創品

店內精品以復古風格為主，但也有不少原創品項。可以找到款式多樣的連身裙、襯衫等好穿搭單品。

🏠 132 N. 5th St.（near Bedford Ave.）
☎ 1-718-387-3130
🕙 10:00～21:00
🚇 從地鐵L線 Bedford Av站步行約3分鐘
www.awokevintage.com
威廉斯堡
▶MAP P.23 E-3

店內依顏色展示商品。
襯衫$60～

充滿威廉斯堡風格的復古精品店

這裡最棒！
....
喜歡休閒&甜美風格的人必逛。有很多以海洋為主題的彩色服裝，最棒的是只要穿上一件就看起來很時髦。

以復古布料製成的原創布偶鈕扣。
1組$4，3組$10。

多樣商品兼具設計感和功能性。

Look!

~$343

連身裙
不會過於性感，適當露出肌膚的設計。

充滿設計感，穿著舒適的單品最受歡迎

以白色調為主，簡潔寬敞的店內。

這裡最棒！
....
可以在清爽寬敞的空間優閒購物。穿上質感佳的吸睛單品，連當地人都會刮目相看。

Swords-Smith **G**

擅長基本款＋特殊造型

從簡單率性的品項，到美國才有的獨創樣式，商品風格範圍廣泛。也有多款跟得上潮流的單品。

🏠 98 S. 4th St.
（bet. Bedford Ave. & Berry St.）
☎ 1-347-599-2969
🕙 12:00～20:00（週六11:00～、週日～19:00）　🚇 從地鐵J、M、Z線Macy Av站步行約11分鐘
swords-smith.com
威廉斯堡 ▶MAP P.23 E-3

牛排？燒烤？
牛、豬、雞，肉食三連發！

嚴格把關的食材、活力充沛的烹調方式。
每道都是美國的代表人氣料理。要選哪一種？

酸麵包

培根

菠菜

Prime Porterhouse Steak for Two

雙人份高級丁骨牛排

28天乾式熟成的USDA Prime等級牛肉。
是紐約牛排的指標商品。

$99.95

薯條

How to

點餐&吃法

1 牛排

人多的話就共享餐點，若是單人用餐，可以點菲力牛排等份量小的肉品。據說五分熟的肉質最鮮甜（尤其是乾式熟成）。大部分的店家會幫忙分切丁骨牛排。為了品嘗鮮美肉味，第一口最好吃原味，什麼都不加。

2 燒烤

大部分店家依部位秤重（磅）販售。通常，最低消費量由1/4磅起跳。告訴店員希望的肉品部位，組合自己專屬的餐點。搭配的蔬菜或馬鈴薯，是帶出肉質美味與調和整體風味的重要配角。遇到骨頭就雙手並用豪邁地大口啃下吧。

Peter Luger Steakhouse ⓗ
彼得魯格牛排館

正宗紐約牛排創始店

長期以來深受當地人喜愛，開業超過100年的老店。享受「這才是美國牛排」的氛圍。須訂位。只收現金。

🏠 178 Broadway（at Driggs Ave.）
☎ 1-718-387-7400
🕐 11:45~21:45（週五、六~22:45、週日12:45~）
🚇 從地鐵J、M、Z線Marcy Av線步行約6分鐘
peterluger.com
威廉斯堡▶MAP P.23 E-3

$14.95

培根

洋蔥

漢堡排

薯條

魯格漢堡

布里歐許麵包夾上多汁漢堡排，每天只供應到15:45的限定菜色。

BBQ

蜜地瓜（地瓜沙拉）

醃甜菜根

醃小黃瓜

麵包

綠葉甘藍

涼拌高麗菜

Deluxe Platter

手絲豬肉

牛腩

肋排

$39.95

豪華拼盤
3種烤肉加3樣配菜的豪華拼盤。
附醃菜&麵包。可以2～3人分享。

零空腹來喔！

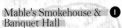

Mable's Smokehouse & Banquet Hall Ⓘ

家族經營的人氣燒烤店

夫婦倆為了「重現祖母味」開設的
餐廳，細心燒烤的肉品頗有口碑。
店內氣氛豪邁，彷彿置身西部牛仔
片中的大眾酒吧，是贏得青睞的祕
訣。

🏠 44 Berry St.
（bet. N.11th & N.12th Sts.）
☎ 1-718-218-6655
🕐 11:00～23:00（週日～22:00）
🚇 從地鐵L線Bedford Av站步行約6分鐘
www.mablessmokehouse.com
威廉斯堡
▶MAP P.23 E-2

秤重計價的燒烤

醃小黃瓜

肋排

$21(1lb)～

秤重計價的燒烤
可依需求份量（1/4lb～）點肋
排、牛腩或手撕豬肉等。

馬鈴薯沙拉

Fette Sau BBQ Ⓙ

老少咸宜的店

使用草飼肉品／有機豬肉等
嚴選食材的燒烤店。從開店
前就要排隊。單身女性也能
自在前來用餐。

🏠 354 Metropolitan Ave.
(bet. Roebling & Havemeyer Sts.)
☎ 1-718-963-3404
🕐 12:00～23:00（週一17:00～、
週五、六～24:00）
🚇 從地鐵L線Bedford Av站步行
約7分鐘
www.fettesaubbq.com
威廉斯堡
▶MAP P.23 E-3

臘腸

美國的燒烤是用加蓋的電烤爐烹調漢堡、熱狗或雞肉等 · 183

BEER

教大家
啤酒的做法

了解啤酒製作過程的工廠參觀教學。

氣勢驚人的發酵、熟成槽。

$5

剛釀好的啤酒格外美味！

Brooklyn Brewery　K
布魯克林啤酒廠

精釀啤酒的先驅品牌

1988年成立的在地啤酒工廠。可用1杯$5、5杯$20的代幣，喝到剛釀好的啤酒。也推薦工廠參觀行程。（週一～四$12，須預約。週六日免費）。

🏠 79 N. 11th St. (bet. Wythe & Berry Sts.)
☎ 1-718-486-7422　🕐 週五18:00～23:00、週六12:00～20:00、週日12:00～18:00（參觀行程週五19:00～20:00、週六12:30～18:00、週日13:00～16:00）
🚇 從地鐵L線Bedford Av站步行約8分鐘
www.brooklynbrewery.com
威廉斯堡 ▶MAP P.23 E-2

WINE

簡單有格調的標籤頗受好評。

下酒用的時髦小菜種類也很豐富。

葡萄酒吧旁附設釀酒廠。

Brooklyn Winery　L
布魯克林

附設釀酒廠的都會葡萄酒吧

附設釀酒廠使用以紐約為主的各產地葡萄釀製。還能品嘗到精緻佳餚的話題景點。提供試喝的1小時參觀行程$35，頗受歡迎。

🏠 213 North 8th St. (bet. Diggs Ave. & Roebling St.)
☎ 1-347-763-1506
🕐 17:00～23:00（週日13:00～22:00、參觀&試喝葡萄酒，週二18:30、20:00、週日15:00、16:30。須上網確認時間）
🚇 從地鐵L線Bedford Av站步行約3分鐘
bkwinery.com
威廉斯堡 ▶MAP P.23 E-2

舒適放鬆
的空間

BOWLING

今晚就狂歡到早上吧！

現場演唱嗨翻天。保齡球也競爭激烈！

布魯克林

📷 觀光

🎨 藝術

🎵 娛樂

🍴 美食

🛒 購物

🏢 住宿

Brooklyn Bowl　M

現場演唱與保齡球的熱門結合

附設可容納600人的演唱場地。邊聽震撼十足的現場演唱，邊打保齡球。Blue Ribbon餐廳的食物和布魯克林當地啤酒也頗受歡迎。

🏠 61 Wythe Ave.（bet. N. 11th & N. 12th Sts.）
☎ 1-718-963-3369
🕐 18:00～凌晨2:00（週六、日中12:00～））
🚇 從地鐵L線Bedford Av站步行約8分鐘
www.brooklynbowl.com
威廉斯堡 ▶MAP P.23 D-2

保齡球的螢幕上也會播出現場演唱實況。

色彩豐富的保齡球，炒熱玩樂氣氛。

夜店氛圍吸引許多年輕人前往。

Kinfolk 94　N

文青聚集的酒吧&夜店

以紐約、洛杉磯、東京為據點的創意集團經營的複合式店。隔壁的Kinflok 90（咖啡館）和附設的Kinfolk Store必去。

🏠 94 Wythe Ave.（bet. N. 10th & 11th St.），Brooklyn
☎ 1-347-799-2946　🕐 19:00～凌晨2:00（週四～六～凌晨4:00）　🚇 從地鐵L線Bedford Av站步行約7分鐘
kinfolklife.com
威廉斯堡 ▶MAP P.23 D-2

有好多耍酷的文青！

圓頂酒吧。到了晚上就是夜店。

PARTY

隨時舉辦活動或派對。

COCKTAIL

映照在東河上的夜景相當美麗。

從時尚空間望出去的絕景！

The Ides　O

曼哈頓景觀盡收眼底的絕佳空間

Wythe Hotel的頂樓酒吧。可眺望曼哈頓的大樓景致。尤其是夕陽堪稱絕景。光是進酒吧就大排長龍，因此請盡早入場，邊喝酒邊等待夕陽西下吧。

🏠 80 Wythe Ave.（at N. 11th）Wythe Hotel內
☎ 1-718-460-8006　🕐 16:00～（週五14:00～、週六、日12:00～）　🚇 從地鐵L線Bedford Av站步行約10分鐘
wythehotel.com/the-ides
威廉斯堡 ▶MAP P.23 D-2

不僅是觀光客，也頗受當地人青睞。

紐約地鐵營運24小時。話雖如此，請留意半夜的班次比較少。

Greenpoint
綠點區

逐漸蛻變中！

日：◎
夜：○

越來越多優質店家看上此處的寬敞空間及便宜租金，從威廉斯堡遷移過來。

和威廉斯堡相鄰，曾是眾多波蘭移民居住的地區。隨著布魯克林的高人氣而捲入區域開發的浪潮中，另一方面，也是保有老街的珍貴歷史區。而在主要街道曼哈頓大道（Manhattan Ave.）兩旁，屋齡超過100年的建築物和當地超市比鄰而立。有越來越多家潮店和咖啡館開在法蘭克林街（Franklin St.）上。

G Greenpoint Fish & Lobster >>>P.189

WNYC Transmitter

WEST ST.

Greenpoint 01
感受布魯克林的老街區

去近年來都市開發突飛猛進，但仍保有濃厚歷史遺跡的綠點區走走吧。

守護地區發展的地標
St. Anthony of Padua Church Ⓐ
聖安東尼帕多瓦教堂

紅磚瓦白石灰牆的美麗建築，是1875年建立的羅馬天主教堂。至尖塔頂端約高73m。目前指定為紐約市的歷史建築物。

🏠 862 Manhattan Ave.（bet. Greenpoint Ave. & Calyer St.）　☎ 1-718-383-3339
🚇 從地鐵G線Greenpoint Av站步行約1分鐘
stanthony-stalphonsus-brooklyn.org
綠點區 ▶MAP P.23 D-1

Kent St.

■ Greenpoint Av站

Meserole Ave.

Ⓒ

■ Nassau Av站

Calyer St.

Ⓑ Ⓐ

Greenpoint Ave.

Norman Ave.

Nassau Ave.

Leonard St.

Eckford St.

步行3分鐘

F Greenpoint Fish & Lobster >>>P.189

綠點區大道
Greenpoint Ave.
附近交通繁忙。

散發居民生活氛圍的地區。

當地居民常來的咖啡館
Cafe Riviera **B**

$6.50

受當地人青睞的麵包店。店內熱賣商品以波蘭點心為首，還有義大利&法式烘焙甜點。佛心價格也是魅力之一。

🏠 830 Manhattan Ave.（bet. Noble & Calyer Sts.）
☎ 1-718-383-8450
🕐 8:00〜21:00
🚇 從地鐵G線Greenpoint Av站步行約2分鐘
caferivierany.com
綠點區 ▶MAP P.23 D-1

拿鐵咖啡
＋餅乾
來杯拿鐵咖啡和秤重計價、甜度低的餅乾，休息片刻。

Franklin St.

Freeman St.

Eagle St.

Dupon St.

Clay St.

正在發展的街道
高格調精品店和風情裝潢咖啡館散布其間。名店的2號分店陸續在此開張。

D Bakeri
>>>P.188

E Milk & Roses
>>>P.188

Manhattan Ave.

綠點區的
主要街道
傳統熟食店和波蘭餐廳櫛比鱗次。保有昔日商店街的自在氛圍。

懷舊古早味麵包店
Peter Pan Donut & Pastry Shop **C**

總是擠滿東歐人&常客的店。在這裡看得到當地人一邊咬著傳統甜甜圈，一邊專心看報紙的日常風景。

🏠 727 Manhattan Ave.
（bet. Meserole & Norman Aves.）
☎ 1-718-389-3676
🕐 4:30〜20:00（週六5:00〜、週日5:30〜19:00）
🚇 從地鐵G線Nassau Av站步行約4分鐘
www.peterpan-donuts.com
綠點區 ▶MAP P.23 E-1

紅絲絨
甜甜圈
不早點來一定搶不到的人氣甜甜圈。

這一帶比較荒涼，
須注意
雖說已開發，但仍有工廠區。一到晚上人煙稀少。

$1.10

溫潤木作包圍下的
手工麵包

店內自然採光良好。樸實摩登的氣氛充滿布魯克林味。

沙拉
芝麻菜、草莓&
菲達起司的沙拉。

$11

芝麻菜在美國又叫Arugula。

$4

拿鐵咖啡
使用反文化咖啡的
沖煮的拿鐵。

用復古咖啡杯盛裝。

Bakeri D

享受美好
食物與氣氛的店

除了口碑好的麵包及烘焙點心
外，新鮮蔬菜和雞蛋製成的輕食
也頗受歡迎。店員的制服也很可
愛。

🏠 105 Freeman St.（near Franklin St.）
☎ 1-718-349-1542
🕐 7:00～19:00（週六、日8:00～）
🚇 從地鐵G線Greenpoint Av站步行約8
分鐘
www.bakeribrooklyn.com
線點區 ▶MAP P.23 D-1外

連細部裝潢都很
講究。

Greenpoint 02
到可愛美味的小店
喘口氣休息一下

在街上散完步，就是優閒的休息時刻。
既然都來了，就到當地人愛去的人氣小店吧。

Milk & Roses E

擁有美麗後花
園的義式餐館

店內空間小巧雅
致、氣氛輕鬆，優
質料理頗有口碑的
酒吧＆餐廳。還有
現場演奏可以欣
賞。

🏠 1110 Manhattan Ave.（near Clay St.）
☎ 1-718-389-0160
🕐 10:00～24:00（週五、六～凌晨
1:00、週日～23:00）
🚇 從地鐵G線Greenpoint Av站步行約
10分鐘
milkandrosesbk.com
線點區 ▶MAP P.23 D-1

樸實的現代裝潢。早餐組合$24，是週末的人氣菜色，三明治附飲料，
還有喝到飽的含羞草調酒。

Have fun!

穀麥片加綠優格
穀麥片加當季水果和綠優格。

$9

Photos：Bakeri, Milk & Roses

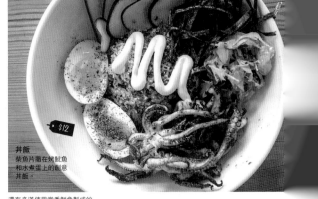

Greenpoint *03*
上話題海鮮店大口吃「丼飯」

布魯克林聚集了多位青年創業家。
前往美味健康同時對環境友善的餐館。

丼飯
柔魚片撒在烤魷魚
和水煮蛋上的創意
丼飯。

還有多道使用當季鮮魚製成的
獨家菜色。

不用正經端坐、氣氛輕鬆的魅力吧台區。

Eat
a lot!

創辦人Adam（左）和Vincent（右）。

Greenpoint Fish & Lobster **F**

環保時髦的海產店

能輕鬆嘗到新鮮牡蠣和各式海鮮的地方酒
吧兼海產店。是以永續經營為主題的友善
企業。

🏠 114 Nassau Ave.
（bet. Eckford &
Leonard Sts.）
☎ 1-718-349-0400
🕐 12:00～21:30（週
五～22:30、週六
11:00～22:30、週日11:00～）　🚇 從地鐵G線
Nassau Av站步行約3分鐘　greenpointfish.com
線點區 ▶MAP P.23 E-1

Nice View!

Greenpoint *04*
徹底融入當地生活眺望曼哈頓景色

稍微走遠一點到河岸，
就能看見當地人眼中的日常摩天高樓。

遠眺充滿布魯克林風情的紅磚倉庫和
水塔。

WNYC Transmitter Park **G**

居民喜愛的綠色地帶

位於前往曼哈頓渡輪船頭附近的
公園。經常有人在此慢跑或遛
狗，是接觸得到日常生活情景的
地方。

🏠 West St.
（bet. Kent St. & Greenpoint Ave.）
🚇 從地鐵G線Greenpoint Av站步行約7
分鐘
www.nycgovparks.org
線點區 ▶MAP P.23 D-1

路上設有步道&單車道。遊客稀少，從此處眺望的景色格外不同。

🌱 主街道是曼哈頓大道。雖然最近時髦店家遽增，但還見得到傳統的波蘭餐廳。　　189

紐約的街頭藝術流行發源地

Bushwick
布希維克

〔 交 通 方 式 〕

地鐵 從地鐵L線Morgan Av
站或L線Jeffers on St
站下車步行即達。這2站位於該
區中心位置。依目的地也可搭乘
M線到Knickerbocker Av。

街頭藝術聖地

日：○
夜：△

藝術家遷居於此帶動藝術活動的盛行。
同時也新開了好幾家咖啡館及餐廳。

位於文青聖地威廉斯堡東邊，最近，搬來多位新秀藝術家或青年創作家。
成為帶動紐約新藝術場景的地區，備受矚目。尤其是街上的彩色巨幅壁畫
群，布希維克集體創作區相當有名，附近的特色藝廊也跟著急遽增加。話
題餐廳陸續開張，能真實感受到粗獷工業地帶逐漸發展起來的風貌。

Morgan Av站

Harrison Pl.

Grattan St.

C

Seigel St.

Bogart St.

Morgan Ave.

Thames St.

Flushing Ave.

H

E Mominette French
Bistro
>>>P.192

Knickerbocker Ave.

I Roberta's
>>>P.193

布希維克附近有多家
披薩專賣店。

Melrose St.

Jefferson St.

Troutman St.

Bushwick 01
前往參觀街頭文化
發源地的塗鴉藝術

巨大壁畫點綴的布希維克，是街頭藝術的聖地。
去看充滿張力的藝術作品吧。

請注意此區以南治安
較差。

震撼驚人的巨大壁畫群
The Bushwick Collective
布希維克集體創作區 A

這裡有一長排當地人及世界各地藝
術家繪製的巨大壁畫。近看相當震
撼！

St Nicholas Ave.（在Troutman St.沿途
的St.Nicholas Ave. 與Scott Ave.之間）
從地鐵L線Jefferson St站步行約3分
鐘
布希維克 ▶MAP P.27 E-1

壁畫群的範圍不斷擴大。鄰近
的Morgan Av站附近也有。

隨處可見的壁畫藝術。　有別於曼哈頓，觀光客稀少。

Bushwick 02
最前衛的藝術場景
就在布希維克！

收藏最新畫作的藝廊陸續增加。每年6月舉辦的「布希維克工作室開放日」（Bushwick Open Studio）也是紐約最大、最具話題性的藝術祭典。

Ⓐ
Ⓕ Union Pizza Works >>>P.192

Jefferson St站

Ⓓ St. Nicholas Ave. 兩旁並排的壁畫

N
步行3分鐘

Starr St.
Willoughby Ave.
Suydam St.

Irving Ave.

Maria Hernandez Park

位於該區中心的公園。

DeKalb Ave.
Stockholm St.
Wilson Ave.

Wyckoff Ave.
St Nicholas Ave.

■ DeKalb Av站

欣賞前衛藝術
Outlet Gallery Ⓑ

特色是展示新銳藝術家的前衛作品。一個月舉辦一次個展和巡迴展。

欣賞得到大畫廊沒有的特殊作品。

🏠 253 Wilson Ave. (at Harman St.)
☎ 1-646-644-8200
🕐 13:00～18:00（或另行預約）
㊡ 週一～週五
Ⓜ 從地鐵M線Knickerbocker Av站步行約2分鐘
www.outletbk.com
布希維克 ▶MAP P.27 E-2

Ⓖ Variety Coffee Roasters >>>P.193

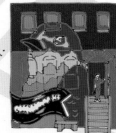

話題藝廊大樓
The Bogart Ⓒ
賣點是看得到種類豐富的藝術作品。

在1樓和地下室共18間的大小藝廊內，展示繪畫或雕塑等多種作品。頗受歡迎客歡迎。

🏠 56 Bogart St. (bet.Harrison Pl. & Gratten St.)
☎ 1-718-599-0800
🕐 依藝廊而異
Ⓜ 從地鐵L線Morgan Av站步行約1分鐘
56bogartstreet.com
布希維克 ▶MAP P.27 D-1

Himrod St.
Harman St.

Ⓑ

創新的實驗室空間
Microscope Gallery Ⓓ

展示實驗性前衛作品的巨大藝廊。

奢侈地使用寬敞空間，主要展示影像、聲音、數位作品。發表會或表演等週末活動頗受好評。

🏠 1329 Willoughby Ave.
(bet.Wyckoff & St.Nicholas Aves.)
☎ 1-347-925-1433
🕐 13:00～18:00（或另行預約）
㊡ 週二、三
Ⓛ 從地鐵L線Jefferson St站步行約2分鐘
www.microscopegallery.com
布希維克 ▶MAP P.27 E-1

 布希維克到處都看得到壁畫。不是單純的塗鴉，有多幅由贊助商或畫廊資助完成。

Bushwick 03
在美麗庭園享用當地招牌食物

深受布希維克居民喜愛，
既漂亮又舒適的餐廳。

裝飾店內的懷舊風插圖。

充滿布魯克林風格的舊招牌也很時髦。

略帶陳舊感、色調沉穩的裝潢。

顏受歡迎的庭園。傍晚時相當熱鬧，擠滿來喝美味調酒的當地居民。

Mominette French Bistro　E

當地人最推薦的餐酒館

吃得到法式蝸牛、貽貝及油封鴨等常見法國菜，氣氛一流的店。

🏠 221 Knickerbocker Ave.
(bet.Troutman & Starr Sts.)
☎ 1-929-234-2941
🕐 11:00～23:00（週六10:30～24:00、週日10:30～22:30）
🚇 從地鐵L線Jefferson St站步行約6分鐘
mominette.com
布希維克 ▶MAP P.27 E-1

$10

班尼迪克蛋
水波蛋搭配熱呼呼的炸馬鈴薯，十分對味。

so excited!

模仿車庫造型特殊的用餐區。露出的紅磚充滿工業氣氛，整體相當時髦。

率性、粗獷的舊桌椅。只收現金。

Union Pizza Works　F

咬勁十足的薄餅披薩頗受歡迎職人Leonardo開的店

吃得到擁有窯烤特殊香氣及道地口感的拿坡里披薩。是當地人喜愛的熱門餐廳。雞尾酒的種類也很豐富，推薦給愛酒人。

🏠 423 Troutman St.
(bet.Wyckoff & St Nicholas Aves.)
☎ 1-718-628-1927
🕐 17:30～23:00（週五、六～24:00、早午餐週六、日12:00～17:00）
🚇 從地鐵L線Jefferson St站步行約3分鐘
unionpizzaworks.com
布希維克
▶MAP P.27 E-1

紙飛機
波本威士忌、義大利草本香甜酒和檸檬汁調成的雞尾酒。

$13.50

$11

洋蔥披薩
奧勒岡葉撒在白洋蔥、古岡左拉起司、羊奶起司上的白醬披薩。

冰咖啡
味道爽朗層次豐富的冰咖啡

$3.50

$2.50

檸檬馬芬
清爽的柑橘香氣與甜美糖霜形成絕妙滋味。

除了桌椅區，還有寬敞的吧台區。

品嘗微苦甘的咖啡

Bushwick *04*

到舒適的咖啡館
悠哉喝杯咖啡

在人氣扶搖直上的自家烘豆咖啡館，學當地人喝杯現磨現煮的咖啡吧。到嚴選咖啡館放鬆一下，享受幸福時光。

隔離馬路傳來的喧鬧聲。沉穩的音樂與情調空間讓人心情平靜。

Variety Coffee Roasters **G**

附設烘豆室的人氣咖啡館

在飄散著布希維克特有優閒氣息的寬敞店內，品嘗嚴選自家烘焙咖啡。是當地時髦人士聚集的場所。

🏠 146 Wyckoff Ave (at Himrod St)
☎ 1-718-497-2326
🕐 7:00～21:00
🚇 從地鐵L線Dekalb Av
站步行約2分鐘
varietycoffeeroasters.
com
布希維克
▶MAP P.27 F-1

店內裝潢
走復古風！

KÁVÉ Espresso Bar & Event Space **H**

隱密的濃縮咖啡吧

位於小賣場後方。推薦以公平貿易有機咖啡豆沖煮的咖啡，連不愛苦味的人都能入喉。

🏠 119 Knickerbocker Ave.
（at Flushing Ave.）
☎ 1-718-360-8685
🕐 8:00～20:00
🚇 從地鐵L線Morgan Av
站步行約6分鐘
kavebrooklyn.com
布希維克
▶MAP P.27 E-1

拿鐵咖啡
帶出咖啡濃醇厚實的風味。

$3.50

還有紅茶或三明治等輕食。

以木頭及紅磚打造的舊式空間。

Good choice!

Bushwick *05*

和本地人一起品嘗當地食材

最近地產地銷的經營模式越來越普遍。
尤其受到布魯克林本地人的喜愛。
到美味詮釋當地風味的餐廳試試吧。

**Beastmaster
Pizza**
放了義式臘腸、香腸、墨西哥辣椒等的單點菜色。

不僅是披薩，週末早午餐也頗受好評。店內也有廣播電台。

$16

Savoy Farro Pariji
早午餐菜色。有水波蛋、蘑菇和馬鈴薯。

$18

Roberta's **I**

米其林2星披薩店

超受歡迎的披薩名店。倉庫改建成的店內設有後花園，使用這裡種植的蔬菜或香草製作料理。每天都擠滿本地人。

🏠 261 Moore St. (bet. Bogart & White Sts.)
☎ 1-718-417-1118
🕐 11:00～24:00（週六、日10:00～）
🚇 從地鐵L線Morgan Av站
步行約2分鐘
www.robertaspizza.com
布希維克
▶MAP P.27 D-1

在裝潢充滿布希維克潮流風尚的店內，品嘗美味披薩吧。

☀ 布希維克的餐廳或咖啡館後方，大多設有美麗中庭。進入餐廳後問一下有沒有中庭吧。　193

洋溢生活氣息的優閒地區

Bococa & Park Slope
Bococa和公園坡

〈 交通方式 〉

地鐵 到卡羅爾花園（Carroll Garden）從、G線Smith 9 Sts站或Carroll St站下車。往波倫山（Boerum Hill）或科布爾山（Cobble Hill），建議搭到F、G線的Bergen St站。

渡輪 從11號碼頭搭乘紐約水上計程車（New York Water Taxi），約20分鐘。www.nywatertaxi.com/tours/ikea
※時有變更。請上網確認

風格小店林立

日：◎
夜：△

氣氛優閒，有多家高質感商店及餐廳。

波倫山Boerum Hill、科布爾山Cobble Hill、卡羅爾花園Carroll Garden三塊相連的地區簡稱BoCoCa。西邊是和展望公園相鄰的公園坡。每區都是氣氛閒靜的住宅區，Atlantic Av、Smith St及Court St的大馬路上，散落著雅致小店和咖啡館。

E Hatchet Outdoor Supply
>>>P.196

D

洋溢懷舊氣息的當地酒吧
Clover Club Cocktail **B**

🏠 210 Smith St (bet. Baltic & Butler Sts)
☎ 1-718-855-7939
🕐 16:00～深夜2:00（週五16:00～凌晨4:00、週六10:30～凌晨4:00、週日10:30～深夜1:00）
🚇 從地鐵F、G線Bergen St站步行約3分鐘
cloverclubny.com
公園坡
▶MAP P.24 B-3

氣氛低調的當地酒吧。平日晚上是人氣雞尾酒吧，到了週末則提供時髦早午餐。有時會有爵士樂團現場演奏。

Bococa & Park Slope 01
在人氣酒吧和朋友盡情喧鬧

正因為是充滿生活氣息的布魯克林，所以有多家當地人愛去的酒吧。

Wyckoff St.

■ Bergen St站

G Papél New York >>>P.197

F Meg >>>P.196

Warren St.

Baltic St.

Hoyt St.

Court St.

Smith St.

B

Hick st.

Carroll St.

Carroll St.
這附近就是BoCoCa。

啤酒愛好者成立的酒吧
St. Gambrinus Beer Shoppe **A**

常備有16種生啤酒的鄉村風酒吧。附設商店，提供外帶服務。

🏠 533Atlantic Ave.（bet. 3rd & 4th Aves.）
☎ 1-347-763-2261
🕐 14:00～23:00（週四、五～凌晨1:00、週六12:00～凌晨1:00、週日12:00～）
🚇 從地鐵B、D、N、Q、R、2、3、4、5號線Atlantic Av-Barclays Ctr站步行約3分鐘
www.stgambrinusbeer.com
公園坡 ▶MAP P.26 A-1

Degraw St.

Union St.

2nd Pl.

4th Pl.

步行3分鐘

N

C

以步調緩慢的地區。

Atlantic Ave.和第4大道交叉的大路口

哈林區
中央公園
Manhattan
曼哈頓中城
蘇活區
威廉斯堡
Brooklyn
曼哈頓下城 丹波
Bococa ★ ★公園坡

布魯克林

📷 觀光

🎬 藝術

🎵 娛樂

🍴 美食

🛒 購物

🏨 住宿

H Junior's
>>>P.197

Dekalb Av站 ■

Dekalb Ave.

Fulton St.

Bococa &Park Slope 02

走訪獨樹一格的
特色小店

在距離市中心稍遠的住宅區，
有幾家特色小店散布其間。

可觀賞歌劇、音樂、舞蹈等。布
魯克林音樂學院（Brooklyn Acad
emy of Music，簡稱BAM）。

Lafayette Av站 ■

Atlantic Ave.

Ⓐ

巴克萊中心是擁有室內體育場的
多功能設施。NBA布魯克林籃網
隊的主場。

也有布魯克林自製品

Trader Joe's Ⓓ
喬氏超市

雖然是全美連鎖
店，在紐約到處都
有分店，但布魯克
林目前只有2家門
市。販售布魯克林
生產的啤酒等產
品。

🏠 130 Court St.（at Atlantic Ave.）
☎ 1-718-246-8460
🕐 8:00～22:00
🚇 從地鐵F、G線Bergen St站步行
約6分鐘
www.traderjoes.com
Bococa ▶MAP P.24 B-2

3rd Ave.

4th Ave.

音樂、古董、
自家烘焙咖啡館
Black Gold Records Ⓒ

🏠 461 Court St.
（bet. 4th Pl. &
Luquer St.）
☎ 1-347-227-8227
🕐 7:00～20:00（週
六8:00～21:00、週日
8:00～19:00）
🚇 從地鐵F、G線Smith 9th Sts站步行
約8分鐘
blackgoldbrooklyn.com
公園坡
▶MAP P.27 F-3

店內有多項精選古董雜貨及各領域的唱片。做成舊明信片狀的鐵皮
配件。是能發掘紐約歷史風情的空間。

咖啡館和雜貨店坐落其
間的主街道。

以4th Ave.為界，東邊
是公園坡。

滿足與眾不同的
購物欲望

若想找到別出心裁的商品，
建議前往堅持自我風格的特色小店。
利用獨一無二的單品展現與眾不同的魅力吧。

thank you for coming

販售兼具功能性的美國或加拿大名品。

背包
在紐約州伍德斯托克製作的商品。

$229

還有了解紐約郊區登山健行資訊的地圖，或是戶外用品大國才會有的小配件等。

Hatchet Outdoor Supply Ⓔ

嚴選戶外用品店

這家戶外用品專賣店網羅兼具實用性、功能性及流行性的當季商品。除了服飾和配件外，也有種類豐富的露營&登山健行相關產品。

⌂ 77 Atlantic Ave.（bet. Henry & Hicks Sts.）
☎ 1-347-763-1963
🕐 11:00～20:00
🚇 從地鐵4、5號線Borough Hall站步行約8分鐘
www.hatchetsupply.com
Bococa ▶MAP P.24 A-2

welcome

Meg Ⓕ

時尚選品店

定居布魯克林的服裝設計師於1994年開設的店。目前擁有5家門市，僅販售女裝。

⌂ 358 Atlantic Ave.（bet. Hoyt & Bond Sts.）
☎ 1-718-522-3585
🕐 12:00～19:00
🚇 從地鐵A、C、G線Hoyt-Schermerhorn站步行約5分鐘
www.megshops.com
Bococa ▶MAP P.24 C-2

不可錯過的自有品牌系列。

Looks good?

設計迷人的連身裙。

時尚界人士或名媛也來逛。

斜口褲&寬鬆上衣。為成熟女性的日常穿搭增添變化的單品。

也有圖案可愛的包裝紙等紙製品。

店內整片牆擺滿各種類齊全，如彌月、新婚或畢業典禮等各場合都用得到的卡片。也有派對商品或特色配件及雜貨等。

還有很多溫馨感性的設計。

Papél New York Ⓖ

街上的小雜貨店

不受時宜限制的賀卡及文具專賣店。適合生日、紀念日、喜事等特別日子使用的優質品項種類齊全。

🏠 225 Court St.（bet. Warren & Baltic Sts.）
☎ 1-718-422-0255
🕐 11:00～19:00（週二～四12:00～20:00、週日12:00～18:00）
🚇 從地鐵F、G線Bergen St站步行約5分鐘
papelnewyork.com
Bococa
▶MAP P.24 B-3

Bococa & Park Slope 04
前往當地人喜愛的老店

在布魯克林，從很久以前就備受當地人喜愛的名店。前往隨時充滿地方氛圍的名店看看吧。

充滿回憶的傳統餐館裝潢，洋溢濃厚的舊式風情。

Junior's Ⓗ

1950年成立的老店

代表紐約的地方名店。吃得到招牌商品起司蛋糕，還有大份量的美式料理。

🏠 386 Flatbush Ave.（at Dekalb Ave.）
☎ 1-718-852-5257
🕐 #6營業時間 6:30～24:00（週五、六～凌晨1:00）
🚇 從地鐵B、Q、R線Dekalb Av站步行約1分鐘
www.juniorscheesecake.com
布魯克林市中心
▶MAP P.24 C-2

原味起司蛋糕　$6.95
味道濃郁的紐約起司蛋糕。

燻牛肉三明治　$13.50
裸麥麵包夾上大量多汁的燻牛肉。

行家走訪的當紅焦點區

Red Hook
雷德胡克

（ 交通方式 ）

地鐵 在F、G線Smith 9 Sts站下車，從Smith St東角搭B61巴士前往Red Hook 或Metro Tech，約10分鐘抵達市中心。回程在B61 Park Slope上車。

渡輪 從11號碼頭搭乘紐約水上計程車（New York Water Taxi），約20分鐘。www.nywatertaxi.com/tours/ikea ※時有變更。請上網確認

位於布魯克林的南部沿海。曾是繁榮的海港，後來成為氣氛冷清的倉庫街，現在則是創作者的集會場所，逐步發展為創意城市。交通方式熟悉後就不難，在主街道Van Brunt St.兩旁，口碑佳的酒吧、餐廳及優質小店林立。雖然都在布魯克林，空氣中卻散發特有的優閒氣氛，是相當迷人的地區。

佛羅里達的特產現身雷德胡克
Steve's Authentic Key Lime Pies Ⓐ

Swingle™
萊姆卡士達餡淋上巧克力醬。

🏠 185 Van Dyke St.(near Ferris St.)
☎ 1-718-858-5333
🕐 12:00～19:00（週五～日11:00～）

※依季節時有變動 🚶 從地鐵F、G線Smith-9 Sts站步行約26分鐘

stevesauthentic.com
雷德胡克 ▶MAP P.27 D-3

佛羅里達的特產墨西哥萊姆。除了基本的墨西哥萊姆派外，該店自創的Swingle，是連《紐約時報》都讚不絕口的好味道。

Red Hook 01
到布魯克林最棒的海港感受
悠哉的小旅行氣氛

想逃離都市喧囂時，建議到雷德胡克走走。前往海風吹拂，開發中的魅力小鎮吧。

Ⓑ

Ⓕ Foxy & Winston
>>>P.200

Ⓖ Wooden Sleepers
>>>P.200

Ⓔ

Van Brunt St.

Van Dyke St.

位於海邊的倉庫街
Red Hook Winery Ⓔ

提供用紐約州葡萄園的葡萄釀造的自家瓶裝酒。提供嘗鮮組合（3款$8）。

🏠 175-204 Van Dyke St.（near Barnell St.）
☎ 1-347-689-2432
🕐 11:00～17:00（週日12:00～）
🚶 從地鐵F、G線Smith-9 Sts站步行約27分鐘
www.redhookwinery.com
雷德胡克 ▶MAP P.27 D-3

Photo：Red Hook Winery

Conover St.

Beard St.

Reed St.

Ⓒ

Van Brunt St.是雷德胡克的主街道。

開放工廠參觀的人氣巧克力
Cacao Prieto Ⓑ

保留倉庫街。

使用多明尼加生產的單一來源可可豆，和有機蔗糖製成的高級手工巧克力，很受歡迎。

🏠 218 Conover St.（bet. Dikeman & Coffey Sts.）
☎ 1-347-225-0130
🕐 9:00～17:00（週六、日11:00～19:00）
🚶 從地鐵F、G線Smith-9 Sts站步行約23分鐘 www.cacaoprieto.com
雷德胡克 ▶MAP P.27 D-3

Photo：Cacao Prieto

哈林區
中央公園
Manhattan
曼哈頓中城
蘇活區 威廉堡
丹波
曼哈頓
下城
Brooklyn
★雷德胡克

紅磚牆上的塗鴉。

別具風格的加油站。

Bowne St.

Imlay St.

H Red Hook Lobster Pound >>>P.201

I Pioneer Works >>>P.201

Pioneer St.

Verona St.

倉庫改建的率性空間
Fairway Brooklyn **C**

$3.95

巧克力片
購買自有品牌商品當伴手禮。

曼哈頓人氣超市的分店。販售種類豐富的食材及日用品。也適合選購伴手禮。

🏠 480-500 Van Brunt St.(near Reed St.) ☎ 1-718-254-0923 🕐 7:00～22:00 🚇 從地鐵F、G線Smith-9 Sts站步行約27分鐘 www.fairwaymarket.com
雷德胡克 ▶MAP P.27 D-3

Coffey Park

Columbia St.

Dwight St.

Dikeman St.

IKEA

Otsego St.

N

D

步行3分鐘

來自瑞典的人氣商店
IKEA Brooklyn **D**

台灣也很常見的居家用品店。可搭免費渡輪從曼哈頓過來。英文發音是「Aikea」。

🏠 1 Beard St.（near Otsego St.）☎ 1-888-888-4532 🕐 10:00～21:00 🚇 從地鐵F、G線Smith-9 Sts站步行約21分鐘 www.ikea.com/us/en/store/brooklyn
雷德胡克 ▶MAP P.27 E-3

👣 從曼哈頓11號碼頭有前往IKEA Brooklyn的渡輪。平日單趟$5，週六日免費。 199

Wooden Sleepers
堆滿寶物的中古店
從50年代的西裝外套到早期的L.L. Bean等稀有珍品種類豐富。無論是商品或展示用家具，都有專屬的陳列空間。

🏠 395 Van Brunt St.（bet. Van Dyke & Coffey Sts.）
☎ 1-718-643-0802
🕐 11:00～19:00
（週一、二、四採預約制）
🚇 從地鐵F、G線Smith-9 Sts站步行約22分鐘
wooden-sleepers.com
雷德胡克 ▶MAP P.27 E-3

店內裝潢獨樹一格，展現Davis先生的品味。

Lovery

Great on you

老闆Brian Davis。

使用樸實家具打造率性陳列空間。

商品擺放一目瞭然。馬上就能找到喜歡的物品。

Red Hook 02
值得抽空逛逛！
走訪優質小店

布魯克林有很多在名店歷練過的獨立創業青年。即便在雷德胡克也有他們開設的優質小店。

*$18.50
嬰兒玩具
羊毛氈嬰兒玩具。

*$18.50
嬰兒玩具
可拿出豆子的蠶豆玩具。

乳牙收藏盒
可以保存孩子掉下的乳牙

Sweet heart

$8

獨特的用心若隱若現，典雅的商品齊全。

嬰兒有機紗布包巾
觸感佳、吸水性強，下水後依舊柔軟細緻。

Foxy & Winston
店內宛如玩具箱
來自英國的布料設計師Jane Buck經營的可愛用品店。試著找出專屬自己，獨一無二的商品吧。

🏠 392 Van Brunt St.（bet. Dikeman & Coffey Sts.）
☎ 1-718-928-4855
🕐 12:00～19:00
（週六、日11:00～）
🚫 週一、二
🚇 從地鐵F、G線Smith-9 Sts站步行約22分鐘
foxyandwinston.com
雷德胡克 ▶MAP P.27 E-3

積極引進活躍於布魯克林的年輕創作者設計的特色商品。

Jane女士設計的人氣嬰兒包巾。

緬因州龍蝦堡
使用緬因州生產
的龍蝦做的三
明治

$21

不用叉子，雙手拿著豪邁地大口咬下吧。

Red Hook 03
還有遠道而來的粉絲
大啖龍蝦堡

龍蝦堡是紐約的人氣食物之一。
挑戰一下輕鬆就能吃到的豪華食物吧。

Hi guys!

Have Fun!

It's party!

在店門口的餐車購買，連同氣氛一
起嘗鮮。

圖案可愛的外賣用龍蝦堡
餐車。

Red Hook Lobster Pound

港都的嚴選人氣店家
龍蝦堡原本是新英格蘭的地方特產。愛吃
龍蝦的夫妻倆製作的優質美味讓商店成為
話題名店。

🏠 284 Van Brunt St.
(bet. Verona & Pioneer Sts.)
☎ 1-718-858-7650
🕙 11:30～22:00（週五、
六～23:00）🚫週一
🚇 從地鐵F、G線Smith-9 Sts
站步行約17分鐘
redhooklobster.com
雷德胡克 ▶MAP P.27 E-2

Red Hook 04
前往倉庫街才有的
大型藝術中心

鐵工廠改建成的寬敞空間，成為復古時尚的創意區。
欣賞最新潮的當代藝術吧！

展示不同藝術家的作品。

挑高3層樓的巨大空間。樓上是藝術家的工作室。

也有展示實驗性作品及表演。

在後花園也會舉辦音樂會等活動。

party!

名人也共襄盛舉的派對
盛宴。

Come on in!

Pioneer Works

創新話題
藝術空間
舉辦藝術展覽或音樂會
等話題活動。並推行實
驗性計畫，也能參觀藝
術家的工作室。

🏠 159 Pioneer St.（bet.
Imlay & Conover Sts.）
☎ 1-718-596-3001
🕙 12:00～18:00
🚫週一、二
🚇 從地鐵F、G線Smith-9
Sts步行約19分鐘
pioneerworks.org
雷德胡克 ▶MAP P.27 E-2

Photos : Pioneer Works

連細節都充滿韻味！

在連接廚房&餐廳的公共客廳，放置展現房東品味的家具與藝術品擺設。

住在布魯克林最潮！
入住特色飯店

用比曼哈頓便宜的價格，就能入住寬敞房間，是布魯克林旅宿業的魅力。旅途中能住在時尚有型的空間，也令人超開心。到人氣越來越旺的地區散步也很方便！

What is
B&B

住宿＋早餐

Bed and Breakfast的縮寫。泛指提供住宿和早餐的設施。大多是位於住宅區的家庭經營模式。

特色處
位於住宅區的獨棟民宿，彷彿居住在當地！

都會化西式空間！

景觀客房。還有其他設計別致的房間，共4間。後花園也有客房。

Urban Cowboy

體驗文青氛圍

熱門地區的獨棟房子改建成的時髦B&B。在寬敞的公共廚房&餐廳供應早餐。工作人員十分友善。

🏠 111 Powers St.（bet. Leonard St. & Manhattan Ave.）
☎ 1-347-840-0525
💲 \$150～2000
🚇 從地鐵L線Lorimer St站步行約7分鐘
urbancowboybnb.com
威廉斯堡
▶MAP P.23 F-2

Photos : Henry Norman Hotel

每間客房都用整潔擺設打造出舒適的居住空間。

乾淨清新的舒適空間！

19世紀的倉庫改建成的時尚空間。

特色處

入住話題焦點區！

在公共露台，曼哈頓的摩天大樓一覽無遺。

Henry Norman Hotel

入住
焦點區域的公寓

發展中的綠點區新開的精品旅店。也有附設廚房的房型，頗受長期房客歡迎。健身房設有三溫暖。

🏠 239 N. Henry St.（bet. Meserole & Norman Aves.）
☎ 1-718-951-6000
💲 $246～442
🚇 從地鐵G線Nassau Av站步行約11分鐘
www.henrynormanhotel.com
綠點區
▶MAP P.23 E-1

時尚又有未來感的大廳採用大型藝術品裝飾。

2樓陽台是每位房客都能使用的公共區。

商務旅遊也適合

簡潔沉穩的氣氛

以淺色為主色調的空間，可以讓人放鬆休息。

Nu Hotel

地點方便，
可輕鬆前往曼哈頓

附近有好幾個地鐵站，無論是到布魯克林散步或是前往曼哈頓都很方便。最棒的是提供早餐，還能免費借用單車。

特色處
位於商店及咖啡館林立的地區。

🏠 85 Smith St.（at Atlantic Ave.）
☎ 1-718-852-8585
💲 $279～413
🚇 從地鐵F、G線Bergen St站步行約5分鐘
nuhotelbrooklyn.com
Bococa
▶MAP P.24 C-2

可在大廳酒吧&休息區享用小點。夏季也會開放露天座位區。

Photos：Nu Hotel

Photos：Wythe Hotel

風格。

保有工業氣氛的現代

特色處

正夯的現代復古風！

保留工廠風情改建成摩登建築。

Wythe Hotel

話題十足的頂樓酒吧！
潮流街上的指標飯店

改建1901年建造的工廠。從閣樓格局到上下鋪雙層床，提供多種房型。景觀絕佳的頂樓酒吧是頗受歡迎的排隊名店。

超有型的空間！

🏠 80 Wythe Ave.（at N. 11th）
☎ 1-718-460-8000
💲 $195～600
🚇 從地鐵L線Bedford Av站步行約10分鐘
wythehotel.com
威廉斯堡
▶MAP P.23 D-2

大廳天花板挑高，充滿開放感。裡面設有快閃限定店。

紐約之旅
Info

只要5個步驟，
就能從容出國，輕鬆回國

出國、回國的流程如下所示！
請在起飛前2小時到機場以免有突發狀況，來不及解決。
因為飛機上還有表格要填，隨身帶著原子筆比較方便。

台灣 ⇒ 紐約

STEP1 機內
> 帶支筆上飛機

空服員會發美國海關申報單給乘客。拿到後
請在機上抵達目的地前填寫完畢。

STEP2 抵達

依照工作人員指示，經由聯絡通道至入境檢
查處。很多人要入境，請加速前進的腳步。

STEP3 入境檢查
> 觀光的話，
> 回答Sightseeing即可

出示護照、海關申報單及電子機票。之後按
指紋（雙手5根指頭）辨識及臉部拍照。

STEP4 領取行李
> 最好在行李上做記號
> 避免拿錯

在寫有搭乘航班的轉盤區領取行李。沒看到
行李時，請出示行李牌給工作人員幫忙查
詢。

STEP5 關稅審查
> 出示申報單！

出示海關申報單及護照。如果有需申報的物
品，請到櫃台檢查行李，沒有的話直接走向
出口。

入境須知
POINT

護照：3個月
最好是停留天數＋90天以上
簽證：不需要
事先將ESTA（旅行授權電子系統取得授權）
副本放進隨身行李
隨身行李限制
可攜帶1件隨身行李＋手提包上機
※依航空公司而異

紐約 ⇒ 台灣

STEP1 Check in
> 提早到機場

在搭乘的航空公司櫃台出示護照
和電子機票。接受託運行李檢查。

STEP2 檢查
隨身行李
> 食物
> 可帶上飛機

帶入機艙內的行李都要過X光線檢
查。可攜帶1件隨身行李＋手提
包。

STEP3 安檢

脫鞋，檢查隨身物品及身體。不要
忘記取下金屬飾品或皮帶。

STEP4 登機
> 機內請開飛航模式

在30分鐘前抵達登機證上記載的
登機門。過登機門時要再檢查護
照。請在抵達台灣前填好機上分
發的攜帶物品、寄送品申報表。

回國須知
POINT

換回台幣
在機艙內的換匯櫃台辦理。不過匯率
通常很差。換美金時要先算好。
帶回伴手禮
肉類或植物等部分物品禁止帶上機。
請事先確認清楚。

帶入
機艙內
NG

✘ 重量10kg以內的行李（大小依航空公司而異）
✘ 化妝品等液體類（包括凝膠、噴霧）
✘ 刀具或銳利物品　✘ 高爾夫球桿、衝浪板等長型物品
✘ 日用品　✘ 運動噴霧

入境・免稅範圍

21歲以上才可攜帶菸
酒。請注意有些食品
不可帶上機。

酒	約1L以內
香水	2盎司（約57g）
香菸	捲菸200支、雪茄50支、或二公斤菸草以內
貨幣	US$ 1萬以上須申報

回國・免稅範圍

超過免稅範圍，回國
時必須繳給海關。

酒類	1公升
香菸	捲菸200支、雪茄25支或菸絲1磅以內
伴手禮	台幣2萬元以下

只有護照不能入境！？
【入境必辦手續與文件】

缺件的話旅行就泡湯了！請做好萬全的事前準備。

ESTA

http://esta.cbp.dhs.gov/esta/
費用$14（僅接受刷卡付款）

前往紐約（美國），停留期間90天以內有來回機票則免簽證。不過若是沒有申請美簽，必須透過ESTA（旅行授權電子系統）取得授權許可。可以上網申請，請務必在出發前72小時辦理完畢。

STEP1　連上官方網站，在語言選項選擇中文。之後點選申請。

STEP2　閱讀並確認免責聲明，輸入姓名、出生年月日、護照號碼等資料。請用半形英數輸入。

STEP3　輸入結束後，點選發送。印出辦理完成的頁面比較放心。

美國海關申報單

空服員會在上機後、抵達前發放。請全部用大寫英文字母填寫。因為是入境時的必要通關文件，請在機上寫好。需填寫飯店名稱等資料，所以備好旅行社的文件比較方便。

① 上行＝姓，下行＝名
② 出生年月日（月、日、西元年後兩碼）
③ 同行家庭成員人數
④（a）在美住址（b）市（c）州
⑤ 護照發照國家
⑥ 護照號碼
⑦ 居住國家
⑧ 赴美前造訪的國家（沒有的話空白）
⑨ 航空公司航班號
⑩ 旅行目的（觀光的話選No）
⑪ 是否攜帶（a）～（d）的物品
⑫ 是否接觸過牲畜
⑬ 是否攜帶超過1萬美金或等值的外幣
⑭ 是否攜帶商品（樣品）
⑮ 上行＝對美國居民的問題
　　下行＝對訪客的問題（可空白）
⑯ 簽名（和護照一樣）
⑰ 填寫日期（月、日、年）

掌握紐約玄關的 3座機場

紐約之旅
Info

前往紐約,可從國際航班密集的約翰甘迺迪國際機場、紐澤西州的紐華克自由國際機場,以及離曼哈頓最近的拉瓜迪亞機場3座機場進出。比較各處後,從最適合自己的機場進入紐約吧。

到市區約 **60**分鐘	## 約翰甘迺迪國際機場 John F. Kennedy International Airport

1天內起降的國際航班超過400班次。國內航班是該數字的2倍。

位於曼哈頓以東約25km處。是紐約最大的國際機場,降落的國際航班最多。由6座航廈組成(航廈號碼到8號),設有旅客服務中心、交通諮詢櫃台等。機場代碼是JFK。

☎ 1-718-244-4444
www.panynj.gov/airports/jfk-about.html

機場平面圖

從日本來的直飛班機降落地點為,美國航空在第8航廈、全日空及聯合航空在第7航廈、達美航空在第4航廈、日本航空在第1航廈。(編按:從台灣來的直飛班機降落地點為,長榮航空在第1航廈、中華航空在第4航廈、國泰航空在第8航廈。)

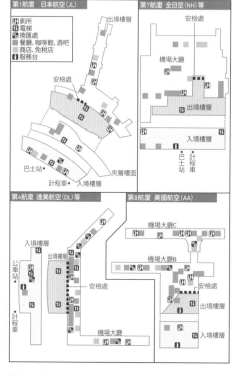

第1航廈　日本航空(JL)
🚻廁所　🛗電梯　🏧換匯處　🍴餐廳、咖啡館、酒吧　商店、免稅店　ℹ️服務台
安檢處
出境樓層
巴士站　計程車・入境樓層

第7航廈　全日空(NH)等
安檢處
機場大廳
出境樓層
入境樓層
巴士站・計程車

第4航廈　達美航空(DL)等
公車站　計程車
入境樓層
出境樓層
安檢處

第8航廈　美國航空(AA)
機場大廳C
機場大廳B
安檢處
出境樓層
入境樓層
機場大廳

前往曼哈頓的交通方式

從機場前往曼哈頓的交通工具有機場巴士、接駁巴士、機場捷運&地鐵、計程車等。依時段、人數及費用選擇最適當的方式。

機場巴士	約60~120分鐘

$18
買來回票的話比較便宜($34)。可在機場的服務台購票。也可事先上網訂票。www.nycairporter.com

機場捷運&地鐵	約40~50分鐘

$7.75
雖然費時,但不會塞車。通勤時段人潮擁擠。因為價格便宜,可以降低旅費。有些車站沒有手扶梯或電梯。

接駁巴士	約45~120分鐘

$20
公共巴士。雖然可以到指定地點,但路線固定相當費時。也可指定至飯店以外的地點。優點是可以上網預約。

計程車	約40~60分鐘

$68
人數或行李多時相當方便。小費建議金額是車資的15~20%及提放每件行李多$1。須小心白牌車。

相較於JFK，起降時間帶比較寬鬆，人潮較少。

到市區約
40~60分鐘

紐華克自由國際機場
Newark Liberty International Airport

位於隔著哈德遜河的紐澤西州。有3座航廈，航廈間有免費的電車接駁。機場代碼是EWR。

☎ 1-973-961-6000
www.panynj.gov/airports/newark-liberty.html

前往曼哈頓的交通方式

無論是搭電車、機場巴士、接駁巴士或計程車，60~80分鐘內即可抵達曼哈頓，地點優越性是機場的優勢之一。

機場巴士 約**30~50**分鐘	機場捷運&紐澤西輕軌 約**30~45**分鐘	接駁巴士 約**40~70**分鐘	計程車 約**40~60**分鐘
$16	 $13	 $20~	$50~70
買來回票的話比較便宜（$28）。可在機場的服務台購票。也可事先上網訂票。www.newarkairportexpress.com	抵達位於曼哈頓中城的賓州車站（MAP P.15 E-3）。不受交通阻塞的影響，可預估出到達目的地的時間。	公共巴士。雖然可坐到指定地點還算方便，但依路線有時頗費時。人需湊齊才出發，所以適合時間充裕的人。	推薦給攜帶多件行李或趕時間的人。為了避免搭到白牌車引發糾紛，請到合法的計程車乘車處告訴工作人員乘客人數與目的地後再上車。

主要是國內線及連接國內到加拿大各城市的國際線。

到市區約
40分鐘

拉瓜迪亞機場
Laguardia Airport

位於曼哈頓東北方距離市中心約15km的皇后區。是離曼哈頓最近的國內機場，有20家航空公司的班機在此起降，但大部分是往來國內或加拿大各城市的航線。機場代碼是LGA。

☎ 1-718-533-3400
www.panynj.gov/airports/laguardia.html

前往曼哈頓的交通方式

不塞車的話，約30分鐘就能到曼哈頓。
若是深夜抵達機場，請搭乘計程車。

機場巴士 約**40~85**分鐘	巴士&地鐵 約**20~50**分鐘	接駁巴士 約**40~60**分鐘	計程車 約**25~40**分鐘
$15	$2.75	$19~	$25~$7
買來回票的話比較便宜（$28）。可在機場的服務台購票。也可事先上網訂票。www.nycairporter.com	搭車前請先買好地鐵卡。不受交通阻塞的影響，可預估出到達目的地的時間。紐約有多處車站沒有電梯。	公共巴士。可坐到指定地點還算方便，但依路線有時相當費時。先上網預約比較方便。適合時間充裕的人。	推薦給攜帶多件行李、趕時間或是搭乘紅眼班機的人。為了避免搭到白牌車引發糾紛，請到合法的計程車乘車處告訴工作人員乘客人數與目的地後再上車。

熟悉地鐵、巴士、計程車的
紐約交通攻略

這座城市聚集了眾多來自世界各地的人們，所以交通工具的使用方法很簡單。
主要交通方式有地鐵、巴士和計程車3種。南北移動搭地鐵，東西往來搭巴士，
緊急時搭計程車等，了解各種工具的特色移動起來就很順暢。熟悉並善加利用，讓旅途更充實吧！

紐約的交通工具有以下3種

地鐵

巴士

計程車

曼哈頓地形狹長，南北移動搭地鐵比較方便。雖然地鐵在1970～80年代被視為危險場所，不過現在相當安全。

搭巴士往來東西間比較方便。曼哈頓的巴士路線網絡密布。每個街區設有不少站牌，是短程移動的好幫手。

紐約公認的營業計程車車體呈黃色，又叫「黃色計程車」。司機交接的傍晚時分、週末及22點過後很難叫到車。

\ 地鐵&巴士共用 /

地鐵卡

紐約地鐵和巴士由MTA（Metropolitan Transportation Authority）經營。刷「地鐵卡」（儲值式）付款。地鐵卡的種類如右表所示。

METRO 地鐵卡的種類和特色

普通卡	每次乘車刷卡扣款。儲值$5.50以上會多送5%回饋金。4人以內可共用1張卡。
無限計次卡	在規定期限內可自由搭乘的卡片。因為沒有次數限制，所以可任意換乘。7天卡$32，30天卡$121。
單次卡	單程票價$3。和地鐵卡不同，是白紙票券。

地鐵卡的購買方式

① 選擇票卡種類

先點選語言。從地鐵卡的種類選擇購買新卡（Get New Card）。接著選擇普通卡或無限計次卡。

② 選擇儲值金額（購買普通卡時）

選擇購買普通卡（Regular Metro Card）時，決定要儲值多少金額。如果想自己決定金額，就選「Other Amounts」。

② 選擇天數（購買無限計次卡時）

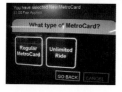

點選新卡（Get New Card）後，接著選擇地鐵卡的種類。選擇無限次搭乘（Unlimited Ride）的話，再選7天或30天的使用天數。

③ 選擇付款方式

選擇現金、提款卡或信用卡。在觀光地區有很多售票機不接受現金。信用卡的話，請先插入卡片再取出，ZIP CODE輸入「99999」。

24小時營運！

地鐵
SUBWAY

以前的地鐵相當危險。但現在很多人使用，安全無虞。雖然有時會等不到車，有時班次錯亂，但速度快且方便。早晚通勤時刻相當擁擠。24小時營運，但深夜班次較少。不論距離長短，每次乘車為$2.75。

☎ 511
www.mta.info

先確認寫在車身上的目的地。

INFORMATION

出入境

機場

交通

外幣

Q&A

乘車步驟

① 找到地鐵站入口

出入口設有路燈。綠色燈號表示24小時自由出入，黃色燈號表示白天或平日可出入，紅色燈號則是出口專用。有些車站沒有聯絡通道，請先確認目的地後再下樓。

② 買地鐵卡通過驗票口

買好地鐵卡後前往驗票口。拿地鐵卡刷過自動驗票機，入口燈號轉綠顯示GO後，壓下旋轉桿過閘門。刷卡速度不要過快或過慢。

③ 在月台等電車

就算同一條路線，月台可能依方向而異，所以要先確認上行還是下行再進月台。月台沒有空調，夏天很熱。

④ 乘車&下車

看清楚寫在電車前面或側面的目的地後再上車。有時會發生寫錯的情況。行進間車身會搖晃，所以請抓好扶手。人潮多時就說「Excuse me」。

⑤ 換乘時

Exit（出口）的文字旁邊有寫上站名、路線名稱的英文字母及數字，因此朝著箭頭或標示前進。可利用車站內的電子看板查詢換乘資訊，找出最短路線吧。

行前須知

拿取MAP
可在驗票口免費拿取地鐵或巴士的路線圖。因為網羅了所有路線圖，相當方便。封面左下角標有地圖發行日期，請確認是否拿到最新版。

上行or下行
往北走稱「上行」（Uptown），往南走稱「下行」（Downtown）。請確認要去的方向是Uptown或Downtown後再上車。

無限計次卡的18分鐘規定
使用無限計次卡時，刷卡後18分鐘內，不可再次刷卡。非使用不可時，抱著被拒絕的心情和窗口工作人員交涉看看。

所有地鐵站都有免費Wi-Fi可用。選擇TransitWirelessWiFi後連結。　209

巴士是市民最常用的交通工具，熟悉的話對觀光者也很方便。南北每2～3個街區，東西幾乎每個街區都有站牌。巴士也是24小時運行。費用的話，市內一律$2.75。轉乘2小時內免費。

☎511
www.mta.info

每200～300m就有站牌。

乘車步驟有站牌。

① 找站牌

巴士站位於行車方向的右側。也有越來越多的屋頂式候車亭或電子看板等漂亮站牌。巴士到站後，先確認車前的路線號碼及目的地。「M」是曼哈頓地區內的路線，「VIA」是經過的意思。

↓

② 上車

有些站牌是多條路線共用的停靠站，當自己要搭的巴士靠站後，舉手示意要搭車。從前門上車。請注意車內不賣地鐵卡。

③ 下車

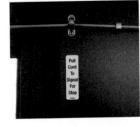

要下車時按壓位於窗邊的黃色（或黑色）橡膠鈕。有些車是按紅色按鈕或拉下掛在窗邊的繩子。從後門下車。不要忘記幫其他人扶著門。

↓

④ 轉乘

付現轉乘時，告訴司機「Transfer, please」，會拿到轉乘票。如果刷無限制次卡，就能任意轉乘，相當方便。

行前須知

▶橫向移動搭巴士
東西向行進的巴士，幾乎每個街區都會停靠，對短程移動頗方便。移動距離長時，時間充裕的話也可以搭巴士。

▶告訴司機目的地
車上不會廣播停靠站名。先訴司機要在哪站下車，到站時司機就會通知。最近有越來越多巴士增設廣播功能。

▶深夜下車
從22:00到早上5:00之間，可在規定的路線內隨意下車。上車時，就告訴司機下車地點吧。不過，區間車和快捷公車（SBS）例外。

Attention

- 不收紙幣，因為不找零，請事先備好$2.75的硬幣（不收1¢硬幣）。可刷地鐵卡。

- 車內前方的「Priority Seating」是博愛座。通常空著不坐。

- 因為沒有車內廣播，請不要坐過站。

- 請注意車內嚴禁飲食抽菸。

- 公車門為半自動式。自己開門下車。放手時門很快就會關上，請幫後面乘客扶著門。

\ 通稱Cab /

計程車 TAXI

「黃色計程車Yellow Cab」是紐約市公認的營業計程車。採計程收費。起跳價為$2.50。之後每1/5哩追加50￠，塞車時每60秒追加50￠。

☎ 311
www.nyc.gov/tlc

Come on!

計程車多為日系車！

乘車步驟

① 招攬計程車

和台灣一樣舉手攬車。曼哈頓有很多單行道，所以請對著行車方向攬車。亮著「OFF DUTY」的車是回頭車不可乘坐。

↓

② 自行開關車門

和台灣的車門一樣採手動式，所以請自行開關門。忘記的話可能會造成糾紛，請特別留意。

③ 告知目的地

告知目的地時，不要只說店名、飯店名或住址。請告知位置，如「50th St. & 5th Ave., please.」（50號街與第五大道交叉口）。靠近目的地時，再說要在哪邊下車。

↓

④ 付錢下車

可付現或刷卡。小費是車資的18～20%。發票上寫有計程車車號，不要忘記索取。付完錢後道謝下車。請注意不要忘記關門。

騎 Citi Bike 逛街

租借站快速增加中！

公共自行車租賃系統Citi Bike。在路上的租借站自行租借單車。市內有60處以上的租借站，可甲地租乙地還。每次租用時間30分鐘（超過的話追加費用），16歲以上即可使用。可用APP查詢設站地點。

$ 1日最高$12，3天最高$24（僅接受刷卡付費。押金$101）。citibikenyc.com

Attention

● 從機場搭計程車時，請在規定的地點上車。如果乘坐自行攬客的白牌計程車，可能會發生被載到陌生地點或索取高額車資的糾紛。

● 計程車頂的號碼燈亮起時，表示可以載客。亮著OFF DUTY燈號的是回頭車。

● 紐約的計程車司機各國人種都有。可以在便條紙上先寫好住址或位置，再交給司機。

行駛在曼哈頓地區外的包羅計程車，是蘋果綠的綠色計程車。搭乘方法和黃色計程車一樣。

事先記得免擔心！
確認紐約的用錢規則

尚未用慣的美元貨幣，以及與台灣不盡相同的信用卡刷卡方式。
小費的給法與金額也不時造成困擾。
記住下列「用錢規則」，就能在收銀台前聰明算帳，不慌不忙地付錢。

紐約的貨幣與匯率

紐約的貨幣是$（美元）

$1≒約30.85台幣

（至2019年3月）

硬幣

別名如下25￠= Quarter、10￠= Dime、
5￠= Nickel、1￠= Penny。

25￠　　　　10￠

5￠　　　　1￠

紙幣

常用紙幣有6種。付小費很方便的$1
和$5，最好常帶在身上。

 $100

 $50

 $20

 $10

 $5

 $1

---

rule 1　在台灣換錢！

在紐約市換錢，不但匯率不好還要付手續費，建議先在台灣換
好。如果一定要換匯，可到國際機場入境大廳、街上的換匯處、
飯店或銀行等地。另外，在紐約即便是小額支出也能刷卡，相當
方便。

機場　紐約國際機場換匯的匯率差，且手續費偏高。建議一次換
足入境後到市區為止的必要花費即可。

rule 2　聰明付小費！

通常是18%，若想表達更深的謝意建議付20%。大約是紐約稅金8.875%
的2倍，再多加一點即可。

小費速查表

$	18%	20%	$	18%	20%
$1	$1.18	$1.2	$200	$236	$240
$5	$5.9	$6	$250	$295	$300
$10	$11.8	$12	$300	$354	$360
$15	$17.7	$18	$350	$413	$420
$20	$23.6	$24	$400	$472	$480
$25	$29.5	$30	$450	$531	$540
$30	$35.4	$36	$500	$590	$600
$35	$41.3	$42	$550	$649	$660
$40	$47.2	$48	$600	$708	$720
$45	$53.1	$54	$650	$767	$780
$50	$59	$60	$700	$826	$840
$55	$64.9	$66	$750	$885	$900
$60	$70.8	$72	$800	$944	$960
$65	$76.7	$78	$850	$1,003	$1,020
$70	$82.6	$84	$900	$1,062	$1,080
$75	$88.5	$90	$950	$1,121	$1,140
$80	$94.4	$96	$1,000	$1,180	$1,200
$85	$100.3	$102	$1,050	$1,239	$1,260
$90	$106.2	$108	$1,100	$1,298	$1,320
$95	$112.1	$114	$1,150	$1,357	$1,380
$100	$118	$120	$1,200	$1,416	$1,440

有知名餐廳宣布廢除小費制度。雖然到全面禁止還需要時間，但越來越多地方開始禁止給小費。

POINT

信用卡必備！
很少有店家無法刷卡

紐約可以說是信用卡社會。即便是郊區小店，大部分也都能刷卡。可刷卡的店家多會貼上信用卡公司的標誌。

到處都能刷信用卡！

---

rule 3 確認提款機的操作方法

如果有Visa等大公司的信用卡，就可以在當地的提款機領美金。

① **插入卡片**
在美國，最常見的系統是卡片插入ATM後馬上取出，及刷磁條（背面黑色）讀取資料。

② **輸入PIN（密碼）**
「PIN」（密碼）和在台灣結帳時輸入的4位數字相同。

ENTER PIN

③ **選擇**
從「SELECT TRANSACTION」（選擇交易內容）中選擇希望交易的內容項目，「Withdrawal」（提款）。

SELECT TRANSACTION
- WITHDRAWAL
- TRANSFER
- BALANCE
- CANCEL

④ **選擇「Credit Card」**
出現卡片種類項目後，若持有信用卡，就選擇「Credit Card」。簽帳金融卡或旅遊預付卡的話，則選擇「Saving」（存款）。

SELECT SOURCE ACCOUNT
- CHECKING
- SAVINGS
- CREDIT
- CANCEL

⑤ **輸入金額**
基本上從顯示的金額項目中選取。若想自行輸入就選「OTHER」（其他）。

SELECT DISPENSE AMOUNT
- $20　$80
- $40　$100
- $60　$120
- OTHER　CANCEL

●海外ATM單字表

戶頭	ACCOUNT	存款	SAVINGS
金額	AMOUNT	交易	TRANSACTION
修改	CLEAR	匯款	TRANSFER
支付	DISPENSE	提款	WITHDRAWAL

---

rule 4 刷卡既安全又方便

在國外攜帶大筆現金很危險。善用信用卡，只帶最低額度的現金在身上。萬一卡片遺失、遭竊或被盜刷，在符合發卡金融機構規定的條件下*1，對於異常帳款部分，持卡人免負清償責任*2。對異常帳款有疑義時，請盡速跟發卡金融機構聯絡。

小費或分開付款也能刷卡

在帳單上的「Tip」或「Gratuity」欄填入金額就能付小費。告訴服務人員「Split the bill please」，並給予對應人數的卡片就能開分付款。

rule 5 花光美元

和台幣換美元一樣，找到換匯處，輕鬆就能將美元換回台幣。但是，因為要付手續費，其實是划不來的。有計畫地換成美元，善用現金並花光是最聰明的做法。

紐約的稅金是8.875%

和日本一樣，購物或用餐時要加上消費稅（地方稅＋州稅＋大都會通勤交通稅合計8.875%）。不過未滿$110的服飾或鞋子免稅。入住飯店時須追加飯店稅。

*1 ATM提領現金、Visa企業卡、Visa採購卡等商業交易不在保障範圍內。
*2 詳細條件及限制請洽發卡金融機構確認。

「傷腦筋！該怎麼辦？」時最佳解答匯整

旅行在外，想打電話或寄信時，常會因為外國的規定和國內不同，而覺得不方便吧。但是，只要記住要領就能解決！接著以Q&A的方式回答旅人擔心的疑難雜症！

想○○時篇 以下介紹如上網或打電話等「通訊」有關的問題，或是喝水上廁所等紐約「生活事宜」。都是讓旅途更舒適的行前資訊！

> 想打電話！

BEST ANSWER

確認國際電話和市內電話的撥打方法！

從紐約打到台灣，就撥國際電話識別碼和台灣國碼。

☎ 紐約→台灣

| 011 | + | 886 | + | 2 | + | 對方號碼 |

（國際電話識別碼）（台灣國碼）（拿掉區域碼、手機號碼前的0，此為台北區域碼）

☎ 台灣→紐約

| 電話公司的識別碼 | + |

| 002 | + | 1 | + | 212 718 | + | 對方號碼 |

（台灣國際冠碼）（美國國碼）（紐約區域碼）

☎ 紐約→紐約

依次撥打區域碼、對方號碼。曼哈頓的區域碼是「212」，布魯克林及皇后區的區域碼是「718」。

 使用APP 打免費電話

用手機互相聯絡的話，可以下載「Skype」或「Line」等APP免費通話！需有網路訊號，善加利用可省下不少錢。

> 想上網！

BEST ANSWER

依使用頻率選擇方法

要連Wi-Fi，就走到可以上網的區域，或是租借分享器。依使用頻率挑選吧。

方法1 市區免費Wi-Fi

地鐵全站。或是購物中心、百貨公司、咖啡館等地也會提供免費Wi-Fi。只要在區域範圍內，就能盡情使用，所以要上網就到這些地方吧。

> 提供免費Wi-Fi的主要公眾空間
> 布賴恩特公園／中央公園（部分）／時代廣場／星巴克／麥當勞／蘋果公司／地鐵全站

方法2 飯店的無線網路

大部分的飯店大廳或客房都有無線網路。不過，有些是付費使用，請先確認。

方法3 租借分享器

若想整天上網，租借分享器比較方便。可以日計價。

GLOBAL WiFi
在全球200多個國家及地區都能使用的行動WiFi分享器租借公司。租借方案是紐約1天179～269台幣，視不同流量費率。
☎ 0120-510-670
townwifi.com

羽田機場內的租借櫃台。

想寄信！

BEST ANSWER 到郵局或飯店櫃台買郵票

要寄信，可到郵局或飯店大廳買郵票。把信投入設在郵局或街上的藍色郵筒。1週左右就能寄到台灣。

信封的寫法

寫上TAIWAN和AIR MAIL後，其他內容可寫中文。急件的話請寄EMS。

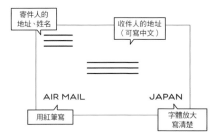

寄件人的地址、姓名

收件人的地址（可寫中文）

AIR MAIL

用紅筆寫

JAPAN

字體放大寫清楚

費用和所需天數

費用依重量而異。重點是單位和台灣不同，採用盎司（1oz=28g）或磅（1lb=454g）。

內容	重量	價格	所需天數
普通明信片	—	$1.15	6～10天
普通信件	～28g	$1.15	6～10天
包裹	～454g	$22.75～	6～10天
EMS	～1.8kg	$61.50	3～5天

宅配

有些飯店提供到客房收件的服務。有的也會提供包裝用紙箱。寄到台灣約需10天。

想上廁所！

BEST ANSWER 麻煩的上廁所事件。最好想上就上！

紐約的公共廁所很少，就算有也最好不要去。請利用百貨公司或高級飯店的大廳。經常大排長龍。

想喝水！

BEST ANSWER 雖然自來水OK，但最好買水喝

紐約的自來水可以喝，但因為是硬水，味道有些不同。最好買市售飲用水。

種類豐富！

除了藥妝店外，超市或餐飲店也買得到礦泉水。外觀可愛種類豐富。

想從台灣帶電器來用！

BEST ANSWER 不需帶變壓器

電壓是110～120V。美國的插座型式和電壓跟台灣一樣，不需帶變壓器。

紐約的插座
插座是3孔A型。電壓跟台灣一樣。

想看中文報紙或電視

BEST ANSWER 到中文書店或華人餐廳

接觸當地媒體也是旅行才有的樂趣！播放中文節目的頻道如下。善用報紙或飯店的電視吧。

推薦報紙&書店
世界日報
除了世界、美國、中國、台灣外，也刊登紐約當地即時新聞。
https://www.worldjournal.com
紐約東方書店
北美最大華人書店，在紐約曼哈頓經營已近半世紀。
https://easternbookstore.wordpress.com/

推薦電視頻道
美國中文電視
全天候在有線和數位頻道播出各式華語節目。
http://www.sinovision.net/live.php

紐約中文報紙或電視都可上網查看，可以提早用中文得知紐約的最新訊息。

麻煩篇 旅行總會遇到突發狀況。
當然沒事最好,但為了預防萬一,先記得處理方法吧。

 受傷了!

 物品遺失!

BEST ANSWER 有投保的話 立刻和保險公司聯絡

需要上醫院時,先跟投保的保險公司聯絡。到指定的醫院就診後,不要忘記索取必要文件。

BEST ANSWER 根據遺失物品 聯絡適當的機關

遺失物品依內容而異,原則上先到警察局填寫受害申報表,開立「遭竊、遺失報案證明文件」。遭竊時亦同。

方法 ＊有投保海外旅遊平安險時

擔心萬一生病&受傷,可事先購買保險。手續依各保險公司而異,請先上網或翻閱手冊確認。

① **聯絡保險公司**
   聯絡參加的旅遊公司負責人員。然後到旅遊公司指定的醫院掛號就診。就算先上醫院,也要盡快取得聯繫。
↓

② **到醫院就診**
   在醫院窗口出示保險保單,告知會向保險公司申請費用。醫院方面,不要忘記請他們在保險公司的文件上填寫必要資料。
↓

③ **付款**
   診療費部分可向保險公司請領,所以不須付費。按醫囑領藥產生的費用,先自費,之後再向保險公司請款。
↓

④ **提供必要文件給保險公司**
   收集好所有發票、診斷書等必要文件交給保險公司。請注意文件不齊,可能無法獲得理賠。

沒有投保時⋯

沒有投保的話,請直接和醫院聯絡就診。只是,必須自行負擔全額。

旅客常見的疾病

因時差或旅途勞累,容易感冒。另外,在陌生環境或美國調味重的食物也會引起胃痛。建議從台灣帶上常備藥。

> **紐約的藥局事務**
> 沒有醫師處方籤不得買藥。不過,街上的藥妝店有賣退燒藥、腸胃藥或止痛藥等,沒有處方籤也能買的一般藥品。

護照

先到警局開立遭竊、遺失報案證明文件。然後拿著該證明文件、遺失申報表與身分證明文件到台灣駐紐約辦事處。如果,旅行途中過幾天就須回台灣,必須申請回國入境許可證。

有備無患⋯
寫有名字和照片的護照頁副本。事先備好2張護照專用照片及1份身分證正反面影本比較安心。

卡片(信用卡、簽帳卡、旅遊預付卡)

立刻和發卡金融機構聯絡並掛失卡片。萬一遭到盜刷,在符合發卡金融機構規定的條件下,對於異常帳款部分,持卡人免負清償責任。相關條件請詢問發卡金融機構。

有備無患⋯
事先抄下發卡金融機構的聯絡電話、卡片號碼及有效期限並放在安全場所。另外,準備幾張卡片分開放置,避免遺失遭竊時無卡可用。

機票

近年來各家航空公司都用電子機票取代傳統紙本機票。因此就算副本遺失也可以聯絡航空公司免費重新開立。

現金、旅行支票、貴重物品

到警察局或台灣駐紐約辦事處開立失竊、遺失報案證明文件。旅行支票的話,必須向發行銀行或公司提出申請。現金或貴重物品的話,回國後可向保險公司申請保險理賠。不過,現金若沒有馬上找到,很遺憾,放棄是比較聰明的做法。

有備無患⋯
現金分開存放。

遭竊…！

流程和遺失一樣

BEST
ANSWER

紐約近年來的治安有改善。話雖如此，犯罪率高於台灣也是事實。遭竊時除了盡速處理外，為免再度被盯上，要經常保有警戒心。

CASE1

放在飯店的貴重物品遺失

有些人企圖混在房客中犯罪。就算房間上鎖也不放心。請將貴重物品放進保險箱，或不顯眼的地方。

CASE2

在飯店櫃台遭竊

行李才稍微離開視線範圍就被偷了。行李即使很重，也不要直接放在原地不管就到其他地方。

CASE3

晚上，在前往飯店附近的超市途中被搶

即便距離很近，也要避免在深夜走出飯店。另外，從大馬路轉進小巷更是危險。請盡量走在明亮的地方。

CASE4

剛從提款機領完錢就被偷了

有些人等在提款機附近，打算對剛領完現金的旅客下手。還有開車或騎機車的搶匪。盡早把現金收到不起眼的地方。

危險
雖然沒遭竊也要小心
下列在街上出沒的人物或地點！

● **布偶裝人員**
主要在時代廣場附近出沒。問旅客要不要合影留念，拍完照後索取高額報酬。編造各種理由索價，但其實給$1～2就好了。最好一開始就保持距離。

● **危險地點**
・清晨或深夜的中央公園
・125號街以外的哈林區
・布魯克林的小巷

實用☎電話名冊

在旅行地點遇到麻煩時能派上用場的名冊。發生緊急狀況時，不要慌張鎮靜下來打電話聯絡吧。

緊急聯絡處

警察、消防、急救	☎911
警察（緊急事件除外）	☎311
駐紐約台北經濟文化辦事處	☎1-212-317-7300

https://www.taiwanembassy.org/usnyc/post/62.html

醫院

東京海上紀念診療所	☎1-212-889-2119
安心診所	☎1-212-730-9010
Manhattan Wellness Medical	☎1-212-575-8910

信用卡公司緊急連絡處

Visa卡	Free 1-866-670-0955
JCB卡	Free 1-800-606-8871
Amex	Free 1-800-766-0106
大來國際卡	☎81-3-6770-2796
NICOS卡	Free 1-800-665-1703
MasterCard（英語）	Free 1-800-627-8372

※電話一接通就告知Chinese speaker please的話，會轉接中文客服人員。

保險公司緊急連絡處

三井住友海上火災保險	Free 1-800-509-0580
東京海上日動火災保險	Free 1-800-446-5571
AIU保險	Free 1-800-8740-119
Chubb損害保險	Free 1-877-213-1913

交通

約翰甘迺迪國際機場	☎1-718-244-4444
紐華克自由國際機場	☎1-973-961-6000
拉瓜迪亞機場	☎1-718-533-3400
MTA遊客服務中心	☎511

舒適愉快的
紐約之旅！

紐約之旅 SUPER INDEX

SIGHTSEEING / ART / ENTERTAINMENT

地區	店家・景點		門票	城市通行證	頁碼	MAP
布希維克	Outlet Gallery	12:00～18:00	–		191	P.27 E-2
上西城	美國自然歷史博物館	10:00～17:45	$22～	○	54	P.20 B-3
曼哈頓中城	艾爾赫施菲德劇院	20:00～（週三、六加場14:00～、 週二、四19:00～、 週日14:00～及19:30～）	$27～167		58	P.15 E-1
曼哈頓下城	華爾街		–		66	P.7 C-2
埃利島斯	埃利斯島移民博物館	9:00～17:00	–	○	27	P.4 A-3
曼哈頓中城	帝國大廈	8:00～凌晨2:00 （末班上行電梯是45分鐘前）	$34～	○	28	P.16 A-3
曼哈頓下城	Oculus		–		67	P.6 C-1
曼哈頓中城	蓋希文劇院	19:00～（週三加場14:00～、 週五20:00～、週六14:00～和 20:00、週日14:00～）	$99～179		57	P.18 B-3
威廉斯堡	Kinfolk 94	19:00～凌晨2:00 （週四～六～凌晨4:00）	–		185	P.23 D-2
布希維克	The Bogart	依藝廊而異	–		191	P.27 D-1
曼哈頓中城	The Ride	依季節而異	$69～		40	P.15 E-2
綠點區	聖安東尼帕多瓦教堂		–		186	P.23 D-1
格拉梅西公園	Jazz Standard	現場演奏19:30、21:30 （週五、六加場23:30）	–		61	P.12 A-1
自由島	自由女神像	渡輪營運時間8:30～15:30	$18.50～	○	26	P.4 A-3
曼哈頓下城	Statue Cruises	8:30～15:30	$18.50～	○	27	P.6 C-3
曼哈頓中城	史蒸芬桑劇院	19:00～（週三加場14:00～、 週五14:00和20:00～、 週六14:00～和20:00、週日15:00～）	$40～169		58	P.15 F-1
中央公園	中央公園（綿羊草原）	5～10月中旬	–		42	P.18 B-1～ B-2、C-1～C-2
曼哈頓中城	時代廣場	–	–		38	P.15 E-1
下東城	Dacia Gallery	13:00～18:00（週六、日12:00～）	–		69.174	P.9 E-1
丹波	丹波		–		154	P.24 A～B-1
上西城	Dizzy's Club Coca Cola	現場演奏19:30、21:30 （週二～六加場23:15）	–		61	P.18 B-2
曼哈頓中城	Top of the Rock觀景台	8:00～24:00 （上觀景台的末班電梯是～23:00）	$34	○	30	P.15 F-1
綠點區	WNYC Transmitter Park		–		189	P.23 D-1
曼哈頓中城	New Amsterdam Theatre	19:00～ （週六14:00～、 週日15:00～和18:30～）	$30～200		56	P.15 E-2
曼哈頓中城	紐約現代藝術博物館	10:30～17:30（週五～20:00）	$25		50	P.19 D-3
曼哈頓下城	紐約證券交易所		–		66	P.6 C-2
布朗克斯	紐約洋基球場	–	–		62	P.4 B-1
雷德胡克	Pioneer Works	12:00～18:00	–		201	P.27 E-2
肉品包裝區	高架公園	7:00～23:00（4～5、10～11月～ 22:00、12～3月～19:00）	–		34	P.10 C-3
格林威治村	Village Vanguard	19:30～、現場演奏20:30、22:30	–		61	P.11 D-3
布希維克	布希維克集體創作區		–		190	P.27 E-1
曼哈頓下城	聯邦國家紀念堂	–	–		66	P.6 C-2
曼哈頓下城	布魯克菲爾德廣場		–		67.81	P.6 B-1
格林威治村	Blue Note	現場演奏20:00、22:30 （週五、六加場凌晨0:30） 週日早午餐11:30、13:30	–		60	P.8 B-1
丹波	布魯克林大橋		–		174	P.24 B-1
丹波	布魯克林橋公園	6:00～凌晨1:00 （2、5、6號碼頭～23:00） ※冬季時間不同	–		174	P.24 B-1
威廉斯堡	Brooklyn Bowl	18:00～凌晨2:00 （週六、日12:00～）	–		185	P.23 D-2

地區	店家·景點		時間	預算		頁碼	MAP
哈林區	伯特利福音會		週日禮拜11:30	–		44	P.22 C-2
肉品包裝區	惠特尼美國藝術博物館		10:30~18:00（週五、六~22:00）	$25		52	P.10 C-3
布希維克	Microscope Gallery		13:00~18:00	–		191	P.27 E-1
曼哈頓中城	莊嚴劇院		20:00~（週四、六加場14:00~、週二19:00~）	$27~155		58	P.15 E-1
雀兒喜	The McKittrick Hotel		19:00~20:00每15分鐘一場（週五加場23:00~24:00每15分鐘一場。週六17:00~18:00、21:00~22:00每15分鐘一場。週日16:00~17:00、20:00~21:00每15分鐘一場。依季節時有更動）	$89.50~135		59	P.10 B-1
丹波	曼哈頓大橋			–		175	P.24 C-1
曼哈頓中城	明斯科夫劇院		19:00~（週四、五20:00~、週六14:00~和20:00~、週日13:00~和18:30~）	$112~299		58	P.15 E-1
上東城	大都會博物館		10:00~17:30（週五、六~21:00）	$25	○	48	P.21 D-3
格拉梅西公園	聯合廣場綠色市集		週一、三、五、六8:00~18:00	–		36	P.12 A-2
曼哈頓中城	理查羅傑斯劇院		19:00~（週三14:00~和20:00、週五20:00~、週六14:00~和20:00、週日15:00~）	$434~2000以上		57	P.15 E-1
長島市	長恩市			–		155	P.4 B-2
曼哈頓下城	世貿一號觀景台		9:00~24:00（9月上旬~5月上旬~20:00）	$34		31	P.6 B-1

EAT

地區	店家·景點	早餐	午餐	早午餐	晚餐	預算	類別	頁碼	MAP
威廉斯堡	The Ides			☆	☆	$$	頂樓酒吧	185	P.23 D-2
公園坡	Al di la Trattoria		☆	☆	☆	$$	義大利餐廳	161	P.26 A-2
曼哈頓中城	Eataly	☆	☆	☆	☆	$	美食街	75	P.11 F-1
曼哈頓中城	Industry Bar				☆	$$	同志酒吧	65	P.18 B-3
曼哈頓中城	Woorijip Korean Restaurant	☆	☆	☆	☆	$	韓國餐廳	104	P.16 A-3
翠貝卡	Wolfgang's Steakhouse		☆		☆	$$$	牛排館	87	P.8 B-3
肉品包裝區	Amy's Bread	☆	☆	☆		$	麵包店	108	P.10 C-2
哈林區	Amy Ruth's		☆	☆	☆	$$	靈魂食物	45	P.22 B-2
格拉梅西公園	ABC Kitchen		☆		☆	$$	美式餐廳	94	P.11 F-2
威廉斯堡	egg	☆	☆	☆		$$	美式餐廳	163	P.23 D-3
上西城	Epicerie Boulud	☆	☆	☆	☆	$	熟食店	43	P.18 B-2
綠點區	Ovenly	☆	☆	☆		$	麵包店	165	P.23 D-1
格拉梅西公園	Old Town Bar Restaurant		☆		☆	$$	酒吧	103	P.12 A-2
肉品包裝區	OLD Homestead Steakhouse		☆		☆	$$$	牛排館	86	P.10 C-2
威廉斯堡	Oslo Coffee Roasters	☆	☆	☆		$	自家烘焙咖啡坊	159	P.23 E-3
威廉斯堡	Oslo Coffee Roasters	☆	☆	☆		$	自家烘焙咖啡坊	179	P.23 E-3
布希維克	KÁVÉ Espresso Bar & Event Space	☆	☆	☆		$	自家烘焙咖啡坊	193	P.27 E-1
下東城	Katz's Delicatessen	☆	☆	☆	☆	$$	熟食店	107	P.9 E-1
格林威治村	Kati Roll Company		☆		☆	$	印度餐廳	105	P.8 B-1
綠點區	Cafe Grumpy	☆	☆	☆		$	咖啡館	158	P.23 E-1
綠點區	Cafe Riviera	☆	☆	☆		$	咖啡館	187	P.23 D-1
曼哈頓中城	Cannibal	☆	☆		☆	$	速食店	111	P.14 C-1
威廉斯堡	Kinfolk 90		☆		☆	$$	咖啡館	163	P.23 D-2
威廉斯堡	Gimme ! Coffee	☆	☆	☆		$	自家烘焙咖啡坊	179	P.23 E-3
格拉梅西公園	Gramercy Tavern		☆		☆	$$$	美式餐廳	91	P.12 A-2
曼哈頓中城	Grand Salon		☆	☆	☆	$$	美式餐廳	90	P.19 D-3
公園坡	Clover Club Cocktail				☆	$$	酒吧	194	P.24 B-3
綠點區	Greenpoint Fish & Lobster		☆	☆	☆	$$	海鮮餐廳	189	P.23 E-1
中國城	Golden Steamer（蒸包皇）	☆	☆	☆	☆	$	中國餐館	71	P.9 D-2
晨邊高地	Community Food & Juice	☆	☆	☆		$	美式餐廳	84.101	P.22 A-3
公園坡	Gorilla Coffee	☆	☆	☆		$	自家烘焙咖啡坊	159	P.25 D-3
曼哈頓中城	The Ritz Bar and Lounge				☆	$$	同志酒吧	65	P.15 D-1
格林威治村	Saigon Shack		☆	☆	☆	$$	越南餐廳	104	P.8 B-1
格拉梅西公園	Sarabeth's	☆	☆	☆	☆	$$	美式餐廳	85	P.12 A-1
雀兒喜	Sullivan Street Bakery	☆	☆	☆	☆	$	麵包店	108	P.10 C-1
東村	Xi'an Famous Foods		☆	☆	☆	$	中國餐館	104	P.12 C-3

$=$20、$$=~$50、$$$=$50~　早餐=~10:00、午餐=12:00~14:00、早午餐=10:00~15:00、晚餐=19:00~

地區	店名					價位	類型	頁碼	地圖
格拉梅西公園	Shake Shack		☆	☆	☆	$	漢堡店	100	P.11 F-1
上西城	Juice Generation	☆	☆	☆	☆	$	果汁吧	112	P.18 A-1
格林威治村	Juice Press	☆	☆	☆	☆	$	果汁吧	112	P.11 D-2
布魯克林中心	Junior's	☆	☆	☆	☆	$$	餐館	197	P.24 C-2
上西城	Silver Moon Bakery	☆	☆	☆		$	麵包店	109	P.22 A-3
格拉梅西公園	Sweetgreen		☆	☆	☆	$	有機專賣店	92	P.16 A-3
綠點區	Sweetleaf	☆	☆	☆		$	咖啡館	165	P.23 D-1
格拉梅西公園	樹墩城咖啡	☆	☆			$	自家烘焙咖啡坊	75	P.16 A-3
雷德胡克	Steve's Authentic Key Lime Pies		☆			$	咖啡館	198	P.27 D-3
格拉梅西公園	Sticky's Finger Joint		☆	☆	☆	$	速食店	110	P.16 C-3
上東城	Sprinkles Cupcakes	☆	☆	☆	☆	$	杯子蛋糕店	107	P.19 E-2
威廉斯堡	Smorgasburg		☆	☆		$	戶外小吃攤	156	P.23 D-2
長島市	Z Roof				☆	$$	頂樓酒吧	33	P.4 B-2
上東城	Serendipity3		☆	☆		$$$	漢堡店	101	P.19 E-2
公園坡	St. Gambrinus Beer Shoppe				☆	$$	酒吧	194	P.26 A-1
威廉斯堡	Diner		☆	☆	☆	$$	餐館	160	P.23 E-3
格林威治村	Taim		☆	☆	☆	$$	中東餐廳	105	P.11 D-3
上東城	丹尼爾				☆	$$$	法國餐廳	91	P.19 E-2
丹波	丹波廚房	☆	☆	☆		$$	熟食店	177	P.24 C-1
下東城	Cheeky Sandwiches	☆	☆	☆		$	三明治店	69	P.9 F-2
肉品包裝區	雀兒喜市場	☆	☆	☆	☆	$	食品市場	82	P.10 C-2
綠點區	Champion Coffee	☆	☆	☆		$	咖啡館	159	P.23 D-1
格林威治村	Two Boots Pizza		☆	☆	☆	$	速食店	111	P.9 F-1
曼哈頓中城	Dig Inn Seasonal Market		☆	☆	☆	$	熟食店	43	P.19 D-3
雀兒喜	Terri	☆	☆	☆	☆	$	有機專賣店	93	P.11 E-1
下東城	DOUGHNUT PLANT	☆	☆	☆		$	速食店	111	P.9 F-2
雀兒喜	230 Fifth				☆	$$	頂樓酒吧	32	P.11 F-1
曼哈頓中城	Top of the Strand				☆	$$	頂樓酒吧	32	P.15 F-2
威廉斯堡	Toby's Estate	☆	☆	☆		$	St. Gambrinus Beer Shoppe	178	P.23 E-2
格林威治村	多明尼克安塞爾廚房	☆	☆	☆		$$$	甜點店	88	P.11 D-3
蘇活區	多明尼克安塞爾烘焙坊	☆	☆	☆		$$	麵包店	88	P.8 B-2
曼哈頓下城	North End Grill		☆	☆	☆	$$	燒烤餐廳	95	P.6 A-1
曼哈頓中城	NORMA'S		☆	☆	☆	$$	美式餐廳	85	P.18 C-3
中國城	Nom Wah Tea Parlor（南華茶室）		☆	☆	☆	$	茶餐廳	70	P.9 E-3
東村	Bar Primi		☆	☆	☆	$$	義大利餐廳	94	P.9 D-1
雀兒喜	brgr		☆	☆	☆	$	漢堡店	101	P.11 D-1
曼哈頓中城	Burger Joint		☆	☆	☆	$	漢堡店	100	P.18 C-3
蘇活區	Birdbath Bakery	☆	☆	☆		$	麵包店	108	P.8 B-1
Fort Greene	Parlor Coffee	☆	☆	☆		$	自家烘焙咖啡坊	159	P.25 E-1
小義大利	Baz Bagel & Restaurant	☆	☆	☆		$	貝果店	98	P.9 D-2
東村	Butter Lane Bakery		☆	☆	☆	$	杯子蛋糕店	107	P.12 C-3
肉品包裝區	Bubby's High Line	☆	☆	☆		$	美式餐廳	85	P.10 C-3
布希維克	Variety Coffee Roasters	☆	☆	☆		$	自家烘焙咖啡坊	193	P.27 F-1
曼哈頓中城	Halal Guys		☆	☆	☆	$	伊斯蘭小吃攤	105	P.18 C-3
曼哈頓中城	BLT Steak				☆	$$$	牛排館	86	P.19 E-3
格林威治村	Peacefood Café		☆	☆	☆	$	有機專賣店	93	P.11 F-3
威廉斯堡	彼得魯格牛排館		☆	☆	☆	$$$	牛排館	182	P.23 E-3
綠點區	Peter Pan Donut & Pastry Shop	☆	☆	☆		$	甜甜圈店	187	P.23 E-1
下東城	Petee's Pie Company		☆	☆	☆	$$	派餅店	69	P.9 E-2
曼哈頓中城	Five Guys Burgers and Fries		☆	☆	☆	$	速食店	111	P.16 C-1
綠點區	Five Leaves	☆	☆	☆		$$	美式餐廳	162	P.23 E-1
威廉斯堡	Fette Sau BBQ				☆	$$	燒烤餐廳	183	P.23 E-3
公園坡	Four & Twenty Blackbirds	☆	☆	☆		$$	派餅店	165	P.26 A-3外
諾利塔	The Butcher's Daughter	☆	☆	☆	☆	$	果汁吧	112	P.9 D-2
曼哈頓中城	廣場飯店美食街	☆	☆	☆	☆	$$	美食廣場	80	P.19 D-2
公園坡	Black Gold Records	☆	☆	☆		$	唱片&咖啡館	195	P.27 F-3
公園坡	Blue Sky Bakery				☆	$$	麵包店	165	P.25 D-3
威廉斯堡	藍瓶咖啡	☆	☆	☆		$	自家烘焙咖啡坊	178	P.23 E-3

曼哈頓下城	布魯克菲爾德廣場	☆	☆	☆	☆	$～	美食廣場	81	P.6 B-1
Bococa	Brooklyn Farmacy. Soda Fountain		☆	☆	☆	$$	美式餐廳	164	P.24 A-3
威廉斯堡	布魯克林啤酒廠				☆	$	酒廠	184	P.23 E-2
丹波	Brooklyn Roasting Company	☆	☆	☆		$	自家烘焙咖啡坊	159	P.24 C-1
威廉斯堡	Brooklyn Winery				☆	$$	酒廠	184	P.23 E-2
格拉梅西公園	Breslin Bar & Dining Room	☆	☆		☆	$$$	酒吧餐廳	75	P.16 A-3
東村	Breads Bakery	☆	☆	☆		$	麵包店	109	P.11 F-2
綠點區	Bakeri	☆	☆	☆		$$	麵包店	188	P.23 D-1外
格拉梅西公園	Hale & Hearty Soups	☆	☆	☆		$	速食店	110	P.15 E-2
綠點區	Paulie Gee's				☆	$$	披薩店	161	P.23 D-1
威廉斯堡	Marlow & Sons	☆	☆	☆		$$	美式餐廳	163	P.23 E-3
曼哈頓中城	Michael Jordan's The Steak House N.Y.C		☆		☆	$$	牛排館	87	P.16 B-1
格林威治村	Mile End	☆	☆	☆	☆	$	猶太餐廳	97	P.9 D-1
上東城	Moanolia Bakery	☆	☆	☆		$	杯子蛋糕店	106	P.19 E-2
曼哈頓下城	Magic Mix Juicery	☆	☆	☆	☆	$	有機專賣店	93	P.7 D-1
格林威治村	Murray's Bagels	☆	☆	☆		$	貝果店	97	P.11 E-2
綠點區	Milk & Roses	☆	☆	☆		$$	義大利餐廳	188	P.23 D-1
威廉斯堡	Mable's Smokehouse & Banquet Hall		☆			$$	燒烤餐廳	183	P.23 E-2
中國城	美麗華	☆	☆			$	中式輕食餐廳	71	P.9 D-3
威廉斯堡	Maison Premiere				☆	$$	美式餐廳	160	P.23 E-3
布希維克	Mominette French Bistro		☆		☆	$	餐酒館	192	P.27 E-1
格林威治村	Molly's Cupcakes	☆	☆	☆		$	杯子蛋糕店	107	P.8 B-1
布希維克	Union Pizza Works			☆	☆	$$	披薩店	192	P.27 E-1
下東城	Russ & Daughters	☆	☆	☆		$	熟食店	102	P.9 E-1
格林威治村	Liquiteria	☆	☆	☆		$	果汁吧	112	P.11 E-3
曼哈頓中城	Lips			☆	☆	$$	表演餐廳	65	P.19 E-3
丹波	River Café			☆	☆	$$$	餐廳	177	P.24 B-1
曼哈頓中城	Refinery Rooftop		☆		☆	$$	頂樓酒吧	33	P.15 F-2
上西城	Levain Bakery	☆	☆	☆		$	麵包店	109	P.18 A-1
曼哈頓中城	彩虹廳			☆	☆	$$$	美式餐廳	91	P.15 F-1
上東城	Lexington Candy Shop	☆	☆	☆		$$	餐館	103	P.21 E-2
哈林區	Red Rooster		☆		☆	$$	美式餐廳	95	P.22 B-2
雷德胡克	Red Hook Winery		☆		☆	$$	酒廠	198	P.27 D-3
雷德胡克	Red Hook Lobster Pound		☆	☆	☆	$	龍蝦堡店	201	P.27 E-2
曼哈頓中城	Lenwich by Lenny's	☆	☆	☆		$$	速食店	111	P.15 D-1
布希維克	Roberta's	☆	☆	☆	☆		披薩店	193	P.27 D-1
中國城	Way May Fast Food（華美快餐）	☆	☆	☆	☆	$	中國餐廳	71	P.9 D-2
丹波	One Girl Cookies	☆	☆			$	咖啡館	177	P.24 B-1

地區	店家·景點	營業時間	類別	頁碼	MAP
曼哈頓中城	Urban Outfitters	10:00～22:00（週日11:00～21:00）	服飾店	121. 125. 141	P.15 F-2
威廉斯堡	Awoke Vintage	10:00～21:00	古著選貨店	181	P.23 E-3
蘇活區	安娜蘇	11:00～19:00（週日12:00～18:00）	紐約名牌店	128	P.8 C-2
蘇活區	American Eagle Outfitters	9:00～21:00	服飾店	121	P.8 C-1
蘇活區	王大仁	11:00～19:00（週日12:00～18:00）	紐約名牌店	128	P.8 C-2
雀兒喜	Anthropologie	10:00～20:00（週四、五、六～21:00、週日11:00～19:00）	日用品店	137	P.11 F-2
上東城	Eli's Zabar	7:00～21:00	食品店	133	P.21 F-3
雷德胡克	IKEA Brooklyn	10:00～21:00	居家用品店	199	P.27 E-3
威廉斯堡	In God We Trust	12:00～20:00（週日～19:00）	精品店	168	P.23 E-2
格林威治村	The Ink Pad	11:00～19:00（週日12:00～18:00）	印章專賣店	73	P.11 D-2
雷德胡克	Wooden Sleepers	11:00～19:00（週一、二、四採預約制）	舊衣店	200	P.27 E-3
綠點區	Wolves Within	12:00～20:00（週日～19:00）	精品店	168	P.23 D-1

221

格拉梅西公園	ABC Carpet & Home	10:00～19:00（週四～20:00、週日12:00～18:00）	家居用品店	140	P.11 F-2
曼哈頓中城	Aéropostale	9:00～22:00	服飾店	123	P.15 F-3
下東城	Edith Machinist Vintage Boutique	12:00～19:00（週日、一、五～18:00）	舊衣店	68	P.9 F-1
曼哈頓中城	M&M'S® WORLD New York	9:00～24:00	糖果店	135	P.15 E-1
格拉梅西公園	Opening Ceremony	11:00～21:00（週三12:00～19:00、週四～六11:00～22:00）	精品店	75	P.16 A-3
雷德胡克	Cacao Prieto	9:00～17:00（週六、日11:00～19:00）	巧克力店	167.198	P.27 D-3
東村	契爾氏	10:00～21:00（週日11:00～19:00）	美妝店	143	P.12 B-2
格林威治村	Greenwich Letterpress	12:00～18:00（週二～五11:00～19:00）	卡片專賣店	73	P.11 E-3
威廉斯堡	Gourmet Guild	8:00～20:00（週六、日9:00～18:00）	日用品店	172	P.23 E-3
蘇活區	Global Table	12:00～19:00（週日～18:00）	日用品店	136	P.8 B-2
蘇活區	Kate Spade	10:00～20:00（週日11:00～19:00）	紐約名牌店	129	P.8 C-2
曼哈頓中城	Coach	10:00～20:00（週日12:00～19:00）	紐約名牌店	128	P.19 D-3
曼哈頓中城	薩克斯第五大道百貨公司	10:00～20:30（週日11:00～19:00）	百貨公司	118	P.16 A-1
格林威治村	C.O. Bigelow	7:30～21:00（週六8:30～19:00、週日8:30～17:30、假日9:00～16:00）	美妝店	143	P.11 E-3
雀兒喜	J.Crew	11:00～20:00（週日～19:00）	紐約名牌店	122	P.11 F-2
丹波	Jacques Torres Chocolate	9:00～20:00（週日10:00～18:00）	巧克力店	167	P.24 B-1
蘇活區	John Masters Organics	11:00～18:00	美妝店	143	P.8 B-2
威廉斯堡	Swords-Smith	12:00～20:00（週六11:00～、週日～19:00）	精品店	181	P.23 E-3
雀兒喜	STORY	11:00～20:00（週一、二～17:30、週四～21:00、週日～19:00）	概念店	124	P.10 B-2
格拉梅西公園	Strand Books	9:30～22:30（週日11:00～）	書店	140	P.12 A-2
威廉斯堡	Space Ninety 8	11:00～20:00（週日11:00～21:00）	服飾店	180	P.23 D-2
蘇活區	3.1 Phillip Lim	11:00～19:00（週日12:00～18:00）	紐約名牌店	129	P.9 D-1
上西城	Zabar's	8:00～19:30（週六～20:00、週日9:00～18:00）	食品店	132.141	P.20 A-3
曼哈頓下城	Theory	11:00～18:00	紐約名牌店	129	P.8 C-2
蘇活區	絲芙蘭	10:00～21:00（週日11:00～20:00）	美妝店	143	P.8 C-2
曼哈頓下城	21世紀百貨公司	7:45～21:00（週四、五～21:30、週六10:00～21:00、週日11:00～20:00）	折扣店	127	P.6 C-2
格林威治村	Darling	12:00～20:00（週六11:00～、週日11:00～19:00）	精品店	73	P.11 D-2
肉品包裝區	黛安馮佛絲登寶格	11:00～19:00（週日12:00～18:00）	紐約名牌店	128	P.10 C-2
曼哈頓下城	T.J. Maxx	8:00～21:00（週日10:00～19:00）	折扣店	126	P.6 C-2
蘇活區	汀恩德魯卡	7:00～21:00（週六、日8:00～）	食品店	133	P.8 C-2
曼哈頓中城	Tiffany & Co.	10:00～19:00（週日12:00～19:00）	紐約名牌店	129	P.19 D-3
上東城	狄倫糖果吧	10:00～21:00（週五、六～23:00、週日11:00～）	糖果店	135	P.19 E-2
下東城	移民公寓博物館	10:00～18:30（週四～20:30）	博物館禮品店	140	P.9 E-2
曼哈頓中城	杜安里德	24小時	美妝店	143	P.15 E-1
威廉斯堡	10Ft Single by Stella Dallas	12:30～19:30（週六、日～20:00）	古著店	170	P.23 E-3
曼哈頓中城	Dover Street Market	11:00～19:00（週日12:00～18:00）	概念店	125	P.16 B-3
雀兒喜	喬氏超市	8:00～22:00	超市	131.141	P.11 E-1
Bococa	喬氏超市	8:00～22:00	超市	195	P.24 B-2
威廉斯堡	Narnia Vintage	11:00～19:00	古著店	170	P.23 E-3
曼哈頓中城	波道夫古德曼百貨公司	10:00～19:00（週日11:00～）	百貨公司	116	P.19 D-3
威廉斯堡	Bird	12:00～20:00（週六、日11:00～19:00）	精品店	169	P.23 E-3
蘇活區	Harney & Sons	10:00～19:00（週日11:00～）	精品茶店	135.139	P.8 C-2
上東城	巴尼斯紐約精品店	10:00～20:00（週六～19:00、週日11:00～19:00）	百貨公司	118	P.19 D-2
Bococa	Hatchet Outdoor Supply	11:00～20:00	戶外用品店	196	P.24 A-2

威廉斯堡	Baggu	11:00〜19:00	服飾店	173	P.23 D-3
Bococa	Papél New York	11:00〜19:00（週二〜四12:00〜20:00、週日12:00〜18:00）	日用品店	197	P.24 B-3
諾利塔	Babel Fair	11:00〜19:00（週四〜六〜20:00）	精品店	68	P.9 D-1
丹波	Power House Arena	11:00〜19:00（週六、日〜18:00）	日用品店	176	P.24 C-1
肉品包裝區	Bowery Kitchen Supplies	9:00〜20:00（週六10:00〜、週日10:00〜19:00）	廚房用品店	137	P.10 B-2
蘇活區	PINK	10:00〜21:00（週日11:00〜20:00）	服飾店	123	P.8 C-1
布希維克	Fine & Raw	10:00〜18:00（週六12:00〜）	巧克力店	166	P.27 D-1
雀兒喜	Fishs Eddy	9:00〜21:00（週五、六〜22:00、週日10:00〜20:00）	日用品店	136, 141	P.11 F-2
雷德胡克	Fairway Brooklyn	7:00〜22:00	超市	199	P.27 D-3
曼哈頓中城	Forever 21	8:00〜凌晨2:00	服飾店	38	P.15 E-1
雷德胡克	Foxy & Winston	12:00〜19:00（週六、日11:00〜）	日用品店	200	P.27 E-3
綠點區	FOX & FAWN	12:00〜20:00	古著店	171	P.23 E-2
格林威治村	Bookmarc	11:00〜19:00（週日12:00〜18:00）	書店	72	P.11 D-3
公園坡	Black Gold Records	7:00〜20:00（週六8:00〜21:00、週日8:00〜19:00）	唱片店	195	P.27 F-3
雀兒喜	Free People	10:00〜21:00（週日11:00〜20:00）	服飾店	121	P.11 F-2
上東城	布魯明戴爾百貨公司	10:00〜20:30（週六〜22:00、週日〜19:00）	百貨公司	118	P.19 E-2
丹波	Brooklyn Industries	11:00〜20:00（週日〜19:00）	服飾店	176	P.24 B-1
雷德胡克	Brooklyn Slate Company	9:00〜17:00（夏季期間週六12:00〜18:00）	日用品店	172	P.27 E-2
威廉斯堡	Brooklyn Denim Co.	11:00〜19:00（週日12:00〜18:00）	服飾店	173	P.23 D-3
公園坡	Brooklyn Larder	8:00〜21:00（週日9:00〜20:00）	日用品店	173	P.25 D-3
雀兒喜	Project No.8	9:00〜21:00（週六、日10:00〜20:00）	精品店	125	P.16 A-3
曼哈頓中城	Henri Bendel	10:00〜20:00（週日12:00〜19:00）	百貨公司	119	P.19 D-3
綠點區	Home Of The Brave	12:00〜19:00（週日〜18:00）	精品店	169	P.23 D-1
上西城	全食超市	7:00〜23:00	超市	42,130	P.18 B-2
威廉斯堡	全食超市	8:00〜23:00	超市	172	P.23 E-3
蘇活區	Hollister Co.	10:00〜21:00（週六11:00〜）	服飾店	123	P.8 C-1
蘇活區	Marc Jacobs	11:00〜19:30（週日12:00〜18:00）	紐約名牌店	129	P.8 C-1
蘇活區	Michael Kors	10:00〜21:00（週日11:00〜20:00）	紐約名牌店	129	P.8 C-2
威廉斯堡	Mast Brothers Chocolate	9:00〜20:00	巧克力店	167	P.23 D-3
曼哈頓中城	梅西百貨公司	10:30〜22:00（週五〜、週六10:00〜、週日11:00〜21:00）	百貨公司	118	P.15 E-3
雀兒喜	Madewell	10:00〜20:00（週日11:00〜19:00）	服飾店	121	P.11 F-2
Bococa	Meg	12:00〜19:00	服飾店	196	P.24 C-2
雷德胡克	Raaka Chocolate Factory	10:00〜17:00（週六日12:00〜18:00）	巧克力店	167	P.27 E-2
蘇活區	Rag & Bone	11:00〜21:00（週日11:00〜19:00）	紐約名牌店	129	P.8 C-2
威廉斯堡	rabbit	12:30〜20:00（週日、一〜19:00）	古著店	171	P.23 E-3
蘇活區	Rebecca Minkoff	11:00〜19:00（週四、五〜20:00、週日12:00〜18:00）	紐約名牌店	129	P.8 C-2
曼哈頓中城	LOFT	8:00〜21:00（週六9:00〜、週日10:00〜20:00）	服飾店	123	P.15 F-1

紐約：最新・最前線・旅遊全攻略

作　　　者	朝日新聞出版
書封照片	Refinery Rooftop
譯　　　者	郭欣惠、高詹燦
執 行 長	陳蕙慧
總 編 輯	曹慧
主　　　編	曹慧
封面設計	三人制創
內頁排版	思思
行銷企畫	童敏瑋
社　　　長	郭重興
發行人兼出版總監	曾大福
編輯出版	奇光出版
	E-mail: lumieres@bookrep.com.tw
	部落格：http://lumieresino.pixnet.net/blog
	粉絲團：https://www.facebook.com/lumierespublishing
發　　　行	遠足文化事業股份有限公司
	http://www.bookrep.com.tw
	23141新北市新店區民權路108-4號8樓
	電話：(02) 22181417
	客服專線：0800-221029　傳真：(02) 86671065
	郵撥帳號：19504465
	戶名：遠足文化事業股份有限公司
法律顧問	華洋法律事務所　蘇文生律師
印　　　製	成陽印刷股份有限公司
初版一刷	2019年4月
定　　　價	420元

國家圖書館出版品預行編目 (CIP) 資料

紐約：最新・最前線・旅遊全攻略 / 朝日新聞出版著；
郭欣惠，高詹燦譯. -- 初版. -- 新北市：奇光出版：
遠足文化發行, 2019.04
　面；　公分
ISBN 978-986-97264-3-6（平裝）
譯自：ハレ旅 NEW YORK
1. 旅遊　2. 美國紐約市

752.71719　　　　　　　　　108001260

線上讀者回函